南方的社會，學

STUDYING THE SOUTH.
THE SOUTH, STUDYING.

下

趙恩潔 主編

ON THE ETHICS OF SOCIAL ACTION.

目錄

PART 4

南方必須是世界公民

抵抗、串連與共享

南方的南方：行動作為倫理

在社會學眾多且永遠可再翻案的系譜中，韋伯的那句「社會學……是一種詮釋社會行動（social action）之意義的科學」[1]，無疑是最鏗鏘有力的話語之一。一個行為，是因為有了主觀意義的賦予，才變成了行動。若推到極致，意義，以及行動，並沒有終極的對錯可言，因其跟著個人信念、地位團體的價值與當下歷史脈絡的遞嬗，而隨之變遷。因而，對韋伯來說，研究社會行動的實證科學，也就是社會學，在實質上有別於法理學或倫理學等知識領域。因為，後著永遠念茲在茲地奔往最終可以剝絲抽繭、萃取出那真正「確實」或「有效」的辯證；而前者，卻視複數的意義本身為終極的價值，無須再汲汲外求。

追求意義的理解，使得社會學者與人類學者更有餘裕，以嫻熟「價值中立」技術，退一步客觀審視那些，以「常態」與「正常法律」的標準而言，各種看似混亂、極端與離經叛道的事情。正是由於對複數、多重且彼此歧異的意義之重視，使得社會學可能南方。（無須否

1 Weber, Max.1978. "The Nature of Social Action." W.G. Runciman ed. E. Mattehws.trans. *Max Weber: Selections in Translation*, Cambridge University Press.

認，許多學科，包含自然科學，它們內建的「北方」過於強大，因此在一百年之內，很可能是「南方」不了的。）

但是，這種中立技術，卻從來都無法阻止特定的政治意識型態進入學術之中。不論是否跟隨韋伯所提倡的取徑，即客觀地接近各種主觀意義的傳統，社會學，如同其他學科（也包含自然學科），從不曾完全脫離經濟理性、發展主義、民主自由、生命政治、國族利益，與權利語言等思想，以及為了這些思想而部署的行動。這些政治思想均有其各自設想的共同體，以及與實現該理想相應的倫理。在此，倫理——最簡化而言，也就是在乎是非對錯的反身性邏輯——在許許多多的社會行動中，都有其痕跡。易言之，不論當倫理與行動是肉眼即可辨別的手背手心，或是要天涯海角才能領會為一體，即便是看似最遠離政治意義的人類行為，都可能不只是「沒有對錯」的意義載體，而是更深刻地蘊含著是非判斷的倫理抉擇。

行動與倫理的親密性

如果我們甘願從「價值中立」的舒適圈毅然進入「行動作為倫理」的狂風暴雨，那麼舒茨（Alfred Schütz）的想法或許可以提供一些我們所需的體力補給。大部分繼承了韋伯，舒茨卻比韋伯更深刻地注意到，並非所有的個人經驗都具有等價的意義動能。行動及與其相關的社會意識，經常在不同世代，承受不同社會力量與自我反思的介入；行動可能被遺忘，或被揀選為足以重構自我認同的要素。換言之，並非所有活過的經驗，都自動地對於自我認同的構成具有貢獻。一些體驗，往往是在反思的過程中，包含於最刻骨銘心的傷痕與最微不足道的回想，才獲得了更深刻的意義。如同舒茨在《社會世界的現象學》所揭示，[2] 人的意識、對他人的理解與反身性，足以構成一種另類的自我（the alter ego），或說分裂的自我[3]；而分裂的自我，貫穿了所有活過的經驗。是而，人們不只因社會脈絡與歷史情境而改變行動，也不只透過自身所處的地位團體所賦予的特殊價值而從過去獲得行為的指引；事實上，人們也會因為一個多重分裂的自我，朝向一個值得等待的未來，而調整當下的行動。甚至，請容我們這麼說：是因為分裂的自我的存在，使得走向未來的行動成為可能。行動因而不只由歷史的多重因果決定，更蘊含著自我的未來性。（而你，我們親愛的讀者，在已知條件中，當閱讀是一件如此私密而個人的事，我們對你分裂的自我的殷切期盼，就在理論的選擇中呼之欲出。）

一旦我們進入了「行動作為倫理」的狂風暴雨，韋伯以降所奠定的「價值中立」的社會

2 Schutz, Alfred. 1967. *The Phenomenology of the Social World*. Northwestern University Press.

3 見舒茨後期才出版的手稿輯《生活形式與意義結構》（*Life Forms and Meaning Structure*）。參見 Routledge 2013 版本。

科學，[4]或說「客觀的主觀論」，即使繼續作為社會科學重要的基石，卻開始在每個時代顯得不足。這一方面是由於倫理的抉擇，不論多麼幽微，往往早已無聲地烙印在社會行動與文化意義的靈魂之中；但另一方面，或許更為關鍵地，是在設想當代手足與後代子孫的未來性當中，行動將開始感受其倫理的效應。從相對客觀的抽象理想型，到面對面真實生命的主觀經驗，我們穿梭在各種尺度與深度之間，摸索自我與共同體的邊界。這是何以舒茨的社會科學哲學後來變成一種經典的追尋自由意志、抵抗社會決定論的路徑，因為它對於未來有一種凝視，一種關於注意的盼望。

當然，這個過程，大有可能驚濤駭浪。因為分裂的自我、手足之愛以及對未來的盼望，我們每一個人同時是複數的「欲望的社群」(the desiring community)，也是複數的「欲望的主體」，更是她們之間的天人交戰。於是，當我們足夠地了解到，單一的價值觀與道德勸說無法窮盡任何個人或團體、膚淺的文化相對論不可能帶來拯救，直線思考的控訴論述亦可能無法擄獲更多人心之時，我們試圖以「南方的南方」為行動的依據，主動地選擇「她者亦是共同體」的倫理（詳見上冊導論）。

在這樣的倫理指引下，南方的南方必須與差異同在並積極追求異中求異，同時又肩負串連、合作以抵抗壓迫的任務。這種捍衛的精神到了下冊更加突顯。我們將發現自己從台灣奮游到馬來亞、中緬泰邊境、印度、越南、南美洲，乃至全球。我們將見證更多少數族裔、經濟弱勢者及世界公民們的奮鬥，最終再回到台灣南部，等待每一次的再出發。這一趟南向的全球旅行，我們將穿梭於一對相輔相成的倫理洋流，並按照非單一線性史觀前進。

首先承載我們的倫理洋流，是**出歐美記**。為了「她者亦是共同體」，並捍衛南方的南方，我們必須停止以歐美為美好事物中心的習慣，不再將其視為進步中心輻射的原點。為了尋找南方的南方，我們肯認來自南方基層社會與抗爭者的串連行動具有絕對的重要性，因為串連的社會信任才使得任何高空的意識型態或美好理想的築實成為可能。與出歐美記同等重要的，是**南方經濟**。這是「行動作為倫理」最寬廣也最永續的層面，即經濟作為一種倫理行動的抉擇，或說道德經濟作為一種南方經濟。此時，經濟不再是一種普同的經濟人預設延伸的結果，不是「經濟至上」的發展論述，而是各種物質與意義的碰撞、交換與彼此照護的承諾。在此，我們順著兩股互相交織的南方經濟暖流：一是南方渴望經濟民主，包含經濟活動所依賴的社會信任、基礎的社會安全保障，以及知識的共享；二是經濟始終來自於環境，因此我們必須回顧南方已付出過多環境成本的歷史，並撥亂反正。

以下且讓我們依序說明。

4 雖然，我們知道，韋伯深知任何人類，包含學者，不可能完全自外於價值立場；況且，他顯然非常在乎學術作為一種志業。

出歐美記

或許，再沒有比此時此刻更適合上演一場出歐美記了。

出歐美記這個概念對於台灣與世界，雙雙而言都是重要的。今日，在台灣，以白人歐美中心思維來看待世界仍是一種稀鬆平常的模式。在過去，我們或許能以東方主義處理這樣的現象；只是，東方主義在某部分強調的是西方建構再現他者的能力及其後果，而南方的南方取徑所爭取的，是奪回發聲與行動的權利。因此，我們必得不厭其煩地再次提問：為何我們尊稱來自北方與西方的人為「外國人」，但來自南方的勞工則只配稱為「外勞」？我們的世界新聞習於按照好萊塢電影腳本播放，在裡頭，先進的北方國度製造研發拯救，而落後的南方專門製造天災人禍。這些具有強烈本質主義傾向的再現，很大部分來自於好萊塢冷戰時期以來的情報片。但這樣的娛樂往往在地緣政治中成為自我實現的預言。因而，好萊塢將美國塑造成全球的英雄，將每個時代的美國敵人塑造成壞人，不論他們的形象是非洲獨裁者、蘇俄共產黨，或是「狂野的」阿拉伯人，以及後來的穆斯林「恐怖分子」；這些南方惡棍被北方強權偏差地透過看似無害的電影娛樂與新聞報導，再現成為心狠手辣的野蠻人，而英雄終究會勝利、克服難關，並解救全世界。好萊塢電影的想像讓我們一直生活在未來，直到虛構發生為止。

為了成功地出歐美，我們必須探索北方意識型態、跨國制度與物質污染的無所不在。蔡宏政〈「南方」的多重意涵〉，清楚地說明南方的根源來自殖民歷史、資源掠奪及國際遊戲規則的設定。對此的反抗，促成南方國家必須走出不同於歐美與蘇聯之路的想法，尤其在一九七〇年代末期，邊陲國家開始逐漸陷入不得翻身的債務結構，持續受到國際多邊組織的主導之後。吳品賢的〈印度與中國煤工的抗議或沉默〉，以及彭保羅與殷志偉的〈台塑去越南「打鐵」？〉，也分別從東亞、東南亞與南亞的實例，闡述南方在自身的內部進行環境殖民（如中國的貴州），以及對外輸出污染的行徑（如台灣對越南）。

意識型態甚至可能深埋於看似最純的文學之中。王梅香〈攫取意識和靈魂的無聲戰爭〉一文，犀利地揭露了自由陣營與共產陣營在冷戰時期如何透過「純文學」包裝自身，在馬來亞進行中文文學的寫作訓練。從這個角度看來，出歐美記拒絕預設北方或南方的同質，而是強調橫跨南北方的異質連結，以及更多的異質南方。

南北方的異質連結也清楚地現身於〈攫取意識和靈魂的無聲戰爭〉一文中。馬來亞的文化冷戰表面上是搞中文文學，其實是搞全球政治；奇妙的是，不論右翼左翼，宣傳手法均有異曲同工之妙。同時，文學作為一種對現實的不滿與反抗，也在馬華文學與馬英文學裡巧妙地出現。前者，包含了〈在那南方的國度〉中張錦忠所提到的方言造字，其創造過程呈現出在流動異質的東南亞，無法被輕易定義的華人性。由此，我們得以去本質化「馬華」，甚至更進一步質疑「華人性」的定義。而馬英文學從描繪馬來風情，演變到摻雜馬來語、華語、淡米爾語的多語文集，再到不同年代的戰爭創傷書寫，也表現出熊婷惠在〈來自南方的記憶書寫〉中所論證的，馬英文學本質上其實是世界文學，而非僅僅是地方文學。透過英語作為共享因而能提供的互為透明性中，人們可試圖淡化原先對彼此受難的無知。英語因此並非永恆本質性的、屬於某種北方的語言，而是南方串連的工具。

上述種種關於文學的實踐，都指向創作本身是一種倫理行動，而非與政治權力毫無關聯的「純文化活動」。不論是馬華文學或馬英文學，一種更認同馬來亞與馬來語言文化的南方同盟都隱隱浮現，超越了左右翼的區別。更寬廣而言，這些分析顯示了並非先有倫理，才有行動；相反地，在文學的創造與意識型態的宣傳中，是來自南方的基層日常倫理與南北串連的行動，才使得冷戰成為現實。

南北方的異質連結之外，南方內部的合作仍有不可取代的重要性，如印度礦工的經歷所呈現。透過在印度與中國的兩個煤礦村抗爭與不抗爭的研究，吳品賢解釋何以印度賈坎德邦的政治環境較能幫助社會成員獲得論述資源與倡議自由，而在中國貴州則因言論自由的箝制，幾乎毫無這種日常倫理實踐的空間可言。換言之，「行動作為倫理」，必須有深厚的政治現實，作為其基礎條件。

南方同盟，並不排除南北同盟，只是更看重南方主導的合作。比如，在越南的台塑受災戶抗爭的案例中，我們看到了，未必只有特殊政治條件能促成環境正義的抗爭運動；即使是來自南方的環境正義的追求，也可能促成新的政治聯盟，在南北都獲得盟友。彭保羅與殷志偉的〈台塑去越南「打鐵」?〉就描述了台塑越鋼的海洋污染事件，如何由越南中部漁民和在地天主教教會神父主導，串連台灣、越南、加拿大、美國、法國等地的移工、運動者、學者和律師，形塑了新類型跨國倡議網絡。這與過去許多跨國公領域的環境運動均由北方菁英支配的情況，非常不同，可說是出歐美記的典範。

南方經濟

選擇離開歐美中心是倫理行動的一個門檻，之後還有漫漫長路，其終極目標是為了獲致一種不同意義的經濟。稍早我們提到，當經濟是一種倫理行動的抉擇時，經濟不再是一種普同的經濟人預設延伸的結果，而是各種物質與意義的碰撞、交換，與彼此照護的承諾。這樣的經濟依賴基礎的社會安全保障、跨族之間的社會信任、知識的共享，與共同體的存活。

在〈穿越冷戰國境〉一文中，張雯勤挖掘了一個缺乏新冷戰史耕耘的邊區——雲南、緬北至泰北，這個廣闊的險阻之境。在此，泰緬邊境的雲南人為了生存，「非法走私」不但不構成正當性問題，反而證成了「行動作為倫理」是一種居於邊境的必要生存法則。

潘美玲則是在〈流亡印度賣毛衣〉描述了藏人在沒有資本的狀況下，長期由印度毛衣製造商賒帳從事毛衣貿易，其所依賴的，並非自己族群的金融資源，而是印度的銀行或民間信貸。由於信用良好，藏人與印度商之間培養出這種賒帳的默契，換作同為印度人，反而會心生畏懼與防備而不可能給予賒帳的特權。換言之，在「賒帳後必定還錢」與「甘願被賒帳」之間，經濟行動的倫理建基在一種特殊的社會信任上；而且，這不是一般的族裔經濟，是一般的族裔經濟理論所無法解釋的跨族群經濟。這同時是一種南方同盟，也是一種南方經濟。

從印度喀拉拉邦到巴西愉港及阿根廷內屋肯省，萬毓澤的〈爭取另一個世界〉爬梳了經濟民主的理論脈絡與實踐現場。原來，「自我管理」不是新自由主義專美於前的思想，亦為追求民主與平等的經濟左派所擁護。只是，兩者所蘊含的「自我管理」內涵以及對於社會的願景，存在著天壤之別。其中，社群的價值、財富的分配、社群自治等等，是區別的重要關鍵。「經濟民主化」作為運動的目標，即是在今日全球資本主義秩序底下，走出不同道路的「南方經濟」。

陳舜伶的〈「自由」的百科全書〉帶領我們來到了世界公民的範疇。維基百科始於二〇〇一年，起初受到傳統媒體與百科出版社的質疑與批評，沒想到短短數年之內打趴了各大知名傳統百科，使傳統百科全書近乎成為再無存在必要的物種。為了讓人人可編輯，首先要有協作軟體的技術，另一個要點是法律技術，也就是使所有潛在作者的著作權都能透過「自由授權」，或自由軟體式的授權方式釋出。在維基百科上無償地提供知識條目本身就是一種充滿倫理的實作，而編輯與討論的歷程除了提供編寫者與讀者反思知識系統的階層問題，也是日常媒體識讀的練習。如此去資本主義化、減低南北差異，知識上的重要倫理活動，可說是一種知識共享的南方典範。（即使我們曉得，數位落差仍是一個重要的命題。）

楊靜利〈注定破產的未來？〉提出年金制度具體的改革方向，指出軍公教退撫新制儘管飽受批評，卻可維持三十年無破產之虞。為求永續，除了漸進式退休、高齡工作的設置，最重要的即是清楚區分「基礎年金」與「職業年金」（後者應以過往功績給付多寡而異），以改善當前因「制度不同」所導致的千萬勞工及八十萬軍公教之間的階級對立。以社會安全網作為延續台灣共同體的基礎來看，年金改革是一種倫理的行動（因其對共同體有直接維繫命脈的關係），亦是一種行動的倫理（因若不採取變革，將無以為繼）。

最後，邱花妹〈環境正義．南方觀點〉一文，直搗人類生存最根本問題：呼吸該如何平權？在本書上下冊繞了地球一圈後，這篇文章再次將我們拉回了台灣南部。尤其高雄，長期不成比例地承受工業污染後果的環境怨恨，以及化悲憤為力量的社運力量；一個遍體鱗傷卻始終能不斷孵育民主的南方之都。在多年來提倡「乾淨空氣為基本人權」的人眼裡，高雄人一直是台灣的二等公民。但公民不是塑膠做的，工業區之鄰近社區與市民，從未放棄追求環境正義。為了抵抗長期形同虛設的《空污法》第八條增修總量管制條文，一群中小學教師、律師、家庭主婦、退休人士與學生，加入地球公民的空污小組，研究空污問題、上街連署，並接著在地方與中央進行政治遊說。這些南方的公民積極地觀察天空顏色、記錄異味、撰寫空污日誌。在南方公民捍衛社區環境的同時，對地方的社區認同與文化歸屬感，也相輔相成，構成環境正義行動的重要驅力。

我們就是她者

在本書的終章〈環境正義．南方觀點〉一文，邱花妹鏗鏘有力地論道：

在市民權運動的基礎上，有色人種環境運動挑戰環境污染與種族歧視；白人工人階級社區的抗爭通常定位為市民／工人的反毒運動；而原住民的環境正義運動則同時也是對抗殖民、族群與文化滅絕的運動（Pellow & Brulle 2005）。此外，承擔最多家人與下一代照顧責任的母親，則常在各類草根運動中站上最前線（Krauss 2003）。

當我們將眾人與萬物的尊嚴都視為主體相連的社群，在各類草根運動中站上最前線的「母親」，將不再只是生理意義上的母親，而是所有潛在的、不分性別的、在乎她者與環境的照顧者。「母親」意象作為最草根性的她者，並非要我們將其扁平化，而是讓我們記得「南方的南方」的追尋：不怕抉擇，勇於行動。對於同一時代的手足同胞，尤其對於後代的心之所繫，我們想要的從來不只是分析，更是承諾。

這套書，就是一種南方的承諾。南方社會學的存在，並不只是南方的事，而是所有人的事。與上冊「她者亦是共同體」隔紙呼應，我們希望這套書呈現，也承諾，一種跨越國境、超越意識型態、族群、階級、性別、語言與生態種種差異之間的連結，承諾著足以照亮我們反思對待人類「她者」與自然「她者」的方式，尤其在我們尚未學會視自然她者如己出，且視己如出的能力。直到那日到來之前，我們要積極地揭露北方如何無所不在地影響著我們，穿越世代，直至今日；我們要支解北方的意識型態以及它們各種無害的文化化身，徹查無數的北方將污染成本轉嫁於南方的蹤跡；我們也必須持續在南方的邊緣社群匯集所有南方公民與南方母親的智慧與力量，以投身於異議政治之中，以更有意識的行動作為我們的倫理。

寫給未來的，我們的繼承者。

願南方與我們同在。

趙恩潔　二〇二〇年八月二十九日。西子灣。

謝辭

兩冊三十萬字的濫觴，始於二〇一八年九月中山大學社會學系十週年紀念研討會。十年不長。但對於未來的繼承者而言，這十年卻可能在未來變得重要。

曾有三十年那麼久的時間，台灣沒有任何國立大學新設社會學系。之前，最後一個設立社會系的國立大學，是政治大學。之後，只有東海社會系與南華社會系位在頭前溪以南，其餘的社會系都集中在台灣的北部。無須懷疑，社會學在台灣的發展，重北輕南而失衡。而這種狀態，本身即是一種南方的內部殖民。我們就是南方的南方。

為了改變，我們有了南方社會系。我們做的不只是社會學，更是跨學科的「社會，學」。深深感謝，所有並非任教於中山社會的學界好友們，與我們一起完成了這套書。我們感謝張宗仁校長、楊弘敦校長、鄭英耀校長、蕭新煌教授、陳東升教授、管碧玲委員、林文程委員，以及其他各方大德，在本系成立最初十年的支持。我們也謝謝許多朋友一路來的打氣、相挺；感激多年來默默支持南方社會系的善心人士。本書的寫作和出版計畫獲台灣亞洲交流基金會贊助。特別謝謝十九位匿名審查人無私的奉獻，以及助理高敏薰的協助。感謝我們最敬愛的孫德齡編輯，為我們盡心盡力，沒有她，這套書是不可能完成的。

南方社會系的存在，不只是我們的事，更是全台灣的事。我們期盼，有天，它也將成為世界的事。

PART 3

跨境人間

文化權力與生存記憶，馬英中泰緬印藏

攫取意識和靈魂的無聲戰爭：馬來亞的文化冷戰

王梅香｜國立中山大學社會學系

本文回顧馬來亞文化冷戰運作的相關機制，以馬來亞左右翼文化活動圖譜為基底，藉此反思過去以歐美為主流的冷戰論述，超越左右翼對立的觀點。透過左右翼陣營的宣傳品、文化活動等具體宣傳機制，可以看出左右陣營在意識型態、宣傳內容上呈現對立，但是，實際的宣傳策略與手法互相模仿、學習和競衡。對於馬來亞左右翼文化冷戰的討論，除了廓清以歐美文化冷戰為中心的論述，亦突顯美蘇之外的國家，在國際權力的傾軋下是如何被捲入宣傳網絡中，有助於我們思考新冷戰時期宣傳戰的發展與演變。

紙彈取代子彈的無聲入侵

最近十年，隨著中國崛起，各種分析「紅色入侵」、「無聲的宣傳」研究興起，中國大外宣、資訊戰的論述引起普遍關注。一般認為一九八九年冷戰結束之後，進入所謂的後冷戰時期。但事實上，資訊戰或宣傳戰並非現在才有的現象。從過去直到今日，國家機器和國際權力均試圖攫取被宣傳者的意識和靈魂（mind and soul）。

所謂的「文化冷戰」（Cultural Cold War），根據英國歷史學者桑德斯（Frances Stonor Saunders），是指「冷戰時期美國為了進行與蘇聯的特殊戰爭，利用文化藝術來實現自己的戰略目的」（Saunders 1999）。日本學者更加以闡述：「文化冷戰指的是，美蘇兩國為建立霸權、擄獲世人的『心』，不僅在政治、經濟、軍事領域，甚至在藝術、教育、娛樂以及生活型態上，也展開文化、情報、媒體戰略工作。」（貴志俊彥、土屋由香，二〇〇九）易言之，相較於過去殖民主義、帝國主義者占據被殖民者的領土，掠奪殖民地的資源，文化冷戰以筆桿取代槍桿，以紙彈取代子彈，試圖占領的不是實際的地理領土，而是占據被宣傳者的心靈版圖。

目前學界的文化冷戰研究，並非一開始即關照文化面向，而是側重政治、軍事、經濟、外交和歷史等。一九九〇年之後，冷戰研究有了「文化轉向」，同時更看重美蘇兩大政權以外的其他國家網絡。二〇〇〇年之後，學界對於「亞洲的文化冷戰」的研究開始受到重視，然而大多關注在美國文化政策與歐洲電影事業的衝突（Armstrong 2003: 71）。阿姆斯壯（Charles K. Armstrong）針對韓國的文化冷戰進行研究，包括四健會（4-H Club）以及非政府組織，如洛克菲勒基金會（Rockefeller Foundation）、福特基金會（Ford Foundation）和亞洲基金會（The Asia Foundation）等。美國文化在韓國以更精巧、矛盾的方式進行，而這其實不僅是韓國的獨特現象，是美國權力針對不同國家的狀況有所調整，所採取的間接而隱蔽的一貫策略。

日本學者佐伯千鶴（二〇〇七）、谷川健司（二〇一二）和土屋由香（二〇一二）等，在文化冷戰的「亞洲轉向」發展趨勢下，關注文化冷戰對日本的影響。佐伯千鶴主要研究美國政府透過各種媒介在日本進行文化宣傳，並與民間組織合作促進美國的文化政策。谷川健司挑戰既有的主流想法，指出美國政府組織與電影產業並未決裂，依然互相依存。土屋由香舉出艾森豪政府強力推動「和平運用原子能宣傳」等例子，考察國家宣傳與民間廣告事業的合作關係。總此，前述日本學者的研究可歸納為兩種取徑：一是關於美國政府與非政府組織的協力，二是美國政府與企業關係的合作。

上述日韓、美蘇、東西歐之外，以台港為中心而進行宣傳的東南亞文化冷戰，其實牽涉到更多國家和民間組織，但在既有的文化冷戰論述中，這些與美國自由陣營相關的「小國」，僅被視為是宣傳的接收者，而缺乏更深入的討論。因此，本文以馬來亞作為觀察對象（由於討論時段一九五〇至一九七〇年，涉及獨立前後的馬來亞，實際討論包含獨立後的馬來西亞和新加坡），說明冷戰時期馬來亞左右翼的文化宣傳的論述與發展。

美國權力與非政府組織的角色

在美國權力的運作過程中，非政府組織（Non-Governmental Organizations, NGOs）扮演相當重要的角色。早於第二次世界大戰期間，美國政府便積極與「民間單位」合作。總的來看，美國洛克菲勒基金會主要支持低度開發國家的醫療與衛生；福特基金會關注美國國內與開發中國家的經濟與社會問題（官有垣，二〇〇四，頁十）。至於亞洲基金會在東南亞的活動，著重教育、文化等方面，作為美國在亞洲文化宣傳的中介組織。

馬來亞自由陣營的文化宣傳

何謂宣傳？美國國家安全委員會一九五〇年七月十日的指示對「宣傳」做出了如下定義：「有組織地運用新聞、辯解和呼籲等方式散布信息或某種教義，以影響特定人群的思想和行為。」[1] 美國外交家肯楠（George Frost Kennan）再進一步說明，他指出：「政治戰就是一個國家運用除戰爭之外的一切手段以達成其國家目標。這些行動包括公開行動和隱蔽行動兩種。其範圍從諸如政治結盟、經濟手段（如歐洲復興計畫）以及公眾宣傳等公開行動到暗中支持『友好的』外國分子、『隱蔽』心理戰及至鼓勵敵對國家的地下抵抗等隱蔽行動。」艾森豪在一次記者招待會上的解釋更明白指出：「冷戰的目的不是占領他國領土或以武力征服他國……我們是試圖以和平的手段使全世界都相信真理。為了普及這個真理，我們將要使用的方法通常稱為『心理戰』。所謂『心理戰』就是爭取人的思想，爭取人的意志的一場鬥爭。」[2]

在一九五〇到一九七〇年代的馬來亞同樣進行著前述的公開行動和隱蔽行動，目前的研究集中於對「自由陣營」文化宣傳的討論，尤其是宣傳中的「隱蔽行動」，亦即透過文學、藝術等間接方式，傳遞馬來性、現代性和中國性。以下左右陣營分為靜態刊物與動態活動兩方面說明。

形塑「馬來亞」與「自由世界」的想像

馬來亞自由陣營的文化宣傳與香港第三勢力的友聯文化人關係密切，有其歷史淵源。一九五〇年代的馬來亞左翼勢力蓬勃發展，當時馬六甲華人州長梁宇皋透過人際網絡聯繫上香港友聯的核心人物之一邱然（筆名燕歸來），並希望香港友聯文化人能夠南下協助自由陣營在馬來亞的文化活動，一方面是為了對抗當時快速發展的馬來亞共產黨；另一方面是希望透過文化活動，讓馬來亞華人青年認同「在地」（馬來性）。換句話說，最終目的是馬來亞華人青年「落地生根」，而非返回共產中國「落葉歸根」。

香港第三勢力友聯

指國民黨與共產黨之外的第三股政治力量，例如「民主同盟」（簡稱民盟），周旋於國、共兩黨之間，也吸引標榜自由民主的美國的注意。後來民盟瓦解，部分知識分子在香港辦雜誌，像是《自由陣線》、《祖國》等，高擎反共、反蔣旗幟，主張自由民主的政治路線。本文提及的「友聯」，即是以知識青年為主體的第三勢力，在中國時名為「少年中國協會」，到了香港後，得到美方的經濟挹注，而發展出友聯研究所（專門從事中國研究）、友聯出版社等（陳正茂，二〇一一，頁一～八）。

一九五〇年代中期，香港友聯出版社同仁赴馬來亞「傳播文化的種子」。香港友聯出版

1 引自「無聲的戰場：文化冷戰與心理戰」，網址：https://read01.com/D4yOya.html，取用日期：二〇一八年七月二十九日。

2 同上註。

社先在新加坡創辦《中國學生周報》星馬版（後更名為《學生周報》，一九五四年十二月十七日到一九八四年）與文藝雜誌《蕉風》（一九五五年十一月十日到一九九九年，二〇〇二年十二月十四日復刊迄今），兩份刊物的目的是讓馬華青年認識自由陣營的社會與文藝。易言之，《蕉風》和《學生周報》都是香港友聯出版社在馬來亞的文化產品，是一九五〇到一九七〇年代在馬來亞少數長時間定期出刊的文藝和文學雜誌，影響了戰後馬來亞的諸多創作者，更被學者們視為馬來亞現代主義的起點（溫任平，一九八〇，頁六五）。《蕉風》的現代性來自兩處：一是翻譯西方「現代主義」，如詩人艾略特、小說家吳爾芙等；二是引介台港現代詩作品，例如藍星詩社的作品以及意識流的小說。

圖1——《學生周報》與《蕉風》。（資料來源：張錦忠）

總體而言，針對馬來亞右翼宣傳的研究集中在特定的文學雜誌和刊物，並呈現出現代主義和馬來亞認同兩個發展區塊。如果前者是馬華文學中的「現代性」，後者即是馬華文學中的「馬來性」，與「中國性」構成研究馬華文學的「三位一體」。

馬華文學的三位一體（Trinity）

馬來西亞華文文學（簡稱馬華文學）中的「三位一體」乃是由許文榮所提出，他借用神學中三位一體的概念，說明馬華文學（一體）存在本質的特徵（三位），亦即中國性、本土性和現代性。中國性（Chineseness）指的是由中國南來者所帶來的文化；本土性（localness）指的是具有本地色彩的傳統，亦即本文所指的「馬來性」；至於現代性（Modernity）除了指文學上的現代主義（Modernism）、後現代主義（Post-Modernism），也包含現代意識、現代生活和對現代化／工業化的反思與批判。

相較於《蕉風》，現階段對於《學生周報》的研究則略顯單薄。《學生周報》屬於「一般性」刊物，其內容多針對中學生的升學考試需求而設計，包括校園通訊、科學新知、語言教學（英語、馬來語）以及中國文學作品，透過這些內容的安排，可以看到「馬來性」和「中國性」的特點。

《學生周報》上的「馬來性」朝向認同馬來文化是「國家文化」的方向發展。一九五九年，《學生周報》設有「我們的馬來亞」專欄，舉凡馬來亞的地方介紹、名勝古蹟、各種行業、風情民俗等，都歡迎讀者投稿。其中，徵稿啟示還特別強調「照片」越多越好，試圖透過影像宣傳馬來亞，幫助馬來亞的華人認識馬來文化，尤其著重在馬來亞的特殊性。這些讀者書寫類似今日全民書寫的概念，而透過這個過程，共同建構馬來華人對於馬來亞的認知和想像。

有關馬來人的——
誕生禮節

馬來人係是信奉回教的回教徒，所以他們都一律要遵守回教的清規戒律。對于嬰孩誕生的禮節，那是萬萬不能忽略的。

當嬰孩一誕生下來，便要預備一個大銅盤，其大小是容納一個嬰孩睡下。在盤上舖了約有二斤（Chupak）的白米，再舖上七條沙籠。按照規矩，這七條沙籠，其中有兩條是取自嬰孩的外祖父，其他五條是嬰孩的父親所穿的。在這七條沙籠上面，再舖上一塊樹膠和一層白布。嬰孩生下來之後，由接生者將之沐浴揩抹，便放在銅盤上，再蓋上一張小布被。然後再將銅盤及嬰兒放在地上，地上則舖了一張蓆子。

這時，嬰兒的父親便穿了馬來上裝和沙籠，戴上宋谷帽，開始虔誠地默誦可蘭經，並感謝天帝（Allahu Akbar）將這小生命安全的送至人間。

此後，嬰孩在七天之內，均被放在這個作為睡覺的銅盤之內。每天早上為嬰孩除去一條沙籠，一直到第七天將全部七條沙籠脫完，便再舉行一個簡單的祈禱儀式。然後，才將嬰兒從銅盤中移出，放在一個小搖籃內睡覺。

這樣，再過了一天，才為那新生的嬰兒命名，並為之剃髮，然後，就抱進搖籃內。嬰孩未放入搖籃內之前，還要舉行宗教儀式，照例是要用一隻小雞和一盤甘文煙，圍繞着搖籃行三走次始罷。

圖2——《學生周報》上的馬來文化介紹。（王梅香攝）

就「中國性」而言，《學生周報》每一期都會介紹中國文學作家和作品，同時設有「文史信箱」，回覆讀者關於中國文學的相關問題。例如《詩經》是什麼？六藝、六經、六書為何？從一七一期開始，還有「唐宋八大家的文學研究」單元，編者強調「唐宋八大家是我們華文課本最主要的一環，也是高初中會考最重要的一個題目。《學生周報》除了闡述中國性，另一方面是針對學生的考試而發展相關的寫作習作，提供學生寫作的園地，後來更轉變得更為升學、實用傾向。

《學生周報》是馬華學子接觸友聯的初始媒介。當時馬來亞華人青年透過印刷資本主義的運作，想像自身是自由世界的一員，民主陣營社群的一分子。《蕉風》則是文藝性的刊物，引介歐美的文藝思潮，傳播歐美現代主義（現代性），並刊載較為成熟的作家作品。在馬來亞文青的成長歷程中，許多學生是從投稿《學生周報》到成為《蕉風》的作者，而這兩份刊物也為馬來亞培養許多文藝青年，以及後來知名的作家、文字工作者和新聞從業人員，足見兩份刊物對於馬華青年的學習與就業影響深遠。

日常課程、野餐會與生活營中的「民主洗禮」

除了《學生周報》刊物本身，《學生周報》在當時的馬來亞各地都設有通訊部（一九六〇年代稱為「學友會」），從北部的檳城、太平、怡保、江沙、吉隆坡、馬六甲、麻坡、文冬到新加坡。學友會有各項日常活動，包括課輔活動（數學、英語等科目）、學術組（文學組）、桌球組、標本組、歌唱組和舞蹈組等。學友會日常課程有兩大特色：一是透過「學長制」進行課業輔導或活動教學，在學友會中的教學活動，基本上就是年長的教年幼的，會的人教不會的人，與學校教育中師長制傳授教學不同。二是各地學友會發展出在地特色：檳城學友會以學術組（文學）著稱，太平學友會的標本組、怡保學友會的乒乓組、吉隆坡學友會的歌唱組以及馬六甲學友會的舞蹈組，各有所長。各地學友會的發展也為後來的馬來西亞培育出各個領域的專才，檳城的學友有的成為文學家、詩人和研究者，如李有成（筆名李蒼），有的從事新聞、文字工作，如何偉之、賴順裕（筆名川谷）；怡保的學友會為馬來西亞培育數位桌球國手，以及國會議員符標國；吉隆坡學友會則有馬來西亞的聲樂家劉國耀，以及馬六甲學友培育出後來「馬來西亞的林懷民」——柯榮添。

香港友聯人針對馬來亞在地的需求，以「學友會」之名舉辦短時間的野餐會，以及長假期的生活營（life camp）。相較於台港地狹人稠，馬來亞學生群體的聯繫更為不易，因此需要透過動態活動更有效地聯繫華人青年。野餐會屬於不定期的活動，就其性質而言，有「作者野餐會」，每期大約三十人，其中有些成為後來馬華文壇的大家（白垚，二〇〇七，頁七七）。就地域而言，各地學友會亦有小型的合辦活動，例如檳城學友舉辦「潮聲野餐會」等。

生活營是馬來亞的特色，在美國對東亞國家的文化宣傳中具有特殊性。奚會暲曾說：

「後來我們辦生活營，這個在馬來西亞很重要的，辦生活營主要是訓練youth leaders（青年領袖）。」（盧瑋鑾、熊志琴，二〇一四）換句話說，生活營主要針對的對象是學生、知識菁英，而且更希望培育的是自由陣營未來的領袖。

一九五六年八月十九日，學友會舉辦第一屆的生活營活動，該活動主要由香港友聯的文化人策畫，經費來源是亞洲基金會。並非所有的學友均能參加生活營，而是必須經過所屬的地方學友會推薦之後才能參加。因此，學友們將能夠參與學友會視為榮譽的象徵。生活營的內容包羅萬象，主要有課程演講、即席演講、敏才比賽等。課程演講的各式主題主要在於啟發年輕學子，例如：民主是什麼？自由是什麼？透過這些課程傳遞自由、民主的價值，等於是間接反共；易言之，動態活動的反共性主要透過正面價值的陳述，讓年輕學子在活動中體驗民主。辯論比賽則是主辦方給學友一個題目，例如民主制度是最理想的制度嗎？通常學友必須一天扮演「正方」，翌日扮演「反方」，這能讓學友從不同立場思考問題。敏才比賽是最為學友津津樂道的一項活動，每位學友均須抽題，題目往往是一個字，例如「一」、「天」，然後主辦單位給五分鐘的時間準備，隨後進行即席演講，訓練學友的表達和臨場反應。這些活動，除了形塑學友的社群認同，而透過學習自由、民主的思考方式，也是「間接反共」，將學友和更大的自由世界聯繫在一起。

馬來亞共產陣營的文化宣傳

相對於右翼宣傳活動的研究，馬來亞的左翼文化宣傳的研究較少，而且往往充滿著西方中心的偏見。馬共領袖陳平與沃德（Ian Ward）和米拉佛洛爾（Norma Miraflor）開始撰書寫《我方的歷史》，誠如陳平在該書的一開始所宣稱的：「本書不是馬來亞共產黨的歷史」，只是「記載了一個選擇走不同道路的人為他理想中的祖國奮鬥的歷程」。陳平力圖呈現「非西方中心」的觀點。陳平說：

> 歷史學家和作家多數是根據西方的觀點解讀這段歷史。他們有偏見，恬不知恥地偏袒西方，經常帶有種族色彩。如果你閱讀查普曼的《森林是中立的》（*The Jungle is Neutral*）這本書，無庸置疑，這是描寫日本統治馬來亞時期游擊隊生活最好的一本書，你會發現書中用了不少詆毀亞洲人的詞句。……在他和多數其他人所寫的日治時期的歷史中，亞洲人都是叛徒，馬來人、華人和印度人都是一樣。亞洲人無知，對打仗一竅不通。（陳平，二〇〇四，頁六六六）

一九九〇年代之後，關於馬來亞左翼運動的討論興起，包括阿萊修斯・陳（Aloysius

Chin）的《馬來亞共產黨》（*The Communist Party of Malaya*, 1995）以及身為馬共第十支隊的領袖之一阿卜拉杜（Abdullah C. D.）書寫《反英戰爭與和平》（一九九八），或是另一位馬共領袖應敏欽（Suriani Abdullah）的《第十支隊與獨立》（一九九九），書寫馬來亞民族解放軍第十支隊的行動，藍利（Mohamed Salleh Lamry）在《獨立鬥爭中的馬來亞左翼運動》（二〇〇六）、《第十支隊鬥爭史》（二〇一七）梳理第十支隊的成立、行動與鬥爭的結果。此外，何啟才的《重返馬來亞：馬來亞共產黨的南下策略與意義》（二〇一七）檢視一九六〇年代馬共南下計畫的背後緣由，說明這是由於國際和國內事件的演變，是為了維持繼續鬥爭的基本條件而不得不做出的鬥爭路線。前述討論比較著重在左翼的組織和行動，以下則進入左翼的文化宣傳。

打造平等的共產世界

一九五〇年代，自由陣營透過美國新聞處以及非政府組織，在馬來亞進行文化宣傳（可參見徐君蘭、李麗丹，二〇一六；陳偉中，二〇一七）；同樣地，共產陣營由上海的出版社到香港設置分部，生產左翼的文化宣傳品向東南亞傾銷，香港成為左右陣營向東南亞進行文化宣傳的中繼站。相對於右翼刊物受到研究者較多的關注，左翼刊物相形之下較為研究者所忽略。

若右翼刊物透過雜誌傳達自由陣營的現代性、馬來性和中國性等特質，左翼陣營則致力於反西方、反資本主義、追求平等，然其刊物中仍透露出現代性和中國性。相對於自由陣營的《兒童樂園》（一九五三～一九九四），左翼陣營推出的刊物是《小朋友》（一九二二～一九五二，一九五三～一九五九）。《小朋友》創刊於上海中華書局，曾於一九三七年發表多篇政治立場鮮明的作品。一九五三年初，《小朋友》改由「少年兒童出版社」出版，淡化政治色彩，內容包括民間故事、歷史故事、科學知識、動物故事、生活故事和偉人故事等。（徐君蘭、李麗丹，二〇一六，頁X-XVI、一〇七）。此刊物討論科技現代化的相關訊息，並以中國歷史故事傳遞「中國性」。一九五八年十月二十二日，英殖民政府禁止中國及香港圖書進口到馬來亞，以免妨礙「效忠馬來亞的進展」，《小朋友》等刊物因而無法在馬來亞銷售。一九五九年初，《小朋友》更名為《南洋兒童》，以較為中性之名行銷東南亞。

整體而言，左翼刊物多強調貼近在地需求，右翼陣營雖然亦如此宣稱，然而在實際運作上仍是翻譯西方的作品內容，和東南亞的在地社會有隔閡。易言之，左翼陣營雖然沒有明確喊出「馬來性」，因為他們還是希望東南亞的青年能夠「落葉歸根」（回到共產中國），但其實際的宣傳做法卻是更貼近馬來亞的在地社會。

在青年階段，相對於《蕉風》和《學生周報》，左翼陣營則有《青年樂園》（Youths' Garden），一九五六年四月創辦於香港，直到一九六七年十一月，歷時十二年。關於《青年樂園》的背景，一九六七年，前中共香港地下黨員梁慕嫻與地下共產黨組織領導人梁煥然（又名大姊）有一番談話。梁煥然表示：

圖3——左翼兒童刊物《小朋友》、右翼兒童刊物《兒童樂園》(王梅香攝)。

《青年樂園》是由地下黨所創辦的刊物，一直由黨所領導，社長李廣明，督印人及總編輯陳序臻都是黨員（幕後策畫人是黨員吳康民，我後來才知道）。」她又說：「《青年樂園》的工作和「學友社」一樣，以官立、津貼、補助和私立（簡稱官津補私）學校學生為對象，團結教育他們愛國愛黨。「學友社」利用舞蹈、戲劇、音樂等藝術形式作為工具吸引學生，而《青年樂園》則利用文藝寫作，目的相同，都是為了發展青年學生成為黨員幹部（梁慕嫻，二〇一八）。

由此可知，相對於香港《中國學生周報》、馬來亞《學生周報》受到美國的「資」持，《青年樂園》則是來自中國共產黨的經援，然後由香港「中共在港地下黨」創刊。即便資金的來源不同，左右翼週刊的形式卻非常類似，舉凡其內容有新聞報導、娛樂樂園、科學樂園、學訊樂園、讀者樂園、語文樂園、小說樂園、生活樂園等（陳偉中，二〇一七，頁三）。

總的來看，左右陣營在青年階段的刊物上具有一些類似性：針對青年學子的升學需求。與《學生周報》相似，《青年樂園》能成功吸引一批學生的青睞，主要是與它的實用性，幫助年輕學子準備當時的升學考試。就此而言，《青年樂園》和《學生周報》的差異不大，唯《青年樂園》更接近馬華青年的需求，且有較多關於勞動者／勞動生活的描述。比如：有海上船員生活、舢舨小船的海上人家、碼頭工人生活。除此之外，也有反映社會黑暗面、家庭的恩怨情仇等。（陳偉中，二〇一七，頁四四、六二）。

《青年樂園》和《學生周報》一樣，除了提供各種閱讀內容，也提供學生投稿的空間。寫作的等級分為四個層級：萌芽、蓓蕾、沃土和文林版。最後，在刊物形式和封面上非常類似，但在意識型態上對立的兩份刊物，年輕學子可是「左右通吃」，既閱讀並投稿《青年樂園》，也閱讀和投稿《學生周報》，只是使用的姓名或筆名不同，可見當時的年輕人更重視的是能夠投稿的園地，更勝過左右的意識型態對立。

最後，在左右翼陣營之外，還有看似「中立」其實偏向右翼，以「馬來亞英國

青年樂園
YOUTHS' GARDEN
BERYL GREY

中國學生周報
The Chinese Student Weekly
平津各大學院系再調整
負起時代責任！
大陸文教拾零

圖4——左翼的青年刊物《青年樂園》（資料來源：陳偉中）、右翼的青年刊物《中國學生周報》（王梅香攝），均以綠色封面發行。

殖民政府」之名支持的中文刊物《馬來亞少年》（一九四六年六月二十日創刊）和英文期刊 *Young Malayans*（一九四六年四月十五日創刊）。兩份刊物均由南洋書局創辦人陳育崧發起，針對的閱讀群是馬來亞少年，以「馬來化」作為主要的政治基調，培養英屬馬來亞少年的在地認同為其終極目標。兩份刊物著重「圖像」，編者認為圖像更能吸引讀者的目光，例如選用具有馬來色彩的象徵物——椰樹、漁船、大海和亞答屋等，藉此描繪馬來亞風情。在刊物中出現的馬來亞少年，也是舞動著四肢、充滿活力的形象（徐禎，二〇一六，頁一～十七）。

日常生活中的政治經營

誠如前述，右翼陣營有動態的學友會課程，不定期的野餐會和一年一度的生活營；左翼陣營也有屬於自身的學生動態活動，包括功課輔導、寫作討論，還有歌詠組、舞蹈組、音樂組等，同樣開放學生自由參加。其中，露營活動就類似右翼的野餐會。從今日眼光來看，左右翼陣營都有「文青式」的文藝活動，比較特別的是，左翼陣營的青年還有其他「勞動式」動員，如協助共產黨裝置廣播電纜線的「電工組」，以及在日常生活中深入基層的「政治動員讀書會」。在邱依虹《生命如河流》一書中提到，一般居住在馬來亞新村的常民如何經歷左翼的文化活動？陳秀珠和林觀英表示，一開始透過共產黨員面對面的接觸，學習讀書寫字而加入共產黨，至於馬克思、列寧的書籍則是透過知識分子的轉譯，向這些婦女解釋馬克思理論。另外有一部分的常民，透過參加唱歌和跳舞而加入共產黨。根據翠紅表示：「黨要擴展游擊隊伍，於是便很積極地去接觸群眾。那時候，我們經常組織起來，為群眾唱歌跳舞。那些喜歡唱唱跳跳的，就很容易被吸引而加入我們。接著，我們會跟他們講革命道理和思想，馬克思和列寧主義的學習班，諸如此類。」（邱依虹，二〇〇六，頁九一）由此可知，有別於右翼不直接講政治，以正面陳述自由和民主，左翼的文化活動則毫不掩飾地進行政治意識型態的宣傳。

整體而言，不管左右翼陣營，都將其「政治目的和意識型態」包裹在文藝活動之下，只是以「文藝包裝政治」的程度有所區別。然而，追溯左右翼的精神淵源，其實都是源自於中國五四運動。在文化宣傳的手法上，兩方陣營皆追求現代性、中國性，具有一定的相似性，然而，如果右翼與友聯針對知識菁英辦理的生活營活動，以培育「未來領袖」作為目標，左翼陣營所針對的宣傳對象層面顯然是更為廣泛的常民。

整體而言，根據現有的口述歷史資料，我們初步理解馬來亞左翼陣營的宣傳運作。不過，「對馬來亞共產黨來說，與其陷入當時的宣傳政治裡，不如向擇定目標發動越來越多的游擊戰襲擊。」（陳平，二〇〇四，頁二五四）可見游擊戰與文藝活動，馬共更重視前者。相對於英美在馬來亞進行的文化宣傳（如以馬來亞聯邦政府之名在新村成立兩百餘間「公共圖書館」〔Public Library〕），表面上是「公共」圖書館，實際上則是英美支持的圖書館），陳平等人認為馬共更強調的是聚焦於「特定目標」的宣傳，尤其是採用「面對面」、與群眾接觸的方式，以期更廣泛地深入基層的人民。而從後來的成效也可以發現，相較於右翼，左翼的宣傳策略的確吸引了更多年輕人加入。

＊　＊　＊

一般認為，一九四六年英國首相邱吉爾發表「鐵幕演說」（Iron Curtain）之後，直到一九八九年蘇聯解體，為所謂的「冷戰時期」；而所謂「後冷戰」時期即是一九九一年之後，包括美國主導全球的地位，以及各種恐怖行動，到中國的崛起。至於中國崛起和美國之間的多方面競爭，也被稱為「新冷戰時期」，更著重在資訊戰、科技戰。不論這些論述或修辭如何改變，對於文化冷戰研究而言，關鍵的不是增加「論述」，而是探究歷史檔案。對於亞洲的文化冷戰論述，即便美國國家檔案局已開放歷史檔案可供查詢，但整體而言，關於東南亞與美國權力相關各國的研究，仍有待探索。另一方面，蘇聯共產黨、中國共產黨的研究由於檔案取得困難，以致重構共產陣營在馬來亞的歷史僅能倚賴馬共相關人士出版的個人回憶文字，而缺乏對冷戰時期社會主義國家的整體理解，包括從共產國際的組成到各國的「支部」，其內部關係及其運作的邏輯仍有待進一步的研究。

文化冷戰論述的南方觀點，以馬來亞作為切入點，可以與目前歐美中心和以東北亞為主流的冷戰論述進行幾項對話。首先，英國殖民政府在馬來亞文化宣傳中扮演主動的角色，有別於其在香港維持左右翼雙方活動不要越界的中立態度。從文化冷戰的具體行動而言，馬來亞的英國殖民政府支持《馬來亞少年》和 *Young Malayans*，並與美國合作「公眾圖書館」，英美實則聯合強化了馬來亞的在地認同。

其次，「非政府組織」在馬來亞的文化宣傳中扮演關鍵的角色。美國官方的相關組織如美國新聞總署、美國新聞處和中央情報局資助的宣傳研究，在既有的文化冷戰研究中占據重要的位置，這方面的研究以國際史、外交關係和政治研究者為多。馬來亞作為東南亞的個案之一，突顯「非政府組織」所扮演的關鍵性角色，相較於台港的美國新聞處主導，馬來亞反而是以美國「民間」非政府組織的形式運作，結合「香港的第三勢力」——友聯，在馬來亞當地進行文化宣傳。

此外，馬來亞的宣傳活動突顯「動態活動」作為凝聚青年的重要媒介。透過馬來亞文化宣傳動態活動的分析，可以看出美國權力因地制宜的特色，透過香港友聯人作為在地文化中介者進行文化活動，讓亞洲人設想出亞洲人的宣傳方式影響亞洲人。

西方學者以國家私營網絡（State-Private Network）的概念來解釋文化冷戰在西方的運作模式，然而在馬來亞的脈絡中，不管「國家」或是「私營」網絡都更加複雜。就「國家」而言，馬來亞的文化冷戰牽涉到英國、美國、香港和馬來亞，在殖民宗主國、新殖民權力和馬來亞本身政權多重權力的角力下，讓文化冷戰在進行的過程中，涉及多方的利益傾軋。同時，筆者詮釋台港文化冷戰時，曾使用「在地人際網絡」的概念（王梅香，二〇一五），若將其置入馬來亞的脈絡，應轉化為「跨國人際網絡」的建構，亦即香港第三勢力友聯知識分子的跨國流動，促成跨國人際網絡和在地人際網絡的結合，而使得馬來亞的文化冷戰得以可能。

馬來亞的文化冷戰，國家認同顯得更為複雜和矛盾。在台港的文化冷戰中，自由中國／文化中國是國家認同和文化認同的對象；然而在馬來亞的個案中，他們的認同揉合來自英國殖民政府的意識、自由／共產中國的認同，以及馬來亞的在地認同。馬來亞「自身」的認同是透過英美自由陣營和共產陣營這些「外來」的媒介所建立。在馬來亞的文化冷戰中，英美各國更關心的是海外華人的「落地生根」，而非回到共產中國的「落葉歸根」，至於如何將「落葉歸根」的意識型態轉化為「落地生根」，並進而建構所謂的「馬來性」，就是文化冷戰慢速媒介所能發揮意識型態塑造的功能。

最後，透過文化冷戰的南方論述，一方面提出馬來亞作為南方的案例，作為跟既有的美國權力、文化冷戰在概念使用和論述上可以對話之處；另一方面，我們也可以看到跨越國界的左右翼在馬來亞採用類似的宣傳手法，包括雙方皆有使用慢速媒體，亦即報紙、雜誌、書籍和畫報等。也就是說，即便在意識型態對立的陣營，但在文化宣傳手法上卻沒有太顯著的差異，只不過側重點與其背後的意義不同，如雙方均使用廣播宣傳，但美方用來散播自由陣營的思想，而左翼陣營的廣播除了傳遞訊息，更具有馬共行動聯繫的功能。可見美蘇在意識型態上相互對立，但在宣傳手法上卻互相學習。

參考書目

也斯。二〇一三。《也斯的五〇年代：香港文學與文化論集》。香港：中華書局。

王梅香。二〇一五。《隱蔽權力——美援文藝體制下的台港文學（一九五〇～一九六二）》。新竹：清華大學社會學研究所博士論文。

白垚。二〇〇七。《縷雲起於綠草》。八打靈再也：大夢書房出版，有人出版社發行。

伍燕翎、潘碧絲、陳湘琳。二〇一一。〈從《蕉風》（一九五五～一九五九）詩人群體看馬華文學的現代性進程〉。收錄於伍燕翎編，《西方圖像：馬來西亞英殖民時期文史論述》，頁八三～九六。加影：新紀元學院馬來西亞與區域研究所／馬來西亞歷史研究中心。

官有垣。二〇〇四。《半世紀耕耘：美國亞洲基金會與台灣社會發展》。台北：元照。

林春美。二〇〇九。〈馬華女作家的馬共想像〉。《華文文學》二〇〇九（六）。

——。二〇一二。〈獨立前的《蕉風》與馬來亞之國族想像〉。《南方華裔研究雜誌》五：二〇一～二〇八。

邱依虹。二〇〇六。《生命如河流：新、馬、泰十六位女性的生命故事》。高雄：巨流。

金進。二〇一〇。〈台灣與馬華現代文學關係之考辨：以《蕉風》為線索〉。《中國比較文學》七九：一三〇～一四二。

金麗實著，李啟彰譯。二〇一二。〈美國軍政下的韓國電影：從「光復電影」到「反共電影」〉。收錄於貴志俊彥、土屋由香、林鴻亦編《美國在亞洲的文化冷戰》。台北：稻鄉。

徐君蘭、李麗丹。二〇一六。《建構南洋兒童：戰後新馬華語兒童讀物及文化研究》。新加坡：八方文化。

徐禎。二〇一六。〈《馬來亞少年（一九四六～一九四八）》：「馬來亞少年」的政治意識〉。收錄於徐君蘭、李麗丹，二〇一六，《建構南洋兒童：戰後新馬華語兒童讀物及文化研究》，頁一～二〇。新加坡：八方文化。

張錦忠。二〇〇三。《南洋論述：馬華文學與文化屬性》。台北：麥田。

梁慕嫻。二〇一八。〈我所知道的《青年樂園》〉。《明報月刊》五月號。

許文榮。二〇一二。〈馬華文學中的三位一體：中國性、本土性與現代性的同構關係〉。《馬華文學與現代性》。台北：新銳文創。

許維賢。二〇一七。〈打造馬來亞：論馬來亞製片組的冷戰影像〉。收錄於魏月萍、蘇穎欣編，《重返馬來亞：政治與歷史思想》。八打靈再也：亞際書院、資訊策略研究中心。

陳平。二〇〇四。《我方的歷史》。新加坡：Media Master Pte Ltd.

陳正茂。二〇一一。《五〇年代香港第三勢力運動史料蒐秘》。台北：秀威資訊。

陳偉中。二〇一七。《誌青春：甲子回望《青年樂園》》。香港：火石文化。

賀淑芳。二〇一三。〈《蕉風》的本土認同與家園想像初探（一九五五～一九五九）〉。《中山人文學報》三五：一〇一～一二五。

溫任平。一九八〇。〈馬華現代文學的意義與未來發展：一個史的回顧與前瞻〉。溫任平主編《憤怒的回顧》。霹靂：天狼星出版社。

鄭樹森、黃繼持、盧瑋鑾。二〇〇〇。《香港新文學年表（一九五〇～一九六九）》。香港：天地圖書。

盧瑋鑾、熊志琴編著。二〇一四。《香港文化眾聲道1》。香港：三聯書店。

——。二〇一七。《香港文化眾聲道2》。香港：三聯書店。

魏月萍、蘇穎欣編。二〇一七。《重返馬來亞：政治與歷史思想》。八打靈再也：亞際書院、資訊策略研究中心。
三澤真美惠。二〇一二。〈美國新聞總署和台灣「自由」電影陣營的形成〉。收錄於貴志俊彥、土屋由香、林鴻亦編《美國在亞洲的文化冷戰》。台北：稻鄉。
土屋由香。二〇〇五。〈アメリカ対日占領軍『CIE映画』：教育とプロパガンダの境界（2）日本人による受容と解釈〉。收錄於《愛媛大学法文学部総合政策学科編》19号。松山：愛媛大学法文学部。
——。二〇〇六。〈「パブリック・ディプロマシー」の出発点としてのアメリカ占領軍・CIE映画〉。收錄於《Intelligence》7号。東京：20世紀メディア研究所。
——。林鴻亦譯。二〇一二。〈美國新聞總署公關宣傳活動的「民營化」〉。收錄於貴志俊彥、土屋由香、林鴻亦編《美國在亞洲的文化冷戰》。台北：稻鄉。
有馬哲夫。二〇〇六。《日本テレビとCIA：発掘された「正力ファイル」》。東京：新潮社。
谷川健司。二〇〇二。《アメリカ映画と占領政策》。京都：京都大學學術出版會。
——。李啟彰譯。二〇一二。〈美國政府與好萊塢電影產業的相互依存關係〉。收錄於貴志俊彥、土屋由香、林鴻亦編《美國在亞洲的文化冷戰》。台北：稻鄉。
貴志俊彥、土屋由香。二〇〇九。《文化冷戰の時代——アメリカとアジア》。東京：國際書院。
Alexander, Garth. 1973. *Silent Invasion: The Chinese in South-east Asia*. New York: Macmillian.
Armstrong, Charles K. 2003. "The Cultural Cold War in Korea, 1945-1950", *The Journal of Asian Studies* 62(1): 71-99.
Chizuru, Saeki（佐伯千鶴）. 2007. *U.S. Cultural Propaganda in Cold War Japan:Promoting Democracy 1948-1960*. Lewiston, N.Y.: Edwin Mellen Press.
FitzGerald, Stephen. 1972. *China and the Overseas Chinese: a Study of Peking's Changing Policy, 1949-1970*, Cambridge: University Press.
Gorden Johnston. 2010. "Revisiting the Cultural Cold War", *Social History* 35(3): 290-307.
Meredith Oyen. 2010. "Communism, Containment, and the Chinese Overseas", *The Cold War in Asia: Battle for Hearts and Minds*. Leiden: Brill, 2010.

Saunders, F. S. 1999. *Who Paid the Piper? : The CIA and the Cultural Cold War*. London: Granta Books.
Shuang Shen. 2017. "Empire of Information: The Asia Foundation's Network and Chinese-Language Cultural Production in Hong Kong and Southeast Asia", *The American Studies Association* 69(3): 589-610.

在那南方的國度：赤道季風帶的華文書寫

張錦忠—國立中山大學人文研究中心

「馬華文學」，指的是「馬來西亞華語語系文學」，即以馬來西亞文學為主體的華文書寫與生產作為族裔文學與小文學的概念。在場域上，地處「南洋」，總已具備「南方」的特質。建構這樣的「馬華文學」作為方法，亦旨在彰顯其「南方思維」。職是，本文擬將馬華文學表現擺在「南方」的脈絡，從族裔文學、華語語系、小文學、國家文學等概念加以爬梳，以支援「南方文學共和國」的論述。換句話說，十九世紀中葉以來，離散南洋的「中文」或「中華屬性」，隨著其渡海南下，而抵達「南洋」或「南洋群島」的離散路徑，打開的正是馬華文學「南方質地」的濫觴。因此，追跡「馬華文學」，勢必要從「下南洋」的歷史勘繪出發，以迄「華語語系」的全球南方現狀。

在談馬來西亞的華文文學或馬華文學作為南方論述之前，先講一個怡保（Ipoh）的故事。馬來西亞的國土包括馬來半島與婆羅洲北部（馬來半島簡稱「西馬」，但比較少人用；婆羅洲部分俗稱「東馬」），共有十三州。馬來半島中部有個霹靂州（Perak），首府為怡保市。

怡保新街場附近有一條德勝街（Jalan Yau Tet Shin，Jalan是馬來文「路」的意思），街上有一家餅店叫「南方餅家」，再過去有一家「東麗洋服」。怡保一帶廣東人多，「南方」與「東麗」以粵語發音，通常會拼成*Nam Fong*與Don *Lai*。不過，這兩家店的招牌上拼的卻是Lam Fong與Ton Nai；ne音與le音顯然交錯互換了。當然，「名從主人」是翻譯的不二原則。於是「南方餅家」幾乎變成了「蘭芳餅家」，難免令人想起十八世紀南來的中國人陳蘭伯、羅芳伯等在婆羅洲坤甸（Pontianak，今印度尼西亞西加里曼丹省首府）成立的「蘭芳公司」（蘭芳大統制共和國）。這個交錯聯想的結果其實是一種換喻；「馬華文學」之為「南方文學」，其實也是一種換喻的修辭說法。

何謂「馬華文學」?

「馬華文學」，指的是「馬來西亞華文文學」，我們也可以視之為「馬來西亞華語語系文學」的簡稱，即以馬來西亞文學為主體的華文書寫與生產。「華語語系」（the Sinophone），是一個

「全球華語」（Global Chinese）的概念。「華語語系」對我而言，是概念、抽象的，而這個概念的對應客體，就是長久以來我們在使用的「華文」一詞，不是新的發明。換句話說，「馬華文學」就是「馬來西亞華文文學」。馬來西亞的「華文」，屬於「全球華語」一脈。其次，這裡用的「馬來西亞華語語系文學」，是一個屬於「文學語系」（literary family）的說法，而非語系分類（language family）的概念。[1] 這個說法彰顯的是馬來西亞的多語語系（multilingual）與多語語系文學或文學複系統（literary polysystems）的現象——即馬來語語系文學、華語語系文學、英語語系文學、淡米爾語語系文學等，而不僅是相對於英語語系文學（Anglophone literature）或法語語系文學（Francophone literature）的概念。另一方面，用「馬來西亞華語語系文學」的說法，主要也在於避開「馬華文學」究竟是「馬來西亞華文文學」還是「馬來西亞華人文學」的困惑。

關於馬華文學的簡史與概述，可以參閱筆者的一本小書《馬來西亞華語語系文學》。《馬來西亞華語語系文學》出版於二〇一一年，書中簡介了馬華文學的定義、歷史與概況，以及幾個相關議題，並附有「馬華文學基本研讀書目」與「馬華文學繫年簡表」，算是「馬華文學懶人包」，想要初步了解馬華文學的人可以從這本書入門。這本小書撰述的年代，適逢史書美與王德威所提倡的華語語系文學理論（Sinphone studies）在美國學界冒現，剛好可以用來解釋馬華文學在南方多語語境「傳承新興華文文學的香火」的現象與意義。[2]

馬華文學

以華文書寫的馬來西亞文學彙編。早年為南來英屬馬來亞（含新加坡）的中國使節、教員、文人活動的舊體詩文場域，一九二〇年代以前有華文報紙（《益群報》與《新國民日報》）附設的文藝副刊出現，即當地白話華文文學的開端。這個文學場域在一九三〇年代至四〇年代發生了幾場鼓吹南洋色彩文學、馬來亞地方色彩文學的言論，以及馬華文學獨特性的論爭。南太平洋戰爭結束後，英殖民政府捲土重來，馬華文學的獨立自主性也引發論辯，直到馬來亞獨立，定馬來語為國語，馬華文學遂成為在華語圈內活動的「華語語系文學」，與其他非馬來文語系文學在文學複系統邊陲共存。一九六三年，馬來亞、新加坡、砂拉越、沙巴組成馬來西亞聯邦，不過華語與華文文學的位置並沒有向中央移動。兩年後，新加坡脫馬獨立，但在相當長的一段時間，「馬

1 這裡的「文學語系」是一個比較鬆散的分類概念。在語言類屬的範疇，馬來語屬於南島語系，華語屬於漢藏語系，淡米爾語為達羅毗荼語系，英語則是印歐語系。

2 王德威與史書美與分別在二〇〇六、二〇〇七年左右提出「華語語系文學」的概念。王德威在〈文學行旅與世界想像：華文作家在哈佛大學〉及其相關活動時即以「華語語系」指稱一群來自不同華語地區的華文作家，見《聯合報・聯合副刊》，二〇〇六年七月八日、九日，E7。史書美的專書可參閱《視覺與認同：跨太平洋華語語系表述・呈現》（*Visuality and Identity: Sinophone Articulations Across the Pacific*, 2007），楊華慶譯（台北：聯經，二〇一三）。

華文學」仍然指涉兩地的文學生產。一九九〇年代以後，馬華文學擺脫六〇、七〇年代的「現實主義對現代主義」之爭，呈現一陣新興華文文學氣象。另一方面，一批留學台灣的馬華文藝青年在台灣文壇異軍突起，遂有「在台馬華文學」出現，也形成馬華文學的跨國流動現象。

南洋、南來文人與馬華文學

馬華文學肇始於十九世紀中葉以後華南中國人的南渡。這個中國人大規模「下南洋」的「過番」或「落番」事件寫下了「離散華人」的歷史新頁，那也是馬華文學與「南方」的歷史淵源。這裡我們可以談談「南洋」與「南來文人」這兩個關鍵詞。

「南洋」或「南海」，固然是「中國中心論」(Sinocentric）視野下的產物，但西方也用「Australasian Mediterranean Sea」一詞。拉丁文australis就是「南方」的意思。從「下西洋」到「下南洋」，「中國中心論」的地理視野與角度經過了調整，放眼望向北回歸線以南的「國境之南」，時間上也歷經明、清兩個朝代，以迄中華民國。日後來自「唐山」的中國人及其後裔落腳東南亞諸半島與群島之間，漸漸以「南洋人」自居。這個「半島與群島之間」的南洋，頗接近馬來／印尼文的「努山達拉／群島」（nusantara，島嶼之間）的概念，那也是一個貼近「馬來世界」的視野。因此，我們不妨視「南洋」為一個「群島」的概念。無論如何，作為一個地理名詞，南洋總已在「南方」視野裡——不管是國境之南或南國以南。[3]

近代以來，尤其是一九三〇年代的中日戰爭爆發前後，中國文人南下香港、南洋避難寄寓，或南下香江後再下南洋，「南來文人」遂成為兩地華文文學史的現象之一。誠如香港作家學者的小思（盧瑋鑾）在訪問中所說：「這群人有一些回去，有一些死在這裡，有一些去往更南的南洋」（王俊逸，二〇一五）。這批知名香港「南來文人」包括許地山、戴望舒、蔡楚生、力匡、楊際光（貝娜苔）、徐訏、李輝英、趙滋蕃、葉靈鳳、易文、劉以鬯等，他們之中有些人如徐訏、劉以鬯，下南洋後又北返香港，成為香港作家，有些人則南下後成為馬華作家，如力匡、貝娜苔。星馬的「南來文人」有的從中國輾轉來到南洋，並在那裡居留下來，如蕭遙天、連士升、黃潤岳；另有一批人則從中國離散香港，五〇年代中開始陸續南下星馬，例如姚拓、申青、薛洛、黃思騁、黃崖、白垚，他們的寫作生涯在那裡持續或發生。其中黃思騁後來北歸香港，白垚、黃潤岳、薛洛、貝娜苔中年以後再離散北美，黃崖則北移泰國；這

3 「國境之南」的南向指涉自明，「南國以南」的「南國」，在傳統中文語境泛指華南，也可指中國以南的國家，東南亞其實在這些「南國」的南方，所以馬來西亞導演陳翠梅一部影片的題名就叫《南國以南》。

一批人，不少是香港「友聯出版社」的中堅人物。

但是馬華文學史或「史前史」的「開端」，早已是「中國南來作家」行動或離境的結果。除了早年因公南駐而寫舊體詩文抒懷詠物的使節之外，白話文新文學運動發生後參與打造「南洋文藝」者也以南來文化人與作家居多，幾乎可以說是一個殖民地時期或馬來亞獨立建國以前的「南方共和國」或「南方華文文學共和國」。一九三八年年底，中國知名作家郁達夫抵達新加坡，成為這個南方共和國的一員，南太平洋戰爭結束時「死在南方」。郁達夫「死於斯土」，本身變成了一則馬華文學由南來離散到落地生根的寓言。

換句話說，從地理移動與文學版圖的角度來看，我們不妨乾脆視這個英國殖民時期中國南來作家的文學活動「共同體」為華文文學的「南方共和國」。「共和國」當然是個比喻，也是「共同體」的另一個版本。就時空背景而言，晚清或民國以來的中國作家、文人離境南下之後，這個「南方共和國」就已冒現，而分別以新加坡、吉隆坡、檳城三城為其中心，婆羅洲則有古晉與詩巫等文化場域。由於南來文人跨出中國國境，進入國境以南的英國殖民地境內的場域經營運作，其文化生產也就具有殖民地現場性，屬於「殖民地文學」。不過，這個南來文人所建構的「南方共和國」在「民族國家」馬來亞-馬來西亞成立之後，就像「蘭芳共和國」那樣，消失在（殖民主義）歷史的風暴裡；「南來文人」則成為馬華文學史家方修的《馬華新文學大系》等書中的一筆史料。我們不妨稱之為華文文學世界的「南方共和國」。

這個南方共和國裡頭的成員，依違在離散南來與地方感性（sense of place）之間，難免引發文化屬性與身分認同的反思、爭辯與論戰，例如「馬華文藝獨特性」論戰。這方面的思索，可以參考筆者一九九二年的〈馬華文學與文化屬性：以獨立前若干文學活動為例〉一文；該文爬梳了黃錦樹後來所說的「有國籍的馬華文學」之前，南來文人及在地作家的幾場文化屬性與身分認同思辨與論戰。不論是有國籍無國籍，論述的箇中關鍵，還是認同政治。早在一九二〇年代末，星馬文化界即有人提出南洋色彩與南洋文藝的概念，「馬來亞文藝」的主張也在一九三〇年代中葉響起。南太平洋戰爭結束後，殖民者捲土重來，馬華文藝工作者也開始反思「國家」、「國籍」、「文學身分」等議題。星洲文藝協會主辦的「馬華文藝獨特性」座談會後來引發論戰，為彼時文藝界一大事件。那場論戰也是「僑民文學」與「馬來亞文藝」的路線之爭。五〇年代中葉創刊的《蕉風》也打出「純馬來亞化文藝」的旗幟。這「在地化」、「本地化」的即是王德威所說的「根」的政治與「勢」的詩學。[4]

關於南來文人或作家，可以參閱林萬菁的《中國作家在新加坡及其影響（一九二七～一九四八）》與郭惠芬的《中國南來作者與新馬華文文學》。值得注意的是，這兩本書對那些南

4 王德威有文題為〈「根」的政治，「勢」的詩學：華語論述與中國文學〉，收入《華夷風起：華語語系文學三論》，頁二一三～二一四。

來的「中國作家」的定義略有不同。林萬菁嚴格設定以下條件：南來-歸返中國、南來前或歸返後具作家身分、歸返後繼續創作。郭惠芬則採較為寬鬆的標準：作家知名度不限、南來後從事文學活動者、南來前作品刊載星馬報刊歸返後書寫南洋者。

香港的南來文人論述可以作為談馬華南來文人的參照。在這方面，上文提到的小思著有兩本相關專書：一九八七年出版的《香港文縱：內地作家南來及其文化活動》與二〇〇七年出版的《香港文學散步》修訂版。前者收入小思多年來對香港南來文人在港活動的研究文章多篇，後一書則追跡蔡元培、魯迅、許地山、戴望舒、蕭紅等在香港留下重要身影的現代中國作家，並重訪關涉他們的文學活動的地景，可以說重新勘繪了香港的文學地圖。比較而言，大陸內地作家南來香港，和南來文人與馬華文學場域的差異，在於星馬南來文人身分的轉化——馬來亞在一九五七年獨立之後，「馬來亞地方文藝」名正言順成為（有國籍的）馬華文學，「僑民作家」也變成了馬華作家。

南方／文學南方與馬華文學

南，或南方，除了地理位置的方向（地理位置也不必然以地球南北半球為基準，就像南韓、南美洲、南錐體〔Cono Sur〕、華南、江南、南非、台南、南馬、美國南方等等的「南」）

之外，更是反思、對應或抗拒「北方觀點、西方理論」在論述為「中央／當道」話語的自我定位。這多少接近政治與經濟領域的「全球南方」（Global South）概念。「南方文學」（Southern literature）既是方位場域，也是論述話語與地緣政治的定位。因此，南方文學的地理南方，在這裡應該是北回歸線通過之處以南的區域。換句話說，「文學南方」（Literary South）涵蓋了北回歸線與南回歸線之間的區域所產生的文學文本。

另一方面，「南方文學」或「文學南方」並不是新的文化用語。例如，批評家或文學史家談到美國文學的福克納（William Faulkner）、歐康娜（Flannery O'Connor）時，早已以「南方作家」一詞形容他們。每個國家每個地方的「南部」都可以是「南方」（the South）。南方的文學生產自有其異於文學北方的風土、人文、習性、用語等「南方色彩」或文學構成（literary formation）。南方文學既是方輿詩學（geocriticism）的論述對象，也是文化屬性的宣示。關於美國南方文學，相關的論述甚多，當代著名非裔美國文化理論家裴克（Houston A. Baker）的《新南向：再探現代主義／重讀布克T》（*Turning South Again: Re-Thinking Modernism/Re-Reading Booker T.*）一書即從非裔南方文學觀點重探黑人現代主義在美國文學史的困境、位置與意義，頗值一讀。華語語系的南方文學，也歷經現代主義的洗禮，也有自身的文學史的困境、位置與意義，裴克書中觀點不乏其可資參照之處。

馬華文學的發生場域在赤道邊緣，故在地理風土與地緣政治上，作為「南方文學」應有其正當性。作為南方文學，馬華文學以華語書寫發聲，有其「大歷史」脈絡——當年先輩南渡的遷徙史。當年從中國來的作家與文化人，如上一節所述，就成為了「南來文人」。而「華語」在語言／文化上早已是南方的語言，它不再「純正」，它有失有得，以「失語」換取新語。馬華文學也以糅雜、不純正故，而成為了「華語小文學」，故乃有作為南方文學的「馬來西亞華語語系文學」。這個南方的「華語小文學」沒有卡夫卡，但是有像陳瑞獻、溫祥英那樣的重要華文作家。

南方文學共和國

民國時期「中國南來作家」在馬來亞從事華文書寫與文化活動，促發了馬華文學場域在「南國以南」的開端。馬華文學作為南方華文文學的文化生產場域，是一個文學地理的概念，戰後東南亞國家去殖獨立，華人落地生根，世代繁衍之後，所生產的華文文學成為「離散南方」的產物。這個北回歸線與南回歸線之間的區域所產生的文學文本，形成了一個華文文學語系的「文學南方」（Literary South），名之為「南方文學共和國」，可以說恰如其分。

南洋來的人：黃錦樹的個案

這個「文學南方」的概念，總已在台灣的「南洋來的人」的視野之內。國民政府實施僑教政策以來，其中一項「副產品」即促成一個星散的「在台馬華文學」創作群或評論社群；這些「在台馬華作家」就是「南洋來的人」。例如，本身是在台馬華作家兼學者的黃錦樹早在一九九五年就寫了〈華文／中文：「失語的南方」與語言再造〉。十年後，他二〇一五年出版的隨筆集更題為《注釋南方：馬華文學短論集》。近期的兩篇文章，〈南方華文文學共和國：一個芻議〉與〈會意：隱喻與轉喻的兩極〉，也是討論文學南方的語言與文學現象。

一九九五年撰寫〈華文／中文：「失語的南方」與語言再造〉的時候，黃錦樹處理的是「馬華文學的語言問題」，試圖「問題化」（problematize）的是華文／中文的「語言差異」（二〇一二，頁二七）。然而，到了二〇一八年，他首先認為當年這篇文章「把南方問題化，也嘗試概念化『華文』」（黃錦樹，二〇一八b，頁十二）。這篇文章以「中文／華文」區分「中國／台灣境外」華文作家的兩種語言書寫策略：「典雅流暢的中文」與「刻意以翻譯體、方言俗語等去系統的扭曲它的平順流暢」的華文（二〇一八b，頁十三）。前者的例子是李永平（尤其是《吉陵春秋》），後者的例子則是溫祥英。

黃錦樹的論述，多少受到中國作家王安憶的啟發。[5] 王安憶曾經到過她父親王嘯平早年居留過的南洋（新加坡與馬來西亞），看看她父親的眼光看過的風土事物。後來寫了〈語言的命運〉等文章，敘述南洋的語境，同時也比較中國大陸小說家與台灣小說家的小說語言。根據王安憶的說法，南方作者的語言，「在北方語言為書面閱讀語的情況之下，便失去了語言」。但是黃錦樹的看法恰恰相反，對他而言，南方小說家書寫李永平式的「典雅流暢的中文」，才是「失去了語言」——失去了南方的多元語境與在地的白話文，失去了方言與土語，因此，那才是「失語的南方」。王、黃兩人的看法執其兩端，事實上也可以「允執厥中」。南方作家固然以中原官話為基礎的書面華語為閱讀書寫語言，然處身方言群、英語、馬來語的南洋語境，可謂眾聲喧嘩，並未「失去了語言」。反之，南方作家書寫小說語言或典雅流暢或屬方言白話，端視敘事環境或敘事或說話者語態而言。以李天葆與《吉陵春秋》的李永平來說，前者的小說地方背景就是吉隆坡，後者地理空間未明（其實就是古晉），但語言同樣典雅流暢，甚至華麗，其實是選擇了趨近舊說部的「去現代」書寫策略。當小說作者選擇以「接地氣」的方文俗字（南方方言與土語）敘事時，選擇的是「此時此地」的語碼——那是一種具「馬華文藝獨特質地」的「糅雜華文」，就像那種叫「羅惹」（rojak）的南洋蔬果沙拉。

二〇一六年秋天，黃錦樹應邀赴哈佛大學參加「華語語系研究：新方向」（Sinophone Studies: New Directions）研討會，宣讀〈南方華文文學共和國：一個芻議〉一文。黃錦樹自己說他提出的「南方華文文學共和國」是「一個既不同於大陸的『台港暨海外華文文學研究』，也不同於王德威、史書美等近年提出的『華語語系論』」的論題（二〇一八a，頁十九）。這篇文章基本論點跟〈華文／中文：「失語的南方」與語言再造〉差不多，不過場域定位更清楚——南方、外部。「文學共和國」當然借自卡薩諾瓦（Pascale Casanova）晚近所提出的「文學世界共和國」（黃錦樹也指出卡薩諾瓦的理論參照了華勒斯坦〔Immanuel Wallerstein〕的世界體系理論）。卡薩諾瓦主要談的是世界文學與翻譯文學產業與關係。就「文學共和國」的論述而言，黃錦樹其實提出的是一種可以稱之為「雙重外部」的看法：一方面，中文的現代文學的位置，一直在以歐美語言為主體的「世界文學共和國」體系之外；另一方面，在東亞，中文版的「世界文學體系」卻以中國文學為中心，故中國文學將其境外的華文文學「包括在外」，命名為「世界華文文學」或「海外華文文學」。台灣版的「華文文學體系」其實也是這樣將其境外的華文文學「包括在外」。

因此，黃錦樹的「南方華文文學共和國」論述的提出，有助於讓馬華文學在面對以大國與強勢語言為中心或主體的文學體系及文學共和國話語時，有一個自己的定位空間，以及自

5 黃錦樹在撰寫論張貴興的〈詞的流亡：張貴興的寫作道路〉時就參照了王安憶的〈語言的命運〉，不過那時他聚焦的是「被選擇的中文」的無國籍與精神流亡。〈詞的流亡：張貴興的寫作道路〉收入他的《馬華文學與中國性》書中。

己的「文學南方」話語。

南方華文文學共和國的「獨特性」主要在於語言（或潛在的「文言白話／書面口語之爭」問題）。於是，黃錦樹在他的另一篇文章〈會意：隱喻與轉喻的兩極〉中逆向操作，試圖回到符號化（從物到象）的歷史／初始現場。而華語語系的華語，總已是南方的語言，也就是黃錦樹這兩篇文章討論的「方言土語」。[6]他的〈會意：隱喻與轉喻的兩極〉所指涉的「隱喻與轉喻的兩極」恰恰就是馬華文學在那冷戰的年代的「左右兩極」。在文章的最後一節「初始的詩意：『文』與我們的南方」，黃錦樹寫道：

> 而長期以來主導文壇的，一直是中共革命文學餘緒的現實主義，對文字之不敏感，恰好類比於對文學本身的無感。相較於六〇年代後起而對抗的現代主義之以隱喻為主導，政治掛帥的「現實主義」是轉喻型的。深受台灣現代主義思潮影響，偏向隱喻，企圖讓文學回到文學自身的馬華現代主義者們，同時也召喚了民族文化中的詩詞經典（尤其是唐詩宋詞），熱愛武俠小說，甚至對漢字本身有特殊的、甚至近乎偏執的情感。（二〇一八b，頁三六）[7]

對黃錦樹而言，「我們的華文文學」的語言問題，除了書面語與口語之間的協商、選擇，更是彰顯他所念茲在茲的「南方的方言俗語」的「造字」場域，那也就是我所說的——馬華文學之為南方文學。

下面以黃錦樹一個題為〈W〉的短篇來看看馬華文學的南方華語元素與獨特歷史背景。

午後，你們都看到了，在狗的狂吠聲裡，兩輛藍色的卡車突然出現在你們的園子裡。後頭跟著五六部黃色紅色的野狼嚤哆車，刺耳的抈猛蜢門盟的響著，朝你們仰著頭跳躍著而來。

車頭燈反射出刺目的光。父母臉上都露出警戒的神色。然後車子突然轉向左邊，硬是在原本沒有路的樹林裡輾出一條路，再沿著笆邊行走，然後停在一棵大樹下。狗群一直

6 更早時另一位南洋來的人李有成曾提到婆羅洲來的小說家張貴興在《群象》「以『荒文野字』形容余家同《獵象札記》前半部的某些敘述文字」（二〇〇五，頁一九三）。

7 黃錦樹說這一批「企圖讓文學回到文學自身的馬華現代主義者們，同時也召喚了民族文化中的詩詞經典（尤其是唐詩宋詞），熱愛武俠小說……」大體上指的是天狼星詩社的溫任平兄弟及其社員。他們深受台灣現代主義——尤其是余光中——的影響。黃錦樹的用詞是「中國性-現代主義」。有趣的是，他們的所推崇的《蓮的聯想》時期的余光中，恰恰是宣稱「再見，虛無」、告別達達，從現代主義出走，轉向白玉樓，轉進古典主義的余光中。而另一方面，「企圖讓文學回到文學自身的馬華現代主義者們」應該包括另一批不那麼受台灣現代主義或余光中影響的現代主義者，尤其是完顏藉、陳瑞獻、梅淑貞、溫祥英等。

沒停過狂吠，也持續露齒追著來車。父親和母親都快步迎上前去，首先喝止了狗，狗兒稍稍退到主人身前。一輛卡車後頭跳下十幾個壯實黝黑的青年男人，都是些馬來人。另一部卡車後頭載著滿滿的木頭，木方、木板、木柱。車一停即有一位年齡稍大的，載著藍色鴨舌帽，加巴拉（kepala）模樣的華人男子大聲叫喚那些年輕人去把車上的木頭卸下。然後他趨前給你父親遞根菸，說明這是怎麼一回事。原來這一小片殘存的原始林的主人雇了這一群人，要把上頭的原生樹木清理乾淨，好種植油棕。那人預估兩三個月就可以把樹砍光，樹桐會沿著河邊開一條新路運走，不會車子進進出出輾壞膠園裡的路。剩下的枝葉會逐步一堆堆放火燒掉。

……

你看到阿蘭和阿里總是笑語晏晏，側著身子，或靠著樹，很好談的樣子。屢屢換著支撐體重的腳，但你受不了那蚊子。你不知道她馬來話說得那麼流利。但你也覺得阿里長得很好看。來得次數多了，狗也不吠他了。母親多次警告阿蘭，千萬別對馬來人當真。別吃了虧，女人總是吃虧。即使他肯要妳，妳也是要「入番」的，而且他可以娶四個老婆。阿蘭只是無所謂的聳聳肩笑笑，說她只是喜歡和他講講話而已，沒有想那麼多。但阿里還給她送過一隻巴掌大的烏龜，她就把牠養在屋旁的小水坑裡，還在牠背上用紅漆寫了大大的 Ali，塗滿半個龜背。阿里太久沒來時，她有時會跟牠說說話。

小說敘述居住在膠林深處華人的困境，以及異族間的一段情事。小說中人物生存的「環境世界」不可能在台灣。台灣沒有橡膠與棕櫚園坵，也沒有馬來人，儘管台灣原住民也屬於南島語族；台灣的原住民即使有穆斯林也是個別例子，但馬來西亞的馬來人都是穆斯林。小說一開頭就出現卡車與「野狼嚤哆車」，在〈雨〉裡頭的用詞是「野狼嚤哆車」。在台灣的語境，不是「摩托車」就是「機車」。兩輛卡車「硬是在原本沒有路的樹林裡輾出一條路，再沿著笆邊行走」。「笆」指的是「山笆」，為東南亞華語用詞，常指有農作物覆蓋的林地，相關詞語有「燒笆」，為原住民傳統農耕文化。從卡車下來的華人「加巴拉」是馬來文kepala音譯，原為「頭部」的意思，這裡指華裔「工頭」，即工人領班。工頭領了一批馬來青年，來清理小說敘說者膠林家園鄰地的原生樹林，準備種植油棕。早年橡膠是馬來西亞重要天然資源，後來政府大力發展油棕業，油棕笆取代了膠林。

敘說者表姊阿蘭和馬來工人阿里談戀愛，母親要她三思，說「即使他肯要妳，妳也是要『入番』的，而且他可以娶四個老婆」。馬來西亞華人方言俗語常以「入番」指華人改奉成為穆斯林，「馬來人可以娶四個老婆」則是華人對伊斯蘭教信徒的刻板看法。阿蘭的「父母出了事情，不能照顧她」，所以在敘說者家暫住，小說寫道：「那時你還不知道她父母同時死於一場和山老鼠有關的恐怖事件」。「山老鼠」是指馬來亞共產黨人的貶義詞。馬共在馬來亞緊急狀態時期轉入地下，被政府視為恐怖分子，後來退守馬泰邊境，直到一九八九年才與馬泰兩國政府簽署和平協議。黃錦樹寫了一系列的馬共小說，〈W〉即其中一篇。

華語的造字場域

南方華文文學共和國的「獨特性」主要在於語言，一種華語語系的「華語」，也就是黃錦樹上述兩篇文章所討論的「方言土語」。另外一個說法「荒文野字」，來自李有成引述婆羅洲來的小說家張貴興的用語。此外，中文在面對南洋在地語言時，在轉譯過程中，造字也是傳達南島語言詞義的一種策略。「馬華文學」即華語的造字場域。黃錦樹在〈會意：隱喻與轉喻的兩極〉中舉了「咖啡烏，叻沙，拉茶，咖哩，榴連，馬打」（kopi O、laksa、teh tarik、kari、durian、mata mata）等例子。

從萬隆會議到全球南方

史書美在討論一九六〇年代的去殖民歷史時刻時借用了前文所提政經濟領域的「全球南方」概念，視那個「全球六〇年代」（the Global Sixties）的世界歷史事件為世界文學事件。其實，形成五〇、六〇年代全球南方象徵性地理的「萬隆會議」（the Bandung Conference）並不發生在六〇年代。一九五五年四月十八日至廿四日，亞洲與非洲國家在印尼的萬隆（Bandung）召開國際會議，商討亞非國家、民族、文化、經濟問題，因此也叫作「亞非國家會議」（Konferensi Asia-Afrika），與會國家有二十九個之多，包括當時成立僅五年的中華人民共和國。萬隆會議提出反新殖民主義，主張不結盟精神，訂定和平共處原則。史書美指出，從萬隆會議開始，「全球南方」概念「將巴黎、萬隆、北京與西貢、吉隆坡、泗水相連結」，連成一道「全球六〇年代的歷史與文本軸線」（Shih 2016: 152）。

史書美這篇文章題為〈種族與關係：在南國以南的全球六〇年代〉（Race and Relation: The Global Sixties in the South of the South.），文章中的一個詮釋對象為馬華小說家黎紫書和她的長篇《告別的年代》。對史書美而言，「五一三事件」為一九六〇年代的馬來西亞的重大歷史事件，而《告別的年代》中唯一提到這個種族流血衝突事件的小說人物杜麗安太年輕，沒有經歷那個創傷的年代，只有從小說中的同名小說認識五一三事件，而無從「再現」歷史，因此《告別的年代》並不是一本試圖再現五一三事件的小說。史書美指出，弔詭的是，恰恰由於五一三種族暴動事件的缺席，五一三反而成為小說的「原符象」（ur-signifier）（Shih 2016: 149）。另一方面，小說也指涉了許多馬華文學文本。於是，缺席的歷史事件與在場的虛構文學文本交織成東南亞（華人）歷史與華語語系文本的符碼。職是，史書美稱《告別的年代》「兼為族裔史與馬來西亞華人的文學史的後現代文件」（Shih 2016: 149）。

將馬華文學作為南方論述與一九六〇年代以來的「全球南方」連結，顯然無法繞開東南亞華人歷史與「華人問題」。「萬隆會議」看似解決了「華人問題」（中國總理周恩來在會議中與印尼簽訂條約，表明中國不承認境外華人的雙重國籍），終結了華人離散，但也讓新興民族國家堅定推動同化政策，甚至在排華時無懼於中國的干預。史書美的文章在討論「全球南方」裡頭的北方時也提到這一點。[8] 東南亞華人歷史與「華人問題」當然是馬華文學的「一個大問題」。華語華文、華文報社、華文教育、華人文化為馬華文學的基石，也是彰顯「中華性」（Chineseness）的要素，拭除了「四華」軌跡，馬華文學就瀕臨滅絕了。換言之，馬華文學論述總是已在全球南方的華人歷史與「華人問題」脈絡裡的馬華文學論述。

* * *

華文文學的「南方共和國」始於離散華人自十九世紀中葉大規模南向遷移（第一波南向），飄零南洋，而終於靈根自植、落地生根。日後這個文學共和國因所在地的地緣政治變動而有了「國籍」（馬來亞於一九五七年取得獨立，一九六三年與砂拉越、沙巴、新加坡合組馬來西亞；兩年後新加坡退出聯合邦），新興民族國家也取代了「無國籍」的殖民主義治理。於是，這個南來文人所建構的「南洋文學」的消失，有如「蘭芳共和國」之被消滅或郁達夫之失蹤，等於「死在南方」。然而有國籍的民族國家自有其「國家文學」，身分轉換成「馬華文學」的「南方文學」不得不退居（隱匿的）「族語文學」（中文大語種變成族群內部的「華文」），在以國家為中心的國家文學體系並無一席之地。這樣看來，黃錦樹的「南方華文文學共和國」其實是試圖重新召喚「華語語系」的老幽靈，讓南方的荒文野字有個安身立命之處。

然而，「南方華文文學共和國」的芻議，何嘗不也是「南洋人民共和國」那樣的備忘錄？黃錦樹自己也說那是一種反諷，一個「沒有中心沒有國界的共和國」的烏托邦。

8 二〇一五年為萬隆會議六十週年，各界不少紀念活動，其中不乏省思與批評的聲音。

參考書目

小思（盧瑋鑾）。一九八七。《香港文縱：內地作家南來及其文化活動》。香港：華漢文化。

——。二〇〇七。《香港文學散步》（一九九一）修訂版。香港：商務。

王俊逸。二〇一五。〈小思談香港南來文人：靈根自植　花果飄零〉。《橙新聞．書店街》，十二月二十七日，網址：www.orangenews.hk/culture/system/2015/12/29/010026601.shtml。

王德威。二〇一五。《華夷風起：華語語系文學三論》。高雄：國立中山大學文學院。

李有成。二〇〇五。《文學的多元文化軌跡》。台北：書林。

林萬菁。一九七八。《中國作家在新加坡及其影響（一九二七～一九四八）》。新加坡：萬里書局。

張錦忠。二〇〇三。〈馬華文學與文化屬性：以獨立前若干文學活動為例〉（一九九二）。《南洋論述：馬華文學與文化屬性》，頁九五～一二五。台北：麥田。

——。二〇一一。《馬來西亞華語語系文學》。八打靈再也：有人出版。

郭惠芬。一九九九。《中國南來作者與新馬華文文學》。廈門市：廈門大學出版社。

黃錦樹。二〇一二。〈華文／中文：「失語的南方」與語言再造〉（一九九五）。《馬華文學與中國性》（一九九八），頁二六～五一。台北：麥田。

——。二〇一六。〈W〉。《雨》，頁一一六～一二八。台北：寶瓶文化。

——。二〇一八a。〈南方華文文學共和國：一個芻議〉。《中山人文學報》四五：一～二〇。

——。二〇一八b。〈會意：隱喻與轉喻的兩極〉。《中山人文學報》四五：二一～四五。

Baker, Houston A. 2001. *Turning South Again: Re-Thinking Modernism/Re-Reading Booker T.* Durham: Duke University Press.

Casanova, Pascale. 2007. *The World Republic of Letters (La Republique mondiale des lettres)*. Trans. Malcolm DeBevoise. Cambridge, MA.: Oxford University Press.（中譯本：帕斯卡爾．卡薩諾瓦，羅國祥、陳新雨、趙泥譯。二〇一五。《文學世界共和國》（*La Republique mondiale des lettres*）。北京：北京大學出版社。）

Shih Shu-mei. 2016. "Race and Relation: The Global Sixties in the South of the South." *Comparative Literature* 68(2): 141-154.

來自南方的記憶書寫：馬來西亞華裔離散英文小說

熊婷惠｜淡江大學英文系

英文作為馬來西亞文學的書寫語言，可追溯至英屬馬來亞時期。彼時殖民者的遊記書寫、報導文字或是航海地圖，所呈現的風光帶有熱帶殖民地的東方想像。英國作家如康拉德或毛姆筆下的熱帶馬來亞風情，亦帶有異國情調。獨立後的馬英文學則帶有菁英色彩，校園雜誌刊載的詩或短篇小說開啟「在地」馬英文學的新紀年，其後多位馬英詩人主張的馬英詩歌本土化則將馬來語寫入詩歌，具體呈現出西方離散論述中文化揉雜的意涵。馬英離散文學則是台灣外文學界認識馬來西亞英文文學的切入點，尤以馬來西亞華裔離散作家為研究對象。本文將先回顧馬來西亞英文小說的脈絡，概述目前台灣對馬來西亞英文文學的認識，最後介紹兩位台灣已譯介的當代馬來西亞華裔離散作家的英文作品，以及這些小說裡所建立的一種奠基在戰爭、動亂、暴動，與華人記憶的「南方論述」。

馬英小說簡史

大航海時代，歐洲帝國在東南亞區域因利益競合，紛紛成立東印度公司，除了進行原本的商業貿易功能，也逐漸演變成為在當地左右政治、經濟，並實踐帝國政策的核心。一六〇〇年英國東印度公司（British East India Company）獲得皇家特許狀（Royal Charter），主宰了英國在東印度地區的貿易活動。其勢力更往東行，一七八六年，萊特（Francis Light）抵達檳榔嶼，在他主導下，英國東印度公司和吉打州蘇丹簽約，獲取檳榔嶼的租借權，將檳榔嶼開發成英國在遠東的第一個貿易自由港，成為貨物在蘇門答臘、泰、緬往來流通的重要樞紐。自此，開啟了英國殖民馬來亞的時代。

從大英帝國正式殖民馬來亞至一九五七年馬來亞獨立之前，英殖民政府在馬來亞建立了英國的文官體制、種族分治與教育體系。廣義來看，馬來西亞英文文學可追溯至英屬馬來亞（British Malaya）時期。彼時殖民者的遊記書寫、報導文字或是航海地圖，帶有熱帶殖民地的東方想像，如曾任海峽殖民地總督的瑞天咸（Frank Swettenham），其著作《馬來速寫》（*Malay Sketches*）描繪了他所觀察到的馬來人生活、信仰、習俗與迷信等。十九世紀末英國作家康拉德（Joseph Conrad）發表在雜誌的短篇故事〈潟湖〉（The Lagoon）、〈凱雷的回憶〉（Karain: A Memory）、長篇小說《奧邁耶的癡夢》（*Almayer's Folly*）、《海隅逐客》（*An Outcast of the Islands*）和《吉姆爺》（*Lord Jim*），以及兩本晚期小說《勝利》（*Victory*）和《救援》（*The Rescue*），或是毛姆（William Somerset Maugham）的短篇故事，或是以馬來群島為背景的「馬來小說」（Malay stories），[1] 都描繪了冒險與浪漫風情的熱帶馬來亞。當時除了英國作家以英文書寫的小說之外，林文慶（Lim Boon Keng）在新加坡創辦第一本華人英文雜誌《海峽華人雜誌》（*The Straits Chinese Magazine: A Quarterly Journal of Oriental and Occidental Culture*）。林文慶為一名峇峇（Baba），也就是土生華人（Peranakan）[2]。不少新馬英語作家都具有土生華人的背景，儘管早期的峇峇也以漢語寫作，但以戰後英語作家的作品更為研究者所知，著名的馬來西亞土生華人英語作家如小說家李國良（Lee Kok Liang）、詩人余長豐（Ee Tiang Hong），與兼具學者、詩人、小說家身分於一身的林玉玲（Shirley Geok-lin Lim），都是台灣學界研究馬來西亞英文文學的幾位入門作家。

二戰後，在地的馬英小說開始萌芽。論者如卡庸（Quayum 2007）及張錦忠多半將「在地」馬英文學的新紀年，追溯到馬來亞大學英文系的創立，以及《新釜》（*The New Cauldron*）這本校園文學刊物在一九四九年的誕生。萌芽於馬來亞大學校園雜誌刊載的詩或短篇小說，可視為在地馬英文學的起源，其菁英色彩不言可喻。一九五〇年代，陸續還有王賡武的英文詩集《脈搏》（*Pulse*）、南洋大學學生刊物《南大火炬》（*Suloh Nantah*）及《南洋文學》（*Kesusasteraan Nanyang*）的出版。這兩本刊物當時曾受到一九五二年定居在柔佛新山的韓素音（Han Suyin）的指導。中國、比利時混血的韓素音為執業醫生，同時寫作，在英國出版了自傳小說《瑰寶》

（*A Many-Splendoured Thing*, 1952）；一九五二至一九六四年期間，她隨丈夫居住在馬來亞，創作（但在倫敦出版）四本小說，[3] 首部小說《餐風飲露》（*And the Rain My Drink*, 1956），描述了馬來亞共產黨游擊隊在森林裡的故事，為現今談論馬共文學的經典文獻之一。

馬英小說

廣義來看，馬英小說為馬來西亞英文小說的簡稱。馬英文學始於英屬馬來亞時期，作

1 《海隅逐客》故事背景在爪哇，康拉德的馬來故事包含以馬來亞或是印尼為背景的創作，但論者多半以馬來故事指稱。如漢普遜（Robert Hampson）出版的《康拉德馬來小說中的跨文化遭遇：書寫馬來西亞》（*Cross-Cultural Encounters in Joseph Conrad's Malay Fiction: Writing Malaysia*, 2000）就把以印尼為背景的小說也稱之為馬來小說。廣義地說，Malay可以指馬來人種，印尼人也是馬來人，但是副標題「Writing Malaysia」則突顯了閱讀南方時，往往將其概略化，視其為整體的馬來區域。

2 十五、六世紀已有少數華人在南洋生活的紀錄，這些早期至南洋的男子與當地土著女子（可能是馬來人、爪哇人、或是暹羅人）通婚的下一代統稱為土生華人；進一步細分，男子稱為峇峇，女子則叫作娘惹（Nynoya）。

3 身為香港《東方地平線》月刊（*Eastern Horizon Monthly Review*）的撰稿者之一，韓素音也提供馬來亞地區的稿件；由她組織的馬來亞稿源含有英譯馬來亞的華文文學作品，與以英文書寫的馬來亞英文作品與學術文章，藉此向香港讀者推介馬來亞學者、作家的作品，例如：新加坡李星可的獨幕劇〈獨立橋〉（Merdeka Bridge）、姚紫的短篇小說〈窩浪拉里〉（Orang Lari）與苗秀的短篇小說〈河灘上〉（On the River Bank）。韓素音在馬來亞的寫作與活動可詳見章星虹《韓素音在馬來亞》（新加坡：南洋理工大學中華語言文化中心、八方文化創作室，二〇一六）。

品類型涵蓋殖民地官員的觀察報告、創作，以及英國作家以馬來亞為故事背景的小說。從英屬馬來亞至馬來西亞獨立與之後的期間，馬來半島與東馬也有在地的文學創作，由當地學者編纂的書目資料可見馬來西亞英語文學創作的發展概況。一九七〇年代後，因為馬來西亞施行新經濟政策，導致一波移民潮，進而衍生出一批離散作家在作品裡回望原鄉馬來西亞，形成海外的馬來西亞文學創作支系。

根據張錦忠的梳理，一九六〇、七〇年代，各族裔的英文小說家主要以學院內外的文學刊物來發表作品，如《文與劇》（*Lidra*）、《焦點》（*Focus*）、《淡馬錫》（*Tumasek*）、《季風》（*Monsoon*）、《東南》（*Tenggara*）與《艾息斯》（*Isis*）（張錦忠等，二〇〇八，頁十一）。這期間亦出版重要的馬英文學選集，霍斯達（Herman Hochstadt）選編的《契約》（*The Compact: A Selection of University of Malaya Short Stories, 1953-1959*, 1959），收錄十五篇小說，來源是前述的馬來亞大學的《新釜》，以及專為選集創作的新作，作者包括余長豐、費南寶（Lloyd Fernando），以及彼時筆名為Awang Kedua的王賡武。衛納散（T. Wignesan）編輯的《金花集》（*Bunga Emas: An Anthology of Contemporary Malaysian Literature [1930-1963]*, 1964）不僅選錄馬來亞時期與獨立後馬來西亞的英文創作，更英譯了華文與淡米爾文的作品。即便選集收錄的作品有其侷限，但嘗試譯介境內其他語種的作品，不但能讓國外讀者一窺馬來西亞的文學能量，也能讓不同語種的作家認識彼此作品。該選集出版五十年後，在二〇一五年出了修訂第二版，增加了一九五一至一九六一年的詩選，足見其在馬英文學史上的地位不容忽視。第三本則是費南竇編輯的小說選集《二十二個馬來西亞短篇》（*Twenty-Two Malaysian Stories*, 1968）。一九七〇至一九八〇年代的重要馬英小說家則是李國良、費南竇與K．S．馬黏（K. S. Maniam）。費南竇除了出版長篇小說《蠍子蘭》（*Scorpion Orchid*, 1976），於一九八一年再次編選了英文短篇小說集《馬來西亞短篇小說》（*Malaysian Short Stories*）。上述幾本著作與選集，按張錦忠的說法，「建構了馬英小說典律」（張錦忠等，二〇〇八，頁十一），文選陸續出版，也象徵了馬英文學的建制化逐漸成形；到了九〇年代至新千禧年後，倫敦的書谷（Skoob）出版社、在馬來西亞執教的卡庸與吉隆坡的蠹魚出版社（Silverfish Books）都不遺餘力編纂文選，集結評論文章、經典作家與海外新馬背景作者的新作。

英語，始終與殖民主的語言脫離不了關係。戰後乃至獨立後，作家進一步思考以文學來回應馬來（西）亞的新身分。早在一九五〇年至六〇年代初，王賡武、余長豐與黃佩南（Wong Phui Nam）等人即在英文創作裡嘗試融入馬來語與華語、或是方言詞彙。這場短暫的文學運動以在地化、混雜式的英文打出「Engmalchin」的口號；「Engmalchin」這個字代表了「English」、「Malay」和「Chinese」，作為文學創作的宣言，不僅以在地題材入詩，更要從語言使用上來展現馬來亞的本地現實——多語並行的日常生活。揉雜的語言看似能展現馬來西亞的多元族群現象，具體呈現出西方離散論述中文化揉雜的意涵。然而，一九六七年，馬來西亞國會通過國語法令，正式將馬來語訂為官方語言，取代以往通用的英語，無形中否決了英語創作的作品在馬來西亞文學的「正統性」。由是，文學形式如何反映馬來（西）亞的多語環境，對以英文為主要創作語言的作家便成為挑戰。對於受英文教育出身的作家，稱其以殖民者的語言書寫未必公平，馬英作家反而能利用英文在國際上的流通，來抵抗國內獨尊單一文化的社會環境，英語成了替邊緣族群發聲的工具。

世界文學的馬英文學

世界文學（*Weltliteratur*）一詞的概念，學界一般認為是歌德（Johann Wolfgang Goethe）在一八二七年提出，即便如學者所批評的，歌德在討論世界文學一詞時，幾乎是與歐洲文學一詞交替使用，他仍舊抱持一種原初的共同「文學性」想像。距離、語言不成問題，有一種普世價值可以跨越國家界線，展現出對全人類的關懷，對差異的包容。若將「世界」當作動詞來使用，「世界化」（worlding）文學可追溯至薩依德（Edward Said）在一九八四年的著作《世界，文本，批評者》（*The World, the Text, and the Critic*），其中提出淑世批評（worldliness）的概念，讓評論者關注文本與在地及世界的關係，而非強加套用理論來閱讀文本。然而，在當今已然熟悉去疆域、全球化概念的世代裡，世界文學這個詞彙除了淑世，更可能指的是「無邊際」文學的概念，而取代了歐洲文學、亞洲文學、後殖民文學、新興英文文學等，以區域或時間性劃分文學作品的詞彙。哈佛大學比較文學系教授達姆洛什（David Damrosch）在《什麼是世界文學？》（*What Is World Literature?*, 2003）中指出，若是某部文學作品能以原文或是其譯本，在它本來的文化範疇之外流通，即可稱作世界文學；他著重的是作品的流通度，但作品的流通顯然還得依靠譯者、出版商、文學知識分子推介等背後因素，不是只有作品本身就能躋身世界舞台。易言之，世界文學也就是讓這個世界能看到的文學作品。康拉德與毛姆的馬來亞小說，呈現了不同於北方英國風貌的熱帶風情，把他們看到的「南方」帶回了英國，這種「南方」貌似進入了當時主流認為的「世界」之中，卻是透過北方人的視角將異國情調帶回國內，在其原來的文化範疇內流通，是一種以北方為中心的世界觀。

世界文學

歌德在十九世紀中前葉的德國提出「世界文學」一詞，雖然倡議要接納異質，以發掘普世的文學性為其理想，但仍以歐洲文學為中心。在世界文學的定義被提出之前，已有作家如斯塔爾夫人（Madame de Staël），還有語言學家採用「比較」的方式研究國家文學，為世界文學研究原初的雛形。在學界，世界文學（作為內容也作為方法）往往與比較文學學科並置討論；世界文學的內容、範圍與研究方式並未設立在專門學科系所底下關注，而是由比較文學學者來討論世界文學的範圍有多廣、得要如何從事研究。西元兩千年後，多位著名的比較文學學者如達姆洛什、卡薩諾瓦（Pascale Casanova）、莫瑞提（Franco Moretti）等人，針對世界文學的思考面向，像是文學的正典化、某國國家文學所含的文化資本、作品透過翻譯的流通、世界文學作為文學競賽場等，都有一番討論。馬來西亞英文小說，因為英語語言的優勢，不用透過翻譯，但要被推介到國際市場仍需透過議題、文學獎等機制來推動。獲得國際文學大獎之後，這些作品再透過翻譯引介到華文市場，作為「亞洲化的」世界文學現象，例如，歐大旭和陳團英的作品便是在種種外緣因素下，進入了台灣的翻譯小說市場。

北方視野下的南方

以刻畫人性聞名的毛姆，其馬來亞小說，關切的仍舊是英國角色在異地所感受到的文化差異與孤獨，主角的內在情緒與心境轉變為故事核心，馬來亞僅僅作為無聲的背景，當地的馬來人或原住民則是不重要的配角。舉例來說，毛姆在一九二六年出版的《木麻黃樹》（*The Casuarina Tree*）收錄六則短篇小說，乃取材於他遊歷婆羅洲的所見所聞。其中一篇〈環境的力量〉（The Force of Circumstance），主角是外派至婆羅洲的殖民地官員蓋（Guy），因為他的父親過去也是殖民地官員，蓋從小對英屬馬來亞就有深切的情感。大學畢業後，蓋被外派到馬來亞，起初的駐紮地頗為熱鬧，仍可見到不少白人，他如魚得水般從事他的任務。不過被指派到另一處偏遠的駐紮地之後，他開始感到孤單難耐，於是，像其他的殖民地官員一樣，他以酬金換取了一名當地村落土著女人與他同居十年，並生下三個孩子。這些往事到小說末了才被揭露開來，故事的開始，蓋隱瞞了他的新婚英籍妻子多麗斯（Doris）他在駐地同居生子一事，因為他認為，按照慣例，休假後再回到殖民地的官員會被派到另一個駐地，也因此，他自然不會再遇到先前的同居女子與私生子。孰料，他又回到了原先的駐地，多麗斯也發現有一位不尋常的原住民女人時常出現，因而起了疑心。蓋最後才坦承一切，多麗斯選擇離開、回到英國。蓋當晚又召回了原先被他趕回村莊裡的同居女子。

以這篇故事來說，原住民女人沒有自己的聲音、沒有地位，讀者無從得知她的想法，只能接收第三人稱全知觀點的敘事者所給予的一切訊息；讀者甚至還是透過多麗斯的眼睛來觀察這位無名原住民女人的表情。此外，讀者透過蓋得知，無名女子出現在家中是因為要勒索他，但實際上這只是蓋單方面的說法。無名女子的失語狀態也呼應著當地語言在小說中的無聲存在。故事發生在馬來亞，自然要有當地的話語才顯得真實；然而，小說中的當地語言並無實質存在，僅以多麗斯無法理解為由輕易帶過。例如，毛姆這樣寫道：「他說了兩、三個當地方言的字，她聽不懂那些字。然後她聽到某個人跟他說話，音量不大，而是近似於氣音般的竊竊私語。」（He said two or three words in the local dialect and she could not understand. Then she heard someone speaking to him, not aloud, but in a sibilant whisper.）這些當地方言，也從未以占據重要線索的方式出現，頂多只有出現「puan」（先生）一詞。

即便毛姆並非刻意討好英國讀者，而是要描繪在海外殖民地，英國人和當地人在殖民主義下都是受害者。但不可諱言，毛姆關懷的主體仍是英國人，英國海外殖民官員承受的人性扭曲和孤獨；馬來半島、婆羅洲上的馬來人、達雅克人只是用來當作故事素材，襯托出英國人角色的遭遇，可謂無聲的配角。故事所要表達的是，來自英國的主角到了南方，即便最初因奔放的熱帶風光感到新奇有活力，然而經過一段時日，無法排除的孤立絕緣感油然而生。正因如此，歐大旭（Tash AW）在出版《和諧絲莊》（*The Harmony Silk Factory*, 2005）時提到，他想寫由馬來西亞人的視角說出來的馬來西亞故事，而不是毛姆的小說裡白人一邊喝著琴酒，旁邊是馬來人士或是原住民忙裡忙外，作為異文化背景下跑龍套的角色。毛姆筆下的無聲原民女子，到了歐大旭筆下變成了主角之一的雪兒（即便是由達雅克人轉換為華人），雪兒的視角成了整部小說中不可忽略的一章。在《和諧絲莊》裡，讀者也能讀到馬來文詞彙、福建話詞彙，作為反映馬來亞語言混雜的日常現象。

世界文學視野下的南方文學

除卻殖民地官員的作品，在地化的馬來西亞英文文學從一九五〇年代開始發展，但是馬來西亞的英文文學作品是如何被這個世界（國際書市或是學界）所知呢？試舉一例。一九九六年出版於英國的論文集《亞洲文學中的身分認同》（*Identity in Asian Literature*）中表列關於亞洲與歐洲文學史的幾個關鍵詞，受限於時間與篇幅（乃會議後出版之論文集），表列停止於一九八〇年。東南亞的關鍵詞則停在一九四〇年的現代印尼作家。值得注意的是，一九四〇年的東南亞關鍵詞沒有馬來西亞作家或創傷書寫、戰爭書寫等詞彙，然而早在一九九六年之前，新加坡國立大學的教授唐愛文（Edwin Thumboo）就編纂過《第二個舌頭：馬來西亞新加坡詩選》（*The Second Tongue: An Anthology of Poetry from Malaysia and Singapore*, 1976）、《作家的舊時感：東南亞和澳洲散文》（*The Writer's Sense of the Past: Essays on Southeast Asian and Australasian Literature*, 1987）這兩本討論新馬英文文學作品的指標選集，一直到二〇〇七年，唐愛文持續編有「書寫亞洲」英文文學的叢書卷一，《從內而外：亞太英文文學》（*From the Inside: Asia-Pacific Literatures in Englishes*），討論東南亞及澳洲等英國前殖民地的英文文學。可以想見，即便新馬學者編撰相關文集介紹新馬英文文學，卻未見其影響力。

雖然如此，新馬兩地的學者仍持續進行在地英文文學的書目彙編。新加坡國立大學教授達立（Ismail S Talib）亦在《英聯邦文學雜誌》（*The Journal of Commonwealth Literature*）第四〇卷第四期、第四一卷第四期、第四三卷第四期，發表二〇〇四、二〇〇五、二〇〇七年的新馬文學出版品書目彙編。除了區分小說、非小說、詩集、戲劇等文類，亦有作家研究、評論集、文選與研究工具（Research Aids）等項目。出生於台北、在馬來西亞完成中學學業、在英國完成高等教育的歐大旭的小說《和諧絲莊》就列於書目之中。卡庸堪稱少數馬來西亞當地注重文學編目的學者之一，編過相關選集數冊，這些選集多半在思考語言與疆域以及中心與邊緣的關係。相隔十餘年後，最近期的馬來西亞英文文學書目整理者為諾丁漢大學（University of Nottingham）馬來西亞校區的印裔學者維塔馬尼（Malachi Edwin Vethamani）。他在二〇一六年出版的《馬來西亞英文文學書目》（*A Bibliography of Malaysian Literature in English*）選錄的作家有幾個標準：出生於馬來西亞的作家、居住在馬來西亞之外但持續書寫關於馬來西亞人事物的作家、住在馬來西亞但非出生於馬來西亞的作家。至於父母為第一代移民至國外的離散馬來西亞人，但自身在國外出生的第二代作家，如加拿大作家鄧敏靈（Madeleine Thien），雖然也書寫涉及東馬為敘事背景的小說，則不列入馬來西亞英文文學之列。維塔馬尼也將書目以作品文類來區分（長篇小說、短篇故事、詩、戲劇），相較於達立的單年度書目與卡庸僅選擇主要作家與作品編纂的方式，他選錄了更多非主流作家，並將同一位作家歷年同一文類的作品並列，可看出某位作家在某個文類創作上的軌跡，更具有參考價值。

文學作品要被看見，除了自身的文學價值以外，也得靠學術界的支撐。上述由新馬當地學者編纂的文學作品書目，正是讓馬來西亞英文文學得以進入世界文學的一條路徑。世界文學這個名稱看似包容，但是如何將某地區的作品擺進世界的一席之地，靠的仍是文化資本，怎樣的作品可以進入，甚至是被翻譯進入英語的世界文學之中，涉及複雜的揀擇系統。換言之，學院的研究風潮、文學獎的肯定、出版社的發行策略，皆影響區域文學的特殊性能否進入世界文學所投射的文學普世價值。馬來西亞華裔離散作家儘管身處馬來西亞之外，仍書寫馬來西亞的人事時地物，其中以英文寫作者比起以華文寫作者，更能先獲得「世界」的目光。等到獲得幾項重要文學獎項的肯定，再以譯本推介到英語國家以外的書市，進而躋身達姆洛什所稱的世界文學行列。值得注意的是，不同於十九世紀末英國作家書寫的熱帶島嶼小說，當代「南洋」小說裡的馬來半島，不再只是洋溢異國情調，而是充滿暴力、衝突、戰爭、死亡等痛苦回憶；作家以召喚創傷事件來對抗遺忘，是文學踐履行動主義的表現。

當代馬來西亞華裔離散英語小說的戰爭記憶

獨立後的馬來西亞逐漸走向馬來文化保護主義，一九六九年五月十三日的種族衝突以及後續土著主義興起，造成部分華裔族群出走海外，形成馬英離散文學的濫觴。馬英離散文學也是台灣外文學界認識馬來西亞英文文學的切入點，亞美詩人兼學者的林玉玲與其作品成為學院的研究對象，多半與她多次受邀來台有關；她早在一九九〇年代初即受邀至中央研究院歐美研究所舉辦的亞美文學研討會擔任專題演講主講人。再者，台灣的亞美文學研究已發展得頗具規模。後續在台灣學界陸續有學者與研究生以林玉玲作為研究對象，但論者多半將她置於亞裔美國文學的脈絡下來閱讀，著重在其亞裔身分作為離散華人在美國與故鄉間的擺盪，而不見得將重心擺在馬來西亞英文文學的脈絡上。

離散文學

離散（diaspora）源於希臘文diasperien：dia指跨越，sperien指播種或散播種子，最早用以指稱流亡遷徙至各地的猶太人。一九九〇年代後，族裔、移民研究關注流亡猶太人的生命經驗，掀起不少學者思索離散者、故國、移居國之間的關係。賽弗朗（William Safran）一九九一年提出離散社群的六項特質，但被認為過度強調原鄉的牽引力。九〇年代中期後，隨著全球化發展、跨國行旅的便利、跨國移工的需求，學者對於離散族群的心之所向有了不同看法，掀起離散論述的高峰。克里弗德（James Clifford）一九九七年在《路徑》（*Routes*）提出離散族群心理上呈現的辯證狀態，在現居地與原鄉之間的情感交錯，難以僅繫於一處。霍爾（Stuart Hall）的〈文化認同與離散〉（Cultural Identity and Diaspora, 1996）指出文化身分認同的構成，非本質單一的，而是具有斷裂面與多重性。其後，還有研究非裔族群離散的季洛義（Paul Gilroy），與研究離散華人及其身分認同的學者洪美恩（Ien Ang）、王愛華（Aihwa Ong）、林玉玲、王靈智、王德威、李有成、張錦忠，以及近年來倡議「反離散」論述的史書美等人，都對離散經驗在澳洲、美國、新馬的不同面向有其見解。離散一詞演變至今，已擴大了原先指因受迫害而大規模遷徙的族群，而廣義地指稱從原鄉移民或遷居至他國，但仍持續往返原鄉與定居國、跨國而居的狀態。以馬來西亞華裔離散作家為例，林玉玲、陳文平（Chin Woon Ping）等作家從馬來西亞移民至美國，但仍不時往返馬來西亞與美國之間，歐大旭、陳團英則是留學英國，分別往返倫敦、南非與馬來西亞；這幾位作家移居他國後仍然書寫馬來西亞題材，此類作品我們可以用離散論述的角度檢視，稱之為離散文學。

林玉玲的小說《馨香與金箔》（*Joss and Gold*, 2001）與自傳《月白的臉》（*Among the White Moon Faces*, 1996）是台灣學界最為熟悉的兩部作品，作品中對一九六九年的五一三種族暴動著墨尤深，自傳中更不諱言表達對五一三之後社會環境偏向單一種族保護政策的不安。種族暴動牽涉的是馬來社群與華裔社群的衝突，這個對立背後突顯的是來自中國的移民，即便已落地生根，身上仍背負著外來者的標籤。與林玉玲同時代的英文作家蔡月英（Chuah Guat Eng），雖然不似林玉玲最終落腳在國外，五一三事件一樣是她首部小說《寂靜回音》（*Echoes of Silence*, 1994）裡的敘事背景，可見對於一九四〇年代出生的一代而言，發生五一三事件，對當時正值青年、尚對獨立不久的國家滿懷期望的華裔馬來西亞人來說，無疑是個人與國家成長史上難以避開的創傷。

二〇〇〇年以後，馬來西亞離散英文文學的後起之秀是歐大旭和陳團英（Tan Twan Eng）兩位一九七〇年代初出生的華裔作家，兩人的小說皆在國際文學大獎上大放異彩，並且都已譯介至台灣。[4] 兩人在文學創作的起步上皆以日據馬來亞時期為小說背景，在他們的小說中建立一種奠基在戰爭、動亂、暴動，與華人記憶的「南方世界」。我們若談世界文學底下的馬英離散文學，或是「淑世」亞洲（Worlding Asia），馬英離散文學會被置放在世界文學的什麼位置？以及如何淑世亞洲呢？

若說林玉玲作為台灣學界在二十世紀晚期至二十一世紀初研究馬來西亞英文文學的主要對象，[5] 繼她而起的歐大旭、陳團英則代表另一個世代。從林玉玲與歐大旭、陳團英被譯介至台灣，並獲得學術界的關注來看，無疑是符合世界文學的標準。若我們以「淑世」亞洲的角度來思考他們的作品，其意義則在於不以熱帶南洋風情為文化資本，而是書寫發生在亞洲的近代重大歷史事件。小說裡描寫的盡是背叛、猜疑、戰爭、動亂與死傷，而五一三種族衝突與日據馬來亞三年八個月，對馬來西亞華人來說，更是充滿傷痕的集體記憶。

關於日本在太平洋戰爭期間占領馬來亞三年八個月的慘痛歲月，是近年來新馬學者關注的面向之一。相較於其他友族，太平洋戰爭在馬來亞對華裔社群的影響來得更為深遠，原因不外乎是日軍在中國戰區的不順利，以及南洋華僑對中國的捐輸、援助。日據三年八個月的日子裡針對華人的肅清，對當時馬來亞的華裔社群來說，是難以忘懷的創傷。英軍撤離馬來亞後，轉而培養地下抗日軍，訓練與提供武器給馬來亞共產黨員，成為當時抗日的主要軍力；這也讓日軍對華人恨之入骨，因為馬共成員除了馬來裔馬共、少數印裔馬共，大部分是華裔馬共。

4 歐大旭的首部小說《和諧絲莊》進入曼布克獎（Man Booker Prize）入圍名單；陳團英的首部小說《雨之賜》（*The Gift of Rain*, 2007）同樣也進入曼氏布克獎的候選名單，第二本小說《夕霧花園》（*The Garden of Evening Mists*, 2012）入圍曼布克獎與國際IMPAC都柏林文學獎（The International IMPAC Dublin Literary Award）決選名單。陳團英近年未見新作，歐大旭則陸續推出描寫印尼獨立後的紛擾與印馬衝突的《沒有地圖的世界》（*Map of the Invisible World*）、描寫五位華裔馬來西亞人在上海奮鬥的《五星豪門》（*Five Star Billionaire*, 2013），以及又將故事場景拉回到馬來西亞，描寫涉及孟加拉移工境遇、城鄉差異、資本主義等議題的《同為倖存者》（*We, the Survivors*, 2019）。台灣已譯介有《和諧絲莊》（時周文化，二〇〇九）、《沒有地圖的世界》（聯經，二〇一二）、《五星豪門》（聯經，二〇一四）與《夕霧花園》（貓頭鷹，二〇一五）。

5 另外幾位華裔離散馬英作家也常出現在談論馬英文學的論述裡，例如旅居澳洲的葉貝思（Beth Yahp）、美籍詩人Hilary Tham與陳文平。

日軍投降之後，英軍返回馬來亞，反而將前抗日英雄馬共視為反殖民的恐怖分子，意欲消滅他們。大英帝國對馬共以及其背後所代表的陣營，戒慎恐懼直到馬來亞獨立前夕。我們可由大英馬來亞商業協會（Malayan Commercial Association of Great Britain）一九五六年給殖民地辦公室大臣的保密文件中一窺究竟。大英馬來亞商業協會成立於馬來亞即將獨立之前，負責維護英國公司在英屬馬來亞的經濟發展與權益。這個協會不僅和英國的殖民辦公室密切聯繫，也透過商業活動和吉隆坡當地的馬來高層頻繁往來。保密信件裡清楚述明英國殖民政府對開發新加坡這個「化外之島」的貢獻，以及新加坡的戰略位置對於「自由世界」（Free World）格外重要，若是落入「敵對的共產中國」（hostile communist China）手中，則會破壞世界權力分配的平衡。信中也提到當時馬來亞聯合邦（Federation of Malaya）的第一任首席部長東姑・阿都拉曼（Tunku Abdul Rahman）獲得選舉支持，並致力於掃蕩共產黨的反抗行動。信件內容與英國政府及馬來亞聯合邦將馬來亞共產黨視為恐怖分子、盜匪的態度如出一轍，而對馬共的仇視背後是冷戰結構下對紅色中國的連帶防堵策略。

馬共對於大英帝國來說，是位於遙遠南方的威脅，因此，在官方的媒體報導裡，馬來亞共產黨游擊隊是殺人不眨眼的兇惡匪徒。在歐大旭的《和諧絲莊》裡，日軍也視馬共為威脅。陳團英的《夕霧花園》雖未直接書寫馬共的故事，卻提到了女主人翁張雲林因其華人身分在路上被盤查，這個非關鍵情節乃指涉一九四八年至六〇年的馬來亞緊急狀態，目的在圍剿馬共，斷除馬共的一切支援。馬共、日軍、間諜、慰安婦等情節在《和諧絲莊》、《雨之賜》與《夕霧花園》被再現出來。馬共對當時的殖民政府來說，是單一面貌、欲除之而後快的恐怖分子，但是在小說裡卻被呈現出有血有肉、各種面向的獨立個體。侵略南洋的日軍，也不只是單一面貌的殺人者、侵略者；在小說裡，有著生而為人的各種困境。友情、親情、愛情被認為有其普世價值，但敘事背景卻是有著特殊地域性的日軍占領馬來亞時期。可以想見，歐大旭與陳團英的小說呈現的是以南方為中心的世界文學，不是以北方殖民主的角度將馬來半島看成提供資源，或是製造麻煩的化外之地，而是以書寫在馬來亞近代史上華人經歷的創傷為主軸。

近代的東南亞史脫離不了戰爭記憶，不同媒介的作品紛紛召喚馬共議題或是三年八個月的日據記憶。歐大旭、陳團英的作品和馬來西亞的華文文學或影像創作也能應和參照，意味著日據或馬共游擊隊作為一個世代的創傷經驗與記憶，在當代成為連繫不同背景與不同媒介的議題，如前馬共成員海凡、定居台灣但持續書寫故鄉馬來西亞的作家黃錦樹的馬共小說，與其他以馬共為背景、主角的作品，以及在台灣上映的紀錄片《不即不離》與劇情片《菠蘿蜜》，將這些作品並置，逐漸發展出獨特於南方的馬共敘事、冷戰敘事的架構，並且是有別於英國殖民政府眼中的馬共敘事。目前的前馬共成員多已逝世或是避居海外、無法回馬，他們的故事有賴他們的家族成員來述說。《不即不離》的導演廖克發追探的是身為馬共成員的阿公的故事，他指出對馬共成員來說，他們從事很崇高的理想，去殖抗日，但是對他們的家人來說，並非每個人都將馬共視為英雄，反而認為加入游擊隊是拖累家庭的行為，更甚者，家人對馬來亞共產黨這個詞彙的意義也不明所以。[6]

由廖克發的經驗來看，我們可假設馬共這個詞彙是透過他者的眼光或論述而構成的概念，對於廖克發的阿婆或是爸爸來說，甚至不知如何用母語指稱馬共這個詞彙。對廖克發自己來說，在拍片前連馬共該穿什麼、如何生活都不清楚，只知道課本裡恐怖分子形象的馬共。同理，我們也可假設「南方」這個概念是透過相對位置被建構，必須有北方作為他者，才有南方論述的立足點；若是沒有相對的北方，處在南方的人並不會稱自己身在南方，亦即，空間感上不會說自己在南方。最後，值得注意的是，將歐大旭、陳團英小說裡的故事背景對照林玉玲及蔡月英書寫的國家創傷，可看出重心由五一三種族衝突移轉至一九四一年底日軍侵略馬來亞時期。雖然林玉玲的自傳當中也述及日據時期的生活情況，但相較於歐大旭與陳團英的小說，顯得較為輕描淡寫。易言之，新千禧年後出版的馬英離散小說，將馬來西亞的國家創傷由國內的種族衝突擴延至太平洋戰爭時成為日本帝國主義南進政策下的受害者。而太平洋戰爭又是日本自明治維新以來，脫亞入歐、強軍富國政策下的連帶結果。藉由書寫日據時期的戰爭記憶，歐大旭與陳團英再次帶出「南方」的主題，但是並非英國殖民主的南方，而是來自亞洲的北方、侵略南洋的日本陸軍司令官「馬來之虎」——

山下奉文——的南方。歐大旭和陳團英構築的小說世界，意義不僅止於是華人講述的馬來亞故事，置於世界文學的觀點來看，觀看世界史的版圖，由西方大英帝國視角下的馬來亞，東移至亞洲視角下的馬來亞。

6 資料來源為筆者與廖導演的訪談。

參考書目

張錦忠、黃錦樹、莊華興編。二〇〇八。《回到馬來亞：華馬小說七十年》。吉隆坡：大將。

陳團英（Tan Twan Eng）。二〇一五。《夕霧花園》。莊安祺（譯）。台北：貓頭鷹。

歐大旭（Aw Tash）。二〇〇九。《和諧絲莊》。王麗豔（譯）。台北：時周文化。

魏月萍、蘇穎欣編。二〇一七。《重返馬來亞：政治與歷史思想》。八打靈再也：亞際書院、策略資訊研究中心。

Aw, Tash. 2006. *The Harmony Silk Factory* [2005]. London: Harper Perennial.

Blackburn, Kevin and Karl Hack. 2012. *War Memory and the Making of Modern Malaysia and Singapore*. Singapore: NUS Press.

Ismail S Talib. 2005. "Malaysia and Singapore." *The Journal of Commonwealth Literature* 40(4): 139-56. Sage. Web. 21 July. 2018

Ismail S Talib. 2006. "Malaysia and Singapore." *The Journal of Commonwealth Literature* 41(4): 123-39. Sage. Web. 21 July 2018.

Ismail S Talib. 2008. "Malaysia and Singapore." *The Journal of Commonwealth Literature* 43(4): 123-42. Sage. Web. 21 July 2018.

Lim, P. Pui Huen and Diana Wong, eds. 2000. *War and Memory in Malaysia and Singapore*. Singapore: Institute of Southeast Asian Studies.

Quayum, Mohammad A. 2007. *One Sky Many Horizons: Studies in Malaysian Literature in English*. Singapore: Marshall Cavendish.

Tan, Twan Eng. 2013. *The Garden of Evening Mists*. Newcastle upon Tyne: Myrmidon Books.

Thumboo, Edwin, and Rex Ian Sayson, eds. 2007. *Writing Asia: The Literatures in Englishes. Vol. 1: From the Inside: Asia-Pacific Literatures in Englishes*. Singapore: Ethos Books.

Vethamani, Malachi Edwin. 2016. *A Bibliography of Malaysian Literature in English*. Petaling Jaya: Maya Press.

穿越冷戰國境：中緬邊境的「地下經濟」

張雯勤｜中央研究院人文社會科學研究中心

藉由中緬邊境的田野研究，本文主要目的是去理解冷戰期間，在國家邊界遭到封鎖的狀態下，依然存在的跨界地下經濟流動；這些往來流通糾結著複雜的冷戰因素，以及當時中國和緬甸境內正在經歷的劇烈政治變動。從邊民的敘事（narratives），我們可以看到個人生命歷程如何交錯於國家、地區，甚或國際間不同層級的政治因素；邊民又如何藉由地下跨境商貿來求取生存並開創新生活。在當代國族-國家的思考框架下，這塊邊區歷史恆常被邊緣化，也不被主流的冷戰史所記錄。本文抽離國家中心的本位主義視角，試圖探究國家邊境在遭逢不同勢力的過程中所產生的「夾縫歷史」，以及夾縫歷史對國家政治中心和國土論述所能帶來的反思。

邊境的冷戰研究

有別於一九九〇年代之前主流的冷戰史研究幾乎都聚焦於全球政治生態的對峙、意識型態的分野、國家的外交政策與區域安全等問題，始自一九九〇年代的後冷戰時期，學界開啟了一條新的研究取徑，試圖爬梳過往遭到忽略的冷戰生活史。這批學者們嘗試深掘並重建一般人在那段高壓軍事治理下如何營運生計、安排每日的生活習作，甚或創造另類（於官方）的人文藝術空間與作品。這個轉變主要緣於不少國家官方檔案的解禁，以及來自過去生活在寒蟬治理下的倖存者的發聲。這些新冷戰史的研究成果延伸於不同的人文社會學科領域，呈現豐富的民間社會生活如何與國際、區域、國家等不同層級的大歷史交錯。新冷戰史的研究出版，例如歷史學領域的宋怡明（Michael Szonyi 2008）與建築文物史和僑鄉史領域的江柏煒（二〇一七）對金門冷戰史的研究；人類學者權憲益（Heonik Kwon 2008）對越戰時期的死亡消失、越南人對死亡的理解信仰和儀式實踐的民族誌；戴（Tony Day）和連恩（Maya Ht Liem）集合人文學者所編撰的東南亞不同國度、地區於冷戰時期的文化表述（Day & Liem 2010）。這些新視角的研究成果再現了過往被噤聲的隱晦歷史，幫助我們重新審視冷戰的不同面貌與意涵。然而，欣喜這些新興的出版之餘，我們也需要正視還有許多尚未被探究的材料和地區。

我自己長年從事研究的人類學田野場域——北起中國雲南，向下延伸到緬北，再一路至泰北這個廣闊的跨境界域——就是一個缺乏新冷戰史耕耘的邊區，諸如口述敘事、日記、自傳、詩歌等不同地方歷史文類若再不加緊挖掘，恐將流失。這塊地形多險阻之境，冷戰時期即是多方政治勢力相互爭奪的競技場——紅色中國共黨政權、孤立的緬甸軍政府、挺美的反共泰國政府，加上散布在緬、泰境內諸多的武裝團體（包括不同的族群叛軍、從中國雲南撤退到緬甸撣邦又再到泰北邊境的國民黨殘軍和情報組織，以及盤據緬北由中國支持的緬共）。[1] 一九九〇年之後，學界對這個地區的民族武裝叛軍和錯綜複雜的政治勢力做了不少研究，但幾乎所有的研究都架構在國家政治體制、外交策略與區域安全的論述下（Clymer 2015; Gibson 2011; Han 2019; Lintner 1990, 1994; Steinberg & Fan 2012; Taylor 1973; Young 1970；覃怡輝，二〇〇九）。其中覃怡輝的《金三角國軍血淚史：一九五〇～一九八一》較為台灣讀者所熟悉，也是第一本利用台灣與美國官方檔案資料，梳理出之前流落在緬甸東北與泰北的國民黨殘軍和情報網絡複雜的組織和運作。詳細的檔案挖掘甚具歷史價值，不過整體的書寫觀點也明顯框限在男性、忠誠黨國的視角，缺乏探問這些軍隊（包括女政工）對所在國所造成的衝擊，如強化所在國的軍事化，及對當地百姓生活的衝擊。此外，林納（Bertil Lintner）一九九四年的《緬甸起義》（*Burma in Revolt*）直接切入中泰緬邊區民族武裝軍和其他非政府政治勢力的糾結，是難得的研究。但是，即使林納超脫單一國家與政府治理的框限，他的重點仍只聚焦於這些勢力團體的發展和競奪，而沒有觸及平民百姓如何因應複雜的政治生態來維持生活所需。至今，這個地區許多地方仍未開放外國人進入，而且戰爭還在持續中，進行研究仍舊困難重重。

作為一個人類學者，我的研究旨趣是書寫平民的日常生活，多年來我跟隨我的研究社群——雲南移民——的遷移路徑，往來穿梭於雲南、緬甸、泰國的不同城鎮、平地鄉野與山區村寨，進行隱微（covert）的田野調查。[2] 因為追蹤與重建他們跨境的遷移生活史，我拋棄了國家中心主義的框架，藉由跨境視角（transborder perspective）去透視個人的主體能動性與侷限性，以及在他們遊走、遷移的過程中，所延伸出的其他類別流動，包括資金、商品與訊息。就遷移型態來說，我同時看到了難民、商業、政治軍事與文化這幾種不同類型；但這些類型

1 緬甸於一九四八年一月四日年脫離英國殖民（一八二四～一九四八）獨立建國，是一個多族群而長期處於分裂的國度。前軍政府於一九八八年認可了一百三十五個種族（races），包括主要的八大族群：緬族、撣族、克倫族、若開族、孟族、克欽族、欽族、克耶族；此外尚有外來的華人、印度人和孟加拉人等。緬甸在獨立建國後有過短暫的民主議會政治時期（一九四八～一九六二），之後則由軍人獨裁統治，直到二〇一〇年才又再舉行全國大選，組成議會政府。其境內一直存在不同族群反抗軍與政府軍的對峙；也發生多次人民抗爭軍政府的民主運動，尤以一九八八年的學生運動最爲顯著。

2 筆者進入田野大多以觀光或商務簽證進入，以避免官方的監控。緬甸的田野調查尤其不易，依照政府規定，外國人不得留宿當地人家中，且非主要城市的許多地方都不得前往。多年來藉助雲南移民網絡，我得以潛入非官方允許區域，借住學校、寺院或友人家中，進行參與觀察田調。

並非各自獨立，而有其重疊性。換句話說，一個人在不同時期，甚至是在同一時期的不同時間內，可能從事兩種或更多種的遷移模式；而且這些遷移是雙向的，有從雲南進入到緬甸，也有從緬甸進入到雲南。

冷戰時期中緬之間的國界在政策上是關閉的，雙方政府並不允許人民自由往來進出鄰國，雙邊關係實質上並不穩定，常處於彼此不信任的狀態（Egreteau & Jagan 2013; Han 2019; Maung Aung Myoe 2011; Steinberg & Fan 2012; Storey 2011）。然而，為了躲避迫害，或為了營生，民間地下化的跨境活動不僅依然持續，常常也為地方邊境勢力所默許。這篇文章討論的即是雲南移民在冷戰時期進出往來中緬邊境所產生的不同遷移型態的一部分，聚焦於兩邊非正式的經濟移動（informal economy）。當時，在軍事化的治理下，邊界雖然是關閉的，但民間藉由非正式、地下化的商貿，實質將邊區轉化為另類的經濟空間（alternative economic spaces），不只維持了他們的生計，並補充流通雙邊所需物資。大體上說來，這些物資主要包括從緬甸流入中國的豬隻、豬油、牛隻、醃豬肉、鹹魚、動物皮毛、鹿茸、農產品等等，以及從中國流入緬甸的熱水瓶、腳踏車、布匹、碗盤、膠鞋、枕頭套、床單、藥品、武器等等。在下面的章節我所要處理的問題是：邊境人民如何因應地方上不同的政治勢力（不管是政府的或非政府的勢力）對邊界的管治？他們又如何因應不同邊區的地形限制來運輸貨品？他們如何交易販售商品？又如何在過程中突破原本看似「裸命」的生活狀態？在田野中我搜集到許多個人的敘事，除了對當時的生活樣貌提供了豐富的描述外，同時也不斷呈現出個別主體的意向性與開創性。在這篇文章中，限於篇幅，我只摘用了幾位來自不同地方的報導人的敘事，來勾勒討論這些問題。

跨境經濟移動

> **影子經濟／非正式經濟**
>
> 一般常指稱不被國家法律規範所認可的交易為「非法經濟」或「地下走私」，但不論是「非法」或「地下」的指稱，均意味著一種國家中心的視野。相反地，「影子經濟」（shadow economy）或「非正式經濟」（informal economy），則對於同樣現象有著不同的關懷與理解：其重視的是歷史上邊民同時與多個政體互動的事實，並強調他們恆久以來跨境商貿活動的自主性。

中緬之間經濟往來的歷史已存在久遠，由於高山的地貌造就了長途騾馬商隊（馬幫）的運送（Chen 1966; Hill 1998; Kuo 1941; Stargardt 1971；王明达、张锡禄，二〇〇八）。在當代即使因為

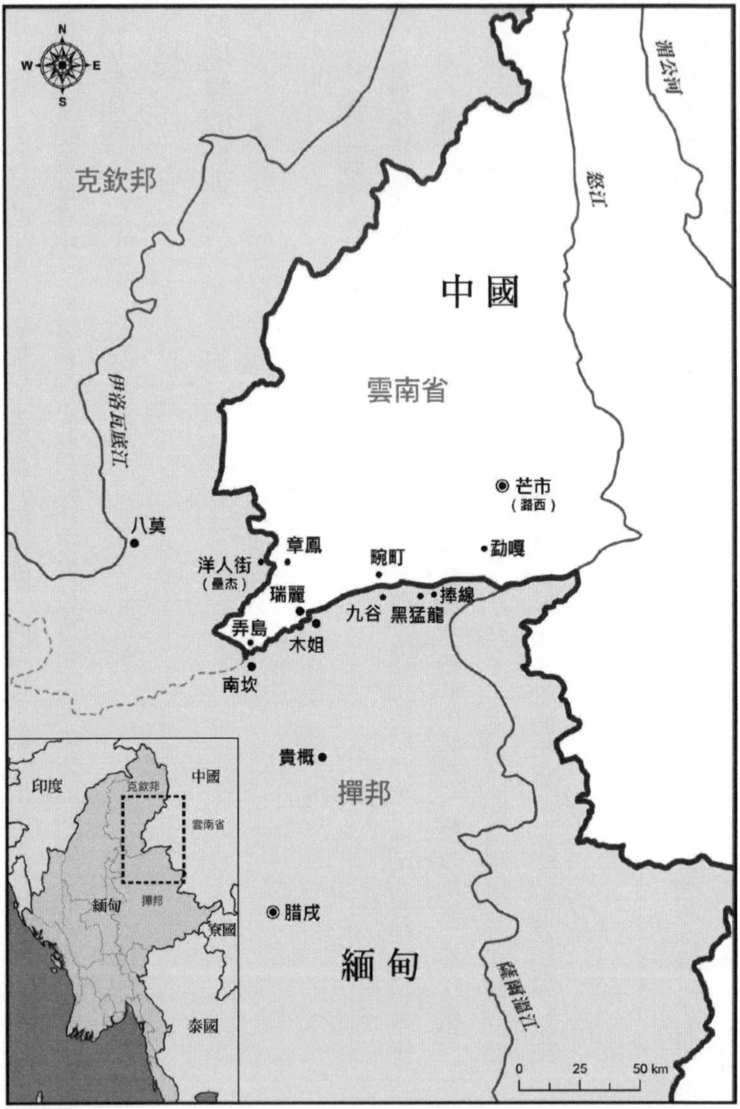

圖1——中緬邊境。
（資料來源：中央研究院人文社會科學研究中心地理資訊科學研究專題中心繪製）

國界的劃定與邊防關卡的設立，基於地形障礙與長距離的國界，中央政府依然無法完全封鎖或控制邊民的非法越界。自古以來，跨境移動即是邊民日常生活的一部分，在邊區的定期集市（periodic markets）或當地人所稱的轉街活動，尤其可看出他們跨境經濟往來的活絡與穿透性。在冷戰時期雖然雙邊國界名義上是關閉的，兩邊人民為了生存而進行的越界依然存在。訪談中，報導人經常提到藉著市集日裝扮成小販，挑著商品出逃到鄰國，下面幾位報導人的敘事將顯露出邊民的經濟主體能動性。

劉大叔的故事[3]

劉大叔一九四九年出生於雲南邊區芒市的勐嘎鎮。一九五七年，他的父母因為地主身分，在經歷一連串的鬥爭後，倉促南逃到緬甸，先是到緬北撣邦的貴概投靠親戚，後來念及家鄉的子女與親人，再搬到鄰近邊界的捧線地區，一個叫作「綠蔭塘」的寨子。劉大叔與他的奶奶、兩個妹妹、一位弟弟則仍然留在勐嘎。在當時紛亂的時局下，家人分散或分批出逃是常見的現象，雖然被迫分離在中緬兩國，但家人彼此間的訊息往來甚至見面相會，也並非不可能的事。

3 二〇一二年十二月十二日訪問於泰北清邁省差巴干縣熱水塘新村。以下使用的地名為真，人名則皆為化名。

捧線距離劉大叔的家鄉勐嘎走路只要四個小時，劉大叔的父母到那裡後就跟村寨的伙頭（即村長）在街子上要了一小塊地，做小生意落腳下來，在綠蔭塘和附近的寨子趕轉街。「轉街」是中國西南和緬北地區普遍的市集系統（Furnivall 1957: 149; Sato 2000），以五天為一個週期趕集一次，人多的地區可以有五個村子輪流，人少的地區可能只有兩到三個村子輪替，但都是五天一輪，[4]這些邊區小市集同時交易著中、緬、泰物資。綠蔭塘是個雲南漢人寨子，伙頭家族來自芒市，已在這裡住了幾代。透過兩地之間的親戚傳遞訊息，劉大叔得以與他的父母保持聯繫，偶而也會越界去見個面。劉大叔說，緬甸的捧線和對岸雲南的寨子，分別坐落在兩座山中，彼此對望，中間隔了一條小河，兩地居民長久以來往來自由，即使在冷戰時期，只要局勢許可，仍然可以進行當日往返的買賣活動。劉大叔因為地主子弟的身分，以及農場工作的監控，只能利用夜間偷偷進行越界的探親；而他探親的另一個目的，則是為了走私物資。

劉大叔說當時中國嚴重缺乏物資，每個人一年只能配給到半斤鹽，一個月三兩油，相較之下緬甸的物資是較充足的。每次他到捧線，他的父母就會讓他帶走四瓶豬油、二到三緬斤的鹽巴，[5]回到勐嘎他再把這些豬油鹽巴分送給他的奶奶、舅舅和其他親戚。物資的流動並非是單向的，劉大叔有時也會從勐嘎帶三百個雲南老銀元給他的父母，這些銀元是向家鄉的傣族人家偷偷蒐購來的，一個銀元花兩塊人民幣買來，拿到緬甸可以賣到二十塊緬幣，相當於十塊人民幣。他的父母拿到這些銀元會賣給當地商人，之後經由專門跑緬泰的馬幫走私到泰國，再經過轉賣鑄造成為市場流通的銀飾品。

劉大叔每年都會到他父母的寨子一、兩次，但在一九六一或一九六二年因為在捧線的父親生病，所以跑了七次，主要是帶漢藥材去給他父親。他敘述了他的越界經歷：

> 我白天要去做工，晚上開會開到十點，散會了，回家睡覺了。回來到家裡把電燈全部關好，那個布袋縫那麼寬的布袋，整個錢塞進去挎在這裡揹起，外面再穿上外衣，揹起就走了，從後門走。那些地方都是自己土生土長的地方，都看得到，靠月光，都熟悉嘛。都是山路，根本沒有路的，我走的路根本不是路。（晚上）十點出發，半夜兩點已經到捧線家了……兩邊邊界隔著一條小河——芒杏河，差不多四十分鐘就到我父母的寨子——綠蔭塘。到（父母）家後沒有時間多停留，趕快扒了幾口飯就再折回去。回到勐嘎家裡，我還要煮早飯給我的弟弟妹妹吃，給他們吃過以後，我要去工地做工。

4 街子的週期也是當地人用來計時的方法，例如「下個街天見」、「每個街四進貨」等等。

5 一緬斤約一點六公斤。

這樣的非法越界是有其危險性的，也有報導人述說偷渡不成被抓回，或者進入緬甸被捕入獄的情形。劉大叔的跨境走私雖然沒有被官方發現，但他提及來自自然界的危險——他曾在夜間行走時遇過突然竄出的動物，他拔出長刀，還來不及揮出，那頭動物就因為衝過頭掉落懸崖，發出巨大的聲響。他沒受傷，卻嚇出一身冷汗。

這看似身處艱困時局的不凡勇氣，劉大叔卻在敘說時將它歸諸於一種求生的本能。不管他的說法是否足以解釋自己的行為，實際上他這種地下經濟移動不只提供家人物資所需，也推動了遠程的跨境貿易，將雲南的老銀元流通到泰國。一九六八年，中國的文化大革命正如火如荼地進行，地處邊區省分的雲南見證了逃亡的難民潮。劉大叔在那年先安排了自己的弟妹們逃出，之後他自己也循著熟悉的路線和新婚的太太逃到緬甸，將先前的經濟移動轉化為難民遷移。

李大嬸的故事[6]

當劉大叔從雲南越界到緬甸進行經濟交換，緬甸的邊民也越界到中國購買日常所需的商品。李大嬸在一九五二年出生於緬北邊區黑猛龍鎮的一個雲南漢人村子，村子在捧線西方三小時的腳程。訪談中她跟我回憶了許多童年的故事，例如在尼溫政府時期因經濟改革造成物資缺乏，她和夥伴們經常偷跑到中國去買貨品回來賣。

一九六二年三月二日緬甸軍人政府上台，獨裁者尼溫將軍進行「緬甸式社會主義」的經濟改革，[7]一九六三年開始沒收私人企業、工廠和店鋪，一九六四年五月十七日一天之內廢止五十與一百元大鈔，造成無數商人破產、物資短缺，全國經濟在幾年內崩解，跨境黑市走私貿易隨之興起。從一九六〇年代中期到一九八〇年代中期，泰國成為緬甸最大的黑市貨品來源國，同一時期中國流入的物資數量相對而言較少。

和捧線一樣，黑猛龍這個地方也有好幾個村寨，住在這裡的族群有克欽、漢人、崩龍（又叫德安族）、擺族等。李大嬸的祖父在一百多年前從雲南龍陵搬到這裡，她的父親一九一三年出生在黑猛龍，後來被當地克欽的坐把（sawbwa）[8]任命為寨子的伙頭。李大嬸家境富裕，有廣大的田地耕種玉米和大煙（罌粟花）。她說父親還辦了一所中文學校，這所學校就如同緬北腊戌中華學校的分支，都是向台灣的國民黨政府登記註冊，並使用那裡的教科書，學生也被鼓勵到台灣繼續升學（楊淑芬，二〇一三，頁五）。然而，一九六五年全國私校被緬甸軍政府下令停辦，李大嬸村子的學校也遭關閉。如同許許多多一九四九年之後逃出的雲南同鄉，

6 二〇一四年十月二十三日訪問於李大嬸仰光別墅宅院。

7 一九六二年緬甸進入軍人獨裁的社會主義時期，直到一九八八年因學生民主運動後才放寬經濟政策，進入局部的市場經濟。

8 地方世襲官銜。

黑猛龍當地這些早期遷徙來的雲南人，也都厭惡中國共產黨在中國所進行的一連串政治鬥爭迫害。有些雲南難民在撣邦加入了國民黨殘軍的游擊部隊，有些則加入馬幫，往來緬甸泰國，從事地下走私貿易。儘管在政治意識型態上這些早期移民和新到的難民都痛恨中共政權，但他們依舊盡力維持與家鄉的聯繫。

在尼溫主政下，李大嬸家族部分產業也被緬甸軍政府沒收，不過他們仍然可以繼續種大煙；此外李大嬸也和朋友結伴，一起越界到中國解放軍駐守的供銷社去買東西回來賣。不過，交易需要伴隨政治教育，李大嬸說：

> 我們去到那裡，那些共產黨把我們叫進去洗腦啦，「今天你們要讀《毛主席語錄》。」每次選不同段給我們背，「哪一個先背好，就先賣給你一個電壺（熱水瓶）。」我們就背啦，因為我們從小讀過書，我們會背啊……「一切反動派都是紙老虎」、「哪裡有壓迫，哪裡就有反抗」、「只有解放全人類，才能（最後）解放我們自己」。人家唱麼，我們還不是就唱，人家跳麼我們就跳……我們每個人挑了兩個電壺回去（賣），用一根小棍棍挑著……還不到家，在路上就有人端著（等著）買了。賣一個電壺，找著五塊、六塊錢，唉唷，*Amalay pyo mapyo*（開心喔），[9] 人家打工一天才一、兩塊那個時候。
>
> 這期（現在）嘛好好回憶呢，是在給我們洗腦。他會這樣，歇三天、五天，又搞一樣

活動，賣給你不同東西，給你吸引著要來。我記著有一回是賣鞋子，帆布鞋是，白底綠色帶子，好看咯，唉呀，那天我去我不有，我買不得勒，唉唷，好可惜呀。

李大嬸用雲南話敘述著，中間也參雜幾句緬甸話，並時不時爆出爽朗的笑聲，她認為那時期的越界經歷是好玩的，她用緬甸話說「*A pyo twar da a pyo bae twar da*」（我們那期麼圖個*pyo*〔快樂〕啊）她和友人持續著這種經濟、政治相混的跨境交易，一直到一九六八年緬共從中國打進緬甸才停止。那年，一個共產黨宣傳隊先進到了李大嬸的村子，又唱又跳分發宣傳單；七、八天後緬共的軍隊就打進來了。李大嬸和她的家人連夜出逃，最後到了臘戌，他們幾乎丟下了所有的田地和產業。許多緬北邊民都被迫逃離，李大嬸說：

> 不管他們（中共）怎麼給我們洗腦，也沒有把我們洗乾淨……我們聽太多那些從中國逃過來的人跟我們講的故事，他們說中國共產黨來了就要趕快跑，他們還告訴我們很多他們怎麼被迫害的情形。

9 感謝彭霓霓幫忙校訂緬語拼音。

緬共是在英殖民時期一九三九年成立，一九四五年成為合法政黨，但一九四七年淪為地下政黨，一九五〇年代和一九六〇年代，一些緬共領導人、族群反抗軍（克欽、果敢部隊）逃到中國接受訓練，中共重新組織他們，並於一九六八年資助他們從雲南邊界打入緬甸，很快地占領了一些區域。緬共在中國的援助以及不斷有中國知青加入的條件之下，逐漸擴大勢力範圍，控管了撣邦和克欽邦邊界共四萬多平方公里的範圍（Lintner 1990; Smith 1993；王曦，二〇一一，二〇一三，二〇一四；石磊，二〇一二；楊美紅，二〇〇九）。[10] 中國雖然在一九六〇和一九七〇年代的物資普遍短缺，但毛澤東政府為了推動國際共產黨運動，除了幫忙訓練人員，也不斷以物資援助南亞和東南亞區域內的共黨勢力，援助的物資包括武器、彈藥、電報器材、汽車食物和藥品等等（Lintner 1990: 26; Maung 2011: 81-82; Steinberg & Fan 2012: 138）。面對複雜的政治生態與軍事化治理，中緬雙邊人民只要情勢允許，仍持續進行經濟交換來維持生計所需，並把商品流通到更遠的地方。

包大嬸、楊先生的故事[11]

一九七八年中國開始經濟改革，慢慢放寬私人的交易活動，走向混合式的市場經濟模式，一方面促使更多的中國商品流入緬甸，另一方面中國也需要緬甸的原物料，包括農產品、豬隻、牛隻、木材等等。大多數的走私商販都是小額交易，中國的弄島和緬甸的南坎隔著瑞麗河（也叫南坎江），成為熱絡的走私通道。包大嬸幼年時跟隨父母從雲南騰衝逃到南坎，在那成長結婚，她和她先生趕上了中國的經濟改革，在一九八〇年代分別用兩輛腳踏車載運商品往返中國跟緬甸做買賣。她說他們是從南坎騎車到江邊，人和車子上了竹筏過河到弄島，去弄島的供銷社排隊買杯子、碗、盤、枕頭套、床單等物件，然後再運回南坎和附近的村寨市集（轉街）賣。

洋人街-章鳳、九谷-畹町，還有木姐-瑞麗這幾個緬中通道的地下交易也相當熱絡，楊先生就是在一九六〇年出生於洋人街的第二代雲南漢人，在一九七〇年代末到一九九〇年代初一直從事緬甸與中國之間的地下商貿。洋人街在那時是由克欽反叛軍（Kachin Independent Army, KIA）和緬政府軍所管控，緬政府在洋人街的勢力弱，在外圍山丘上有一處駐防，KIA部隊所在範圍大，可機動性進出。楊先生跟親友還有其他熟識的村人，十來人一起趕著四、五十匹騾馬到章鳳的供銷社買雜貨。每匹騾馬的貨物需要付給中國邊防海關五十到六

10 緬共勢力範圍有不同的數據，彼此差異相當大，有兩萬平方公里（Linter 1990: 26）、四萬平方公里（王曦，二〇一四，頁六；彭敏，二〇〇九，頁三十四）、十萬平方公里（巡夜，二〇〇七），此文我採用王曦和彭敏的數據，兩位都曾參加緬共多年。

11 包大嬸訪問於南坎二〇一三年十月二十二、二十三日；楊先生訪問於瓦城二〇一六年二月四、五日，與二〇一七年十一月二十七日。

十塊人民幣的稅，他們會先將貨物馱運回洋人街，然後再繼續朝西邊山區步行兩天，直到抵達八莫城外山腳下的村莊。從洋人街到八莫城外的山區都是KIA的勢力範圍，商人只要付稅即可通行——每匹騾馬二十塊人民幣，商人就在城外山腳下的村莊下貨。一個主要的村莊是離八莫七英里的雲南人寨子，叫作七棵椿[12]。這些貨物會用牛車、腳踏車或吉普車載運到八莫，再從八莫藉由伊洛瓦底江往南運送到莫貢、河奔、莫伊、瓦城，甚至到達仰光。從八莫以下都屬於緬甸軍政府管轄，商人運送這些走私物品需要向官員繳交非正式的「茶錢」稅金。

楊先生和他同伴們在八莫城外的村子下貨並出售商品，之後他們又蒐購當地山區的動物皮毛、鹿茸，和其他野生動物，馱回洋人街或章鳳販售。其他幾位洋人街的報導人也提到他們會從洋人街馱運豬油和醃豬肉到章鳳賣，可以直接運到供銷社出售，並在那裡購買其他商品，他們又稱這些供銷社為「換油公司」。有意思的是，從這些報導人關於買賣的描述，我們看到人們如何因應不同的政治勢力（不管是官方或非官方，也不管是在緬甸或中國）；同時我們也看到因為地形關係而採用的不同運輸工具。

總結來說，主要的走私交換商品為日用品、農產品、牲畜、藥品／材等，此外還有所謂的高價「大買賣」，例如從泰國走私進入緬甸再流通到中國的外國手錶，還有自緬北夾帶到中國的生鴉片（大煙）。作家曾焰當年以下放知青的身分從雲南瑞麗越境逃入緬甸，後來輾轉流落到泰北再到台灣。她在作品《風雨塵沙》中即提到，當時下放到雲南邊境一帶的中國知青也加入跨境的走私販售：

> 中國出品的中藥成藥在緬甸最受歡迎。如頭疼粉、退熱散、牛黃解毒片、十滴水、清涼油及雪花膏面霜等，往往可以賺五至十倍的利潤……還有中國出品的各種膠鞋及日用品，也很有銷路。這些東西，有些是知青事先打聽好，一下來就從內地買了帶下來的，有些是從郵局偷寄下來的，還有些是利用各種關係，設法走後門弄來的……還有膽大的幹的是大買賣，一是走私手錶和走私鴉片……一斤生鴉片拿到內地的黑市價是十兩金子。一隻外國手錶例如日本出品的雙獅錶、瑞士出品的梅花錶，往往可以賺幾個對本。

如此看來，一般常指稱的地下經濟或走私交易，其「非法性」是建基在國家法律規範的判準上，「影子經濟」或「非正式經濟」概念的適切之處，尤其可見於一個國家處於法令不彰或分裂的狀態之時，非正式地下經濟往往就成為人民生計的主要來源。

12 棵樁即是界樁，英殖民政府在邊界以每一英里的距離打下界樁，一棵樁即一英里的距離。

跨越邊境突破「裸命」

裸命

「裸命」（bare life）是義大利哲學家阿岡本（Giorgio Agamben）在其名著《牲人》（*Homo Sacer*, 1998）的中心論述概念，這個概念源自於古羅馬的法律，意指受詛咒之人，這些人被國家法律剝奪了政治生命，生活在一種「非人」的裸命狀態，淪為人人可誅的亡命之徒。阿岡本指出，當代極權政府即是利用他們掌控法律的主宰權，區隔出哪些人是危害國家安全的危險分子，將他們剔除出受正常法律保護的範圍內，並置他們於暴力的裁罰中。二戰時期納粹對猶太人的迫害是一顯例，而現今許多民主國家透過各種法律規範，對外來難民的隔離與不人道對待，同樣是在製造裸命的例外狀態（Rajaram & Grundy-Warr 2004）。阿岡本的哲學論述意在突顯國家政府暴力的存有根源與形式，可以被借用來反省國家主權在行使過程中與被治理者的政治生命所產生的弔詭與衝突。

在本文所研究的中緬邊境地帶，我們同樣看到邊民生活在一種「裸命」的狀態中。在中國的黑五類（地主、富農、反革命分子、壞分子與右派）不只被剝奪了政治權利，他們的經濟、社會生命同樣遭到摒棄；而緬甸的百姓則是生活在高壓的軍事治理與內戰連連的處境，境內的華人更是在文化與經濟權利上受到壓迫。然而，不同於阿岡本聚焦於統一的國家政治實體的權力運作，在這裡我們看到了更複雜的政治生態——緬甸的政治分裂，與生活在這個邊境之域的平民如何求生的能動性與意向性。[13]

不可否認，在多重政治角力下，無數生命在此邊境之域消逝了，但我們可以從存活者對過往的追憶敘事，去理解、重構這段隱微的生活史。此文所關注的邊境貿易在檯面上雖被官方視為地下走私，但在檯面下，各方勢力參與其中，邊民實際上是扮演著主導的角色——是他們自己組織活動形式（或個人或團體）、開闢不同的商道、尋求各種可交換、販售的商品，並依地形的限制採用不同的載運方式，諸如走路、騎自行車、趕馬、乘筏（船）、趕牛車、開車等等。一九七〇年代末由於中國經濟改革開放，對商品的需求增加，緬甸商品進到雲南境內的流通變得較為容易，雲南邊區官方的供銷社甚至成為鄰國邊民的「換油公司」。相較之下，中國貨物在緬甸的流通就比較複雜，必須通過不同的政治勢力範圍，商人得向叛軍團體納稅或賄賂緬甸官方單位；即便如此，有時還是可能遇到貨物被沒收，或遇上不同勢力開戰的危險。

13 阿岡本忽略處理人的潛在能動性也被其他學者提出質疑（見朱元鴻，二〇〇五）。

雖然商販的走私是基於維生的經濟動機，不過他們必須時時保持對區域政治的敏感度。從劉大叔的故事中，我們看到他的越境走私與中緬政局的內在關聯，當時中國共產黨實行階級劃分的統治，推動一連串的政治肅清運動；被打入黑五類的百姓受盡折磨與迫害，想要存活者都必須竭盡所能尋求對策。對邊民來說，越界成了最可能的出路，他們或逃亡到鄰國，或在情況允許下進行邊貿，並與對岸的親友保持聯繫。

在全家難以一起逃亡的情況下，許多家庭選擇大人（尤其是男丁）先行出逃。劉大叔提到相對於大人會遭受直接迫害，小孩的處境稍微緩和些，這也是為什麼他的父母先逃到緬甸，卻把他和他的弟妹留在家鄉。他自知自己黑五類的身分，為避免受罰，他在白天努力完成農場的勞動，晚上參加集會、批鬥、政治學習等活動，再利用夜深人靜時獨自翻山越界去探望親人。這樣的行動展現了他在面對艱困環境時的主體能動性，而行動的結果一方面促成物資的交換與流通，另一方面也維繫了親屬間的關係網絡，使自身的黑五類身分不致完全孤絕，或淪為全然的「裸命」。換言之，他的故事同時照顯出國家疆界與人際關係的孔洞性（porosity），不管是地理實體或人與人之間的階級關係，在強大政治權力下所劃定的界線，仍然存在著反動的空隙，提供越界與翻轉的可能。

在李大嬸的故事裡，她的家族已在緬甸生活了上百年，但其華人的身分在尼溫社會主義時期仍遭到嚴重排擠，甚至歷經財產被沒收的困境。多數居住在城市的華商一夕之間破產，還有報導人提及有發瘋或自殺的案例。落戶在鄉村或邊境的雲南移民，大多數因為還有田地可以耕種，生活不至於發生問題，但他們面對的卻是更不安穩的政治環境——或有族群武裝部隊與政府軍的對抗，或有緬共的占據。邊民必須學習在不同政體爭鬥下營生。李大嬸在小小年紀就領略到政治環境的複雜，在華人身分受到排擠的同時，她和朋友卻也利用她們的中文語言能力跨界到中國境內進行地下經濟活動。在向中國官方的供銷社購買商品的同時，她們必須背誦《毛語錄》，並表演當時中國流行的革命舞步，她在敘事中嘲諷這樣的政治演出，並強調中共沒辦法將她們完全洗腦。然而，當緬共打入村子，李大嬸一家和大部分有能力逃亡的村人還是得拋棄田產，離開定居已久的家園。這樣的行動突顯了她們面對強大武力的弱小，但也展示了他們的自主性。

包大嬸和楊先生的故事更是清楚描繪出邊民與商品的流動如何糾結於跨越國界的區域政治，商人如何在看似鋪天蓋地的權勢操控下，開展出其抗衡力量，並成為一種「中介」，聯繫各端勢力，將他們捲入非正式邊貿的運作中，既使個人和團體都能獲利，也調節了社會的供需（Chang 2013）。

跨境民間

邊民基於生活所需經常踰越國家法律規範，自主游走穿梭於邊界兩地，他們的行動所依恃的主要助力是跨境的離散網絡，而這個網絡本身的構築與延續又建立在無數邊民的移動，且在移動過程中與不同的政治實體（political entities）連繫互動。因此，在網絡和邊民的行動形成互為主體的當下，一方面實際主導了人流與物流的往來，另一方面在眾多官方與非官方政體的競逐下，形塑出一種區隔於單方國家體制秩序或單一地方武裝勢力的跨境實體（transnational configuration），突顯出「跨境民間」（transnational popular realm）的主體性。

這些個別敘事看似個人微小的生命經歷，但實際上卻與大環境的諸多元素不斷互動，借用斯科特（James Scott）與克弗列特（Benedict Kerkvliet）探索平民百姓如何因應強大的外在權力理論（Scott 1985,1989,1990; Kerkvliet 2005），我們在這些邊民冒險的移動過程中，看到他們「日常政治」的智慧，與對當時複雜、殘暴政治勢力的對抗。雖然他們的「非法」行為目的只是為了營生，而非公然挑戰任何政權，但他們的主體能動性確實書寫了邊民自身的冷戰史，同時也延續自古以來跨境民間在這塊地形崎嶇、政治生態複雜的東南亞高地上川流不息的往來。

參考書目

王明达、张锡禄。二〇〇八。《馬幫文化》。昆明：雲南人民出版社。

王曦。二〇一一。《红飞蛾：萨尔温江绝唱》。香港：天馬出版有限公司。

——。二〇一三。《红飞蛾：金三角畸戀》。香港：天馬出版有限公司。

——。二〇一四。《红飞蛾：叢林煉獄》。香港：天馬出版有限公司。

石磊。二〇一二。《守望金三角》。台北：旗林文化。

巡夜。二〇〇七。「緬甸與緬共」。網址：http://www.laborpoetry.com/01/tymb/0/mayan681.htm，取用日期：二〇二〇年五月二十八日)

江柏煒。二〇一七。《冷戰金門：世界史與地域史的交織》。金門：金門國家公園。

曾焰。一九八二。《風雨塵沙》。台北：時報文化。

彭敏。二〇〇九。《胞波情緣》。香港：天馬出版有限公司。

覃怡輝。二〇〇九。《金三角國軍血淚史：一九五〇～一九八一》。台北：中央研究院、聯經。

楊美紅。二〇〇九（二〇〇一）。《罌素花紅：我在緬共十五年》。香港：天地圖書

楊淑芬。二〇一三。《孤軍浪濤裡的細沙：延續孤軍西盟軍區十年血淚實跡》。台北：博客思。

Agamben, Georgio. 1998. *Homo Sacer: Sovereign Power and Bare Life*. Trans. Daniel Heller-Roazen. Stanford: Stanford University Press.

Chang, Wen-Chin. 2013. "The Everyday Politics of the Underground Trade by the Migrant Yunnanese Chinese in Burma since the Socialist Era." *Journal of Southeast Asian Studies* 44(2): 292–314.

Chen Yi-Sein. 1966. "The Chinese in Upper Burma before A.D. 1700." *Journal of Southeast Asian Researches* 2: 81-89.

Clymer, Kenton. 2015. *A Delicate Relationship: The United States and Burma/Myanmar since 1945*. Ithaca: Cornell University Press.

Day, Tony and Maya Ht Liem. 2010. *Cultures at War: The Cold War and Cultural Expression in Southeast Asia*. Ithaca: Cornell Southeast Asia Program Publications.

Egreteau, Renaud and Larry Jagan. 2013. *Soldiers and Diplomacy in Burma: Understanding the Foreign Relations of the Burmese Praetorian State*. Singapore: NUS Press.

Furnivall, J. S. 1957 [1931]. *An Introduction to the Political Economy of Burma*. Rangoon: Peoples' Literature Committee & House.

Gibson, Richard M. 2011. *The Secret Army: Chiang Kai-shek and the Drug Warlords of the Golden Triangle*. Singapore: John Wiley & Sons (Asia) Pte. Ltd.

Han, Enze. 2019. *Asymmetrical Neighbors: Borderland State Building between China and Southeast Asia*. New York: Oxford University Press.

Hill, Ann Maxwell. 1998. *Merchants and Migrants: Ethnicity and Trade among Yunnanese Chinese in Southeast Asia*. New Haven: Yale Southeast Asia Studies.

Kerkvliet, Benedict J. Tria. 2005. *The Power of Everyday Politics: How Vietnamese Peasants Transformed National Policy*. Singapore: Institute of Southeast Asian Studies.

Kuo Tsung-fei. 1941. "A Brief History of Trade Routes between Burma, Indochina and Yunnan." *T'ien Hsia* 12 (1): 9-32.

Kwon, Heoni. 2008. *Ghosts of War in Vietnam*. Cambridge: Cambridge University Press.

Lintner, Bertil. 1990. *The Rise and Fall of the Communist Party of Burma (CPB)*. Ithaca: Southeast Asia Program, Cornell University.

——. 1994. *Burma in Revolt: Opium and Insurgency since 1948*. Bangkok: White Lotus.

Maung Aung Myoe. 2011. *In the Name of Pauk-Phaw: Myanmar's China Policy since 1948*. Singapore: Institute of Southeast Asian Studies.

Rajaram, Prem Kumar and Carl Grundy-Warr. 2004. "The Irregular Migrant as Homo Sacer: Migration and Detention in Australia, Malaysia, and Thailand." *International Migration* 42(1): 33–63.

Sato, Hiroshi. 2000. "Network Capital, Political Capital, and Bazaar Economy in Rural Yunnan: Family Business Survey in a Periodical Market in Banqiao Township, Shilin County." Discussion papers, no. 2000-03, Graduate School of Economics,

Hitotsubashi University.

Scott, James C. 1985. *Weapons of the Weak: Everyday Forms of Peasant Resistance*. New Haven: Yale University Press.

——. 1989. "Everyday Forms of Resistance" In *Everyday Forms of Peasant Resistance*. Forest D. Colburn, ed. Armonk, N.Y.: M.E. Sharpe. Pp. 3-33.

——. 1990. *Domination and the Arts of Resistance: Hidden Transcripts*. New Haven: Yale University Press.

Smith, Martin J. 1993(1991). *Burma: Insurgency and the Politics of Ethnicity*. London: Zed Books.

Stargardt, Janice. 1971. "Burma's Economic and Diplomatic Relations with India and China from Early Medieval Sources." *Journal of the Economic and Social History of the Orient* 14 (1): 38-62.

Steinberg, David I. and Hongwei Fan. 2012. *Modern China-Myanmar Relations: Dilemmas of Mutual Dependence*. Copenhagen: NIAS Press.

Storey, Ian. 2011. *Southeast Asia and the Rise of China: The Search for Security*. London and New York: Routlege.

Szonyi, Michael. 2008. *Cold War Island: Quemoy on the Front Line*. Cambridge: Cambridge University Press.

Taylor, Robert H. 1973. "Foreign and Domestic Consequences of the KMT Intervention in Burma." Data paper no. 93, Southeast Asia Program, Department of Asian Studies, Cornell University, Ithaca, New York.

Young, Kenneth Ray. 1970. "Nationalist Chinese Troops in Burma: Obstacle in Burma's Foreign Relations, 1949–1961." Ph.D. diss., New York University.

流亡印度賣毛衣：藏人的跨族群經濟

潘美玲｜國立交通大學人文社會學系

因中共入侵而流亡印度的西藏人，在印度六十多年時間從依賴外援、求取基本溫飽的難民，到建立了一個自給自足的流亡經濟典範。雖然初期依賴國際救援以及印度政府的協助，但多數藏人在印度賴以維生的毛衣貿易經濟活動，卻沒有國外支援或政府的規畫，而是他們自行在印度開展出來的一條生路。除了呈現族群經濟特色的生存方式，在印度賣毛衣的藏人也與印度當地的毛衣製造商發展出跨族群經濟的特殊依存關係。藉此，我們將思考跨族群資源成為族群資源的可能性，以及超越族群本質論的社會信任所能發展的程度。

難民生存策略與資源的問題

一九五九年，因中共入侵西藏，約有一萬多名西藏人翻越喜馬拉雅山，到達印度、尼泊爾等地尋求政治庇護。六十年過去，流亡藏人脫離原本的依賴外援、求取基本溫飽，如今已建立了一個自給自足的流亡經濟典範（Mahmoudi 1992; Bernstorff & Welck 2004）。其中，季節性的毛衣貿易成為主要的維生策略。每年十月到次年二月，藏人會到印度各城鎮設立毛衣攤位，且為了避免競爭而影響族群凝聚力，他們以公平和合作的方式，維持毛衣市場的運作，展現出「道德經濟」特色。

不過，作為難民，到底該如何解決進行商業活動所要面對的資金問題？試想，在流亡的過程中，幾乎每個人都是孑然一身地來到印度，做生意的成本要從哪裡來？動員哪些資源才能夠在印度社會存活下來？此外，又是透過哪些機制，讓這種純粹批發毛衣行銷的生意型態，能夠數十年如一日地維持下來，並成為印度流亡藏人重要的經濟活動？

本文主要的材料是我從二〇〇三年底至今對流亡印度藏人社會的部分調查研究成果，包括針對流亡藏人聚居最集中的南印度四個社區進行問卷調查。[1] 問卷內容分別有個人與家戶從事毛衣貿易的歷史、毛衣市場與協會的資料，以及個人對毛衣貿易的經驗與看法等。我在數年之間分別拜訪藏人在印度東部、南部和北部主要定居區，選取位於印度各城市不同類型的毛衣市場，並與印度毛衣製造商和銀行經理進行田野觀察與訪談，經由藏人助理協助翻譯，以中文或英文進行資料收集。西藏流亡政府開辦「西藏難民生計扶持計畫」（Tibetan Refugee Livelihood Support Program, TRLSP）在二〇一七年十二月到二〇一八年一月所進行的評估報告（Dikshit 2018），也提供了近期有關藏人毛衣商的最新資訊。

流亡藏人（exiled Tibetan）

一九五九年因為中共入侵西藏，迫使西藏精神領袖達賴喇嘛逃亡到印度，其後許多西藏人陸續翻越喜馬拉雅山，到達印度、尼泊爾等西藏鄰國，尋求政治庇護，並在印度的達蘭薩拉成立流亡政府。流亡藏人主要被安置在五十八個定居區：三十九個集中在印度，十二個在尼泊爾，七個在不丹。也有部分遷往歐洲、美加、台灣等地定居。

藏人毛衣貿易與族群經濟理論

具族群特色的行業[2]

藏人販賣毛衣的時間可追溯至一九六〇年代。當時藏人用自己帶來的毛線編織出有西藏傳統花色的毛衣，原來是自用，但毛衣樣式引起印度人購買的興趣。和當時築路苦力的微薄工資相比，毛衣的獲利甚豐，因此西藏人就開始賣起「西藏毛衣」。但印度和西藏的氣候不同，純正的羊毛織品並不適合，加上手工編織的毛衣產量有限，藏人於是找到印度北方旁遮省（Punjab）盧迪安納（Ludhiana）由印度人所開設的工廠，批發以人造纖維為原料，機器編織製成的毛衣，這些印度毛衣製造商被稱為*Lala*（印度話為企業主，類似我們的中小企業老闆的意思）。

藏人到盧迪安納批貨的時間大約是每年的七月下旬，然後將貨運到販售地點所租的倉庫存放，真正賣毛衣的時間是在冬季，從十月初到二月，回到定居區的時間不會晚過西藏的新年。藏人聚集賣毛衣的地方被印度人稱為「西藏市場」（Tibetan Market）[3]，或強調難民身分的「西藏難民市場」（Tibetan Refugee Market）。毛衣販售的地點散居在印度大部分的省分與城市，

1 這四個定居區都在卡納塔克邦（Karnataka），包括比拉庫佩（Bylakuppe）的洛桑參都林（Lugsung Samdupling），和迭吉拉索（Dickey Larsoe），洪素（Hunsur）的瑞給林（Rabgayling），以及克萊嘉爾（Kollegal）的當登林（Dhondenling）。

2 本段落有關藏人毛衣貿易的歷史與描述之文字，摘自潘美玲之研究（二〇一一，頁十八～十九）。

3 參見*The Hindu*二〇〇二年十一月十四日的報導。資料來源：http://www.thehindu.com/thehindu/mp/2002/11/14/stories/2002111400010300.htm，取用日期：二〇〇六年八月二日。

幾乎遍及印度全國，有的距離藏人所在的定居區將近數百公里之遙，需要數日的車程才能到達。直到現在，根據西藏流亡政府的調查，藏人在印度各地設立的冬季毛衣市場，登記有案者達一百八十三處，大約百分之七十的印度流亡藏人家戶有從事冬季毛衣生意，其中更有百分之四十五家庭的生計與現金收入主要依賴販售毛衣來維持（Dikshit 2018: 9-11）。幾乎在印度各大城市和交通要道、觀光地區以及行人商旅來往之處，一進入冬季都是藏人毛衣商的販售地點，毛衣貿易成為一種具有族群特色的行業。

移民的族群資源

我們可以如此定義族群經濟：「同族群的自雇者、雇主和同族群的受雇者，而沒有進入到地主國社會的勞動市場。」（Light & Gold 2000: 4）族群經濟的特徵來自於族群資源的運用（Aldrich & Waldinger 1990），如宗教、語言、族群團結性或文化特質，以取得資本與勞力。此外，移民所擁有的階級資源，如布爾喬亞的階級價值、態度和知識、世代傳承的資源、私有財產所有權，以及人力資本等，也會對族群經濟產生貢獻（Light & Karageorgis 1994）。

藏人毛衣商是自僱，也僱傭同族群的幫手，符合上述定義的族群經濟。流亡藏人原來在西藏從事的主要是農業和游牧業，他們屬於被迫流亡的非自願移民，到印度的主因並非經濟，而是宗教和文化的理由。由於中國實施嚴厲的宗教控制，且在大量漢化政策下，藏人的傳統文化逐漸流失，於是許多藏人選擇逃亡，是為了能夠得到正統宗教經典訓練，並讓下一代能夠接受藏式教育，保留傳統文化。就動機和資源而言，多數流亡藏人並沒有任何階級資源可供運用到毛衣貿易的經營。

族群與跨族群資源的運用

勞動力：無酬家戶成員和外僱印度的幫手

藏人每年季節性地到印度各城市賣毛衣是很辛苦的工作，因為工作時間很長，從擺攤到收拾打包，一天工作的時間高達十小時以上，[4] 除了看店做買賣之外，生意好的時候就需要多一些人手，有人去補貨的時候也需要有人留下來看店。此外，藏人為了增加邊際效益，有些人會在同一個地點擺一個以上的攤位，自然又會增加人手上的需求。

藏人賣毛衣是以家庭為經營的單位，同行者大部分是夫妻、父母，與非就學中的子女或其他家庭成員。當人力不足的時候就得僱傭幫手。根據我們在南印度的問卷調查，在一百一

4 根據我們在南印度的調查，平均的工作時數是十三點七小時，一百零四個有效樣本中，只有一個人的工作時數少於十小時，而最高的工作時數是十八小時。

十二個受訪家戶中，五十二個家戶沒有僱用任何幫手，其他六十家都有僱傭幫手，其中只僱用藏人的有三家，有五十七家只僱印度人幫忙，同時有藏人和印度人幫手的只有三家。藏人會去當幫手是為了學習做生意與賺取收入，未來有機會就會自己經營毛衣生意。

印度幫手大多來自鄰近地區或印度較窮的比哈爾邦（Bihar）或奧里薩邦（Orissa），雖然工資比藏人幫手低，卻是不得已的選擇，因為藏人無法信任印度的幫手，有些人學會了藏人做毛衣生意的方法甚至會成為競爭的對手。因此就勞動力而言，還是同族群的信任度較高，跨族群間的信任相當薄弱。

資金來源的管道：跨族群的信任

毛衣貿易和其他商業一樣，需要資金購買成品支付運輸等費用，在族群經濟研究文獻中，有兩種資本取得的過程可以被視為族群資源，分別是家族融資和同族群金融機構的貸款（曾嬿芬，二〇〇一）。移民礙於身分通常不容易得到移居地的銀行機構貸款，只能透過自助的方式累積資源，例如在華裔移民及其他亞裔移民很常見的互助會或標會，在拉丁美洲、加勒比海，近東和非洲的移民族群也有類似的組織（Light & Gold 2000: 115-116）。相較之下，作為難民的藏人本身並沒有帶來任何家族資源，也沒有標會等金融互助組織的文化傳統。

根據流亡政府財政部的調查[5]（DoF 2005: 17）藏人毛衣商年度營業額少於三十萬盧比[6]者

占了百分之六十，介於三十萬到六十萬盧比之間的有百分之三十一。但是藏人並沒有足夠的資金可資周轉，需要完全透過信貸者占百分之四十二，百分之五十一的人是只有部分借貸，只有百分之七的人完全不需要借錢。也就是說，有九成以上的毛衣商資金都要依靠借貸。

根據我們在南印度的問卷調查，發現借貸的來源分別來自寺院、親友、印度銀行，以及印度毛衣製造商*Lala*。其中，佛寺由於也需要利息的收入，放貸的利率比銀行還高，因此向佛寺借貸的情況並不普遍，借貸金額也不高。最常見的情形是向當地的印度銀行按照政府規定的利息獲得貸款，或向印度毛衣製造商信貸或賒帳。藏人批貨的時候並沒有足夠的資金，但又必須先付一部分款項，所以會以每件毛衣多算百分之五（相當於幾盧比）的價錢批貨，等到毛衣販售季節結束之後，再連本帶利償還。*Lala*給予信貸的額度端賴和藏人毛衣商之間的信任關係，這種跨族群信貸關係已經維持了五十年之久：

> 如果沒有信貸的話，什麼事都不會發生。首先，資金是必要的，沒有資金，就不能做

5 該份調查是流亡政府財政部針對當時所能掌握的藏人毛衣協會，在總數六十八個協會當中選取其中的三十個發出問卷，總共回收一千兩百八十八份。

6 二〇一〇年五月份盧比對台幣的匯率是一：〇．七一一，所以三十萬盧比換成台幣約二十一萬。

生意。我們每一年都得向*Lala*或銀行借貸，才能做生意，因為收入很低，只能勉強維生，我們並沒有賺取太多的利潤。[7]

從表1可見毛衣商同時利用不同借貸來源，以Pema女士的家戶為例，以百分之十五的利率向寺廟借錢，但金額大概只有兩萬五千到五萬盧比，向銀行則借到十萬（one lakh）盧比，利率是百分之十二，和*Lala*則是「有借有還，再借不難」的持續關係：

大部分的*Lala*會在夏季的七月份過來，當他們來收錢的時候，我們就得儘量還錢。如果說，我應該還四萬五千盧比的話，我大概會還到兩萬五千盧比，其他部分，就會晚點再還。*Lala*也會同意。所以就像這樣，我們每年都會還錢給*Lala*，只要我們這樣做，彼此的關係就會很好，我們就這樣有借有還。這是一門生意，我們相信他們，他們也

表1——借貸來源（複選）

借貸來源	利率	次數	比例（/112）
寺廟	高於銀行，約15%	15	13.4%
親友	大約10%	16	14.3%
銀行	12%（過去18%）	96	85.7%
Lala	5%	103	92.0%

（資料來源：根據2004年南印度藏人四個定居區調查結果，有效樣本數為112。）

相信我們，就這樣，我們就建立很好的關係。[8]

和*Lala*之間的信貸關係比銀行有彈性，幾乎每個毛衣商都會利用：

> 我們也有向*Lala*借貸，可是*Lala*沒有硬性規定要拿多少比例的利息，例如，借貸了十萬元，*Lala*會視生意情況好壞來決定要貸多少貨給我們，只要你敢拿，*Lala*就給多少，沒有限制。但是與銀行相比，銀行的利息比較高，相差十盧比，大概比較貴的貨品，例如付現金時，是一百二十五盧比左右的貨物，向銀行借貸時就必須要付一百三十五盧比左右，有這樣的差別，所以利息大約是百分之十。但是*Lala*的信貸比較好，因為如果今年生意不好，*Lala*會明年再收，會視情況而定，也因為這樣鼓勵藏人向*Lala*借貸。[9]

7　二〇〇七年四月十八日，毛衣商T. C，地點：淡米爾納德邦（Tamil Nadu）的烏塔卡蒙德（又稱Ooty）。檔案編號：07041804。

8　二〇〇七年四月二十日，毛衣商P，地點：洪素家中。檔案編號：07042002。因為P的毛衣市場在烏塔卡蒙德，是整年都能做生意的觀光勝地，所以*Lala*會在七月份去收錢。

9　二〇〇四年七月八日，地點：邦加羅爾（Bangalore），與藏人毛衣商集體訪談。

由於資金來源大部分都來自於向銀行和向*Lala*賒帳，藏人毛衣貿易幾乎是「無本生意」，而且是來自於非同族群的印度人。更特別的是，銀行和*Lala*給予藏人信貸都是特殊待遇。由於藏人屬於難民身分，雖然印度政府有給予土地供其耕種，但只是租借性質，藏人無法擁有土地，故不能成為向銀行貸款的抵押品；印度銀行在給予貸款時採取寬鬆的認定，唯一需要的是在定居區的地址和一位擔保人，借貸以個人為單位，因此一個家戶能夠借貸的額度可比照人口數。根據當地銀行經理的說明：

> 所有的西藏人來找我們都是為了資金。大部分的人都是難民的身分，所以我們要規畫對藏人比較自由的信貸條件，如果說，我們要給印度人五萬盧比，我就會要求貸方提供一些土地或建物作為抵押，但我不能這樣要求藏人，因為他們根本沒有。所以我們的做法是針對藏人特定的需求，每個人可以來借十萬盧比的無抵押借款，百分之百不需要抵押品。他們只要走進來，找一個共同借貸人，由他作為擔保，我們稱之為第三方擔保方風險。[10]

印度銀行的經理強調藏人誠實守信，按時還錢，比印度人更可靠，所以願意給予藏人方便，享有比印度人更優惠的待遇，因為藏人是好客戶：

藏人有尊嚴，不會欺騙，……詐欺的情形很少見，尤其和印度人或其他社群的人相比。他們會善用這些貸款，百分之百地在正當的用途，印度人則是聲稱的用途和實際做的事情是兩回事……例如說，一個印度人借到了錢，而沒有去做生意，跑去當理髮師，這就絕對還不了錢。這大概就是我們銀行遇到的例子。藏人和他們比較起來，真的好多了。[11]

四、五十年前，藏人在盧迪安納向 *Lala* 拿貨之初，會先拿一些小金飾作抵押，或者買少量貨品，以現金付清。當信任建立之後，就不再需要任何抵押品，可以直接賒帳，每件毛衣的售價因此會高一些。至於賒帳的利息和可以賒帳的比例，要看購買的數量，以及個別 *Lala* 和藏人的關係，例如價值十萬盧比的貨，藏人只要付四萬盧比的現金，六萬元就是賒帳。一旦付清積欠的款項就可以再借。我們到盧迪安納進行田野訪談時，也感受到 *Lala* 和藏人之間已經發展出信任的買賣模式，一位已經由第三代接手經營的 *Lala* 指出和藏人之間的密

10 二〇〇六年二月十日，銀行經理 Mr. D. T，地點：比拉庫佩。

11 同上註。

切關係：

> 我們和藏人使用印度話，但我們也會一些藏語，像是用藏文算數，我父親的藏文就很流利。甚至我們到藏人的定居區去收錢的時候，我們不是去住旅館，而是住在藏人的家中。如果我餓了，我就到藏人朋友家中吃飯，我要去收帳，藏人朋友就騎著機車載我過去。當藏人來這裡，他們是外地人（strangers），我們是他們的家人，但我們到藏人的定居區去時，我們就是外地人，他們就是我們的家人，我十五年以來都獨自到定居區收帳。首先，我會在十一、十二月期間到藏人的毛衣市場去收款，有些人可能只付了百分之七十到百分之八十的錢，到了藏人過年的時候，我就到定居區去收回最後的款項。我每年都在藏人社區參加新年慶祝。[12]

以Mr. R. B.的工廠為例，他們的產品當中有百分之三十是銷給有營業執照固定店面的印度大盤商，另外百分之七十都由藏人銷售。大約一千五百名藏人和這家店有賒帳關係，是一般的印度顧客沒有的特權。這種印藏的跨族群信任，是透過長期接觸的過程當中（潘美玲，二〇一二），逐步建立起來的以「過程為基礎的信任」（processed-based trust）（Zucker 1986）：

我們從事這個事業已經三、四十年了，*Lala*信任我們，他們知道藏人的本性。藏人很誠實，不像其他的印度人。藏人就像他們的領袖達賴喇嘛所立下的典型範本，非常信實，從不背叛*Lala*。請記住，*Lala*無論借給藏人多少錢，他們很有信心，這些錢會在三、四個月之後被還回來。[13]

值得注意的是，藏人社群的合作社自二〇一一年開始轉型，也執行類似銀行的業務，例如接受會員的開戶存款、給予貸款。根據我在南印度的田野訪談所得到的資料，主要是以當地的農業需求為主進行信貸，並開始給予毛衣商貸款。洪素定居區的合作社經理說明：

其實毛衣商還需要更多資金，大概需要到五十到六十萬盧比。但我們的合作社有自己的法令，我們能夠給予最多的貸款是每人十萬盧比，所以我們就給十萬。有興趣的人就可以來借，沒有規定會員一定要借，但來借的人，就要接受這個規定。我們的合作社要求百分之十三的利息，因為毛衣事業是商業，而農業貸款則只收百分之一的利息。然而，

12 二〇〇五年八月五日，Mr. R. B./lala，檔案編號：050805_01。

13 二〇〇六年二月二日，毛衣商T. C.，訪談地點：齋浦爾（Jaipur）的西藏市場，檔案編號：06020602。

我們的確承擔風險，如果你給幾百名會員，每個人十萬盧比貸款，而毛衣季節生意不好的話，就會有還不出錢的風險，這也是我們要將利息訂在百分之十三的理由。[14]

由於流亡藏人的身分，融資的管道有限，除了印度的銀行，就是私人企業經營的融資機構。根據「印度西藏合作社聯合會」（Federation of Tibetan Co-operatives in India）（2013）報導，藏人的合作社即使在經營困難的時刻，也從沒有讓會員在從自己的帳戶提款時有領不到錢的情況。過去的確有很多藏人在將錢存到私人機構時，由於這些私人機構經營不善倒閉，而導致血本無歸的情況。因此合作社提供了一個重要的金融服務功能。但即使藏人增加了這個貸款的管道，由於現在毛衣批發單價的成本上漲，一件毛衣價位至少數百盧比，批貨所需的資金也因此增加不少，藏人毛衣商還是得在向印度毛衣製造商賒帳的情況下從事毛衣貿易。

換言之，藏人毛衣貿易主要的資金來源是銀行和印度*Lala*的信貸，而族群經濟研究文獻中所展示的同族群資源貢獻，反而無法在藏人的族群經濟上產生作用。

值得一提的是，西藏流亡政府意識到這個問題，終於在二〇一七年開辦「西藏難民生計扶持計畫」，特別針對毛衣商提供優惠利率的融資與協助。提供給弱勢或婦女優先申請的貸款，以一千五百五十八點四二美元為金額上限，六個月為期，百分之三的利率，首次就已經有超過九百一十三個毛衣商獲得該貸款，並在次年（二〇一八）的三月，達到百分之百的還款率（Dikshit 2018: 9）。由於這個計畫才開始施行，是否能夠全面改變目前藏人資金的結構，以及*Lala*提供貸款的買賣關係，還有待觀察。但增加資金來源的多元管道本身的確有助於提升藏人毛衣商與*Lala*的議價能力，讓他們能夠拿到最新且品質較好的貨色，不必因為賒帳之故附帶地要接受過季的貨色，被迫幫*Lala*銷貨底（Dikshit 2018: 30），從而有助於藏人毛衣生意的獲利。

剝削或共生？

毛衣貿易的再生產機制與利潤分配的結構

身為難民的印度流亡藏人不能合法擁有土地和自有店面，農業收入不足和工作機會受限，毛衣貿易成為他們主要的現金來源，雖然六十年來靠著辛苦工作維持生計、改善生活，但也因為沒有自己的資金，只能向銀行和*Lala*借貸，毛衣貿易的所得無法有效地累積。這種信貸關係構成藏人毛衣貿易的收入難以變成儲蓄與其他用途，而會立刻用來還貸款。

14 二〇一四年一月二十日，洪素合作社的C.E.O Mr. C. T.，訪談地點：卡納塔克邦的瑞給林初級農業信貸合作社，檔案編號：1400120_002。

流亡政府財政部的官員也意識到同樣的問題，指出*Lala*給藏人的信貸和銀行不同之處在於，*Lala*是用貨品賒帳綁住客源，利用貨物流通與現金償還產生循環效果：

> 資本積累的概念無法套用在藏人的身上，因為我們甚至沒有做生意的場所，更別說能存錢。像我們對流亡藏人毛衣商進行的調查，發現大部分的人都從*Lala*借貸，但借到的是物品，不是現金，這就限制你做生意的規模，因為你只能和某種貨品綁在一起，而無法嘗試其他的事業。這對於資本的積累是困難的。如果你沒有自己的錢，沒有積蓄可以在來年使用，就剛好夠用而構成一個循環。你只賺到足夠下一年的錢，而在下一年就會將這些錢花完。[15]

因此，毛衣貿易不是一種過渡的經濟活動，雖然流亡藏人的第二代能夠接受到高中甚至大學教育，但所能從事的職業選擇也很有限：

> 在印度作為一個難民，是很難面對印度人的。我的父母是生意人，因此要面對很多的印度人，我想過要從事其他的工作而不是去賣毛衣，但我們沒有收入，沒有足夠的現金去發展一些更高層次的事業。因為這個財務的問題，我們必須守在這裡，我們不能隨意

去其他地方做更有發展性的事業。[16]

流亡藏人的毛衣貿易雖然是商業的性質，卻沒有剩餘資本進行投資積累，具有小農家戶式維生經濟的特色。相對而言，印度的*Lala*卻是資本主義企業的經營型態，工廠生產且同時掌握了藏人毛衣商的資金和貨源，兩者的關係是兩種不同經濟邏輯的扣連，也就是從馬克思理論所發展出來的非資本主義與資本主義兩種生產模式的連結（articulation of modes of production）（Marx 1967），取得支配位置的資本主義生產方式（capitalist mode of production）連結且維持非資本主義的生產方式（non-capitalist mode of production），構成剩餘價值剝削的結構。

這種生產方式連結的概念提供了我們思考藏人毛衣商和*Lala*之間的關係。首先，藏人原本賣的毛衣是藏人自己編織的工藝產品，但後來變成賣*Lala*工廠製造的商品，從商品生產的角度，藏人的毛衣貿易這個非資本主義的生產方式被滲入或吸納到資本主義的生產體系當中（Hopkins 1978）。但是藏人並沒有改變其非資本主義的經營方式，他們仍以家戶自給自足的方式從事毛衣販賣這項維生策略，以自我剝削的方式，在毛衣販賣的季節每天工作十個

15 二〇〇八年六月九日，財政部研究與政策處副祕書長Mr. L. D.，檔案編號：080609_01。

16 二〇〇九年一月十八日，第二代毛衣商T. C.，地點：阿拉哈巴得（Allahabad）毛衣市場，檔案編號：090118_02。

小時以上，賣毛衣所獲得的利潤只夠家用的貼補，卻無法儲蓄累積資本，所賺取的等於是自己看店的工錢。而以資本主義營利生產為主的印度*Lala*則透過類似信貸的方式，每件毛衣同時收取利潤與利息，作為剩餘價值剝削的機制。如果藏人能夠自有資金就可以免去利息的負擔，但在藏人目前這種經營關係之下，要擁有一季批毛衣的資本和花費幾乎不可能。就如同藏人對於自己族群與家人做這個生意的觀察：

> 當付完所有的款項之後，應該沒有多少利潤。可是，要是有自己的資金，情況可能就會不一樣。我們有自己的資金會有很多好處，甚至快樂的程度也會增加，因為我們不用擔心要還錢的事。[17]

既然藏人如此依賴毛衣貿易，又因為信貸付出的利息侵蝕賺取的利潤，以致無法累積資金，那麼如果藏人能夠販售自己生產的毛衣，應有可能超越這種剝削的結構？然而，當研究者提出這樣的問題時，得到的第一個反應都是「不可能」，主要的原因是認為無法和盧迪安納上千家的廠商規模競爭。此外，毛衣貿易的工作相當辛苦，藏人就像天下的父母，寧願自己勞累，讓子女接受較好的教育，日後就不必再繼續賣毛衣的工作，心態上視之為過渡現象。然而事實卻是，即使父母用心投資在子女的教育上，因為難民身分的限制，藏人第二代並無法進入印度的主流經濟體制，最後還是只能做賣毛衣的生意（潘美玲，二〇一六）。

共生的相互依存

雖然藏人毛衣的資金和貨源都無法自己掌握，利潤也被與印度銀行和*Lala*的借貸結構所榨取，而無法進行資本積累，但印藏之間並不完全是無情的勞力剝削關係，也存在雙方互構的信任和社會關係。位於藏人南印度比拉庫佩定居區外的印度銀行經理，強調藏人對當地經濟的貢獻。該家銀行隨著藏人經濟的發展而拓展，因此他認為結果是互利的：

> 如果不是藏人在這裡，我們是不會開這家分行的，……終究而言，這是雙贏互利，如果沒有西藏人，這裡的業務將會是零，……我們提供金融給他們，而償還的成果很好，我可以說，我們也對他們的發展感到驕傲，所有他們在這三、四十年來所得到的，在財務方面的發展，我們都覺得光榮。[18]

17 二〇〇八年一月八日，報導人D對藏人毛衣商的觀察，訪談地點：海德拉巴，檔案編號：080108_01。

18 二〇〇六年二月十日，銀行經理Mr. D. T.，地點：比拉庫佩。

至於*Lala*的部分，雖然藏人知道*Lala*獲取的利益，但也看穿他們對藏人的依賴：

> 若你向*Lala*賒帳而不必付利息，這是因為*Lala*很清楚知道，這些費用都已經包含在毛衣的成本當中，如果你付現金給*Lala*，有些人會每件毛衣少收十盧比。也就是說，如果你買一件一百一十盧比的毛衣，付現金的話，就可以只賣一百盧比。但這種情況很少見，因為*Lala*也沒有別的辦法，只能讓藏人賒帳來維持生意，不然生意就做不去。他們也是迫不得已提供貸款，否則他們也是有自己的利益。[19]

這種對藏人的信貸制度，類似於印度傳統農業社會的預借現金系統（dadni system），一九五〇年代以鄉村地區為主的小商品生產是盧迪安納所在的旁遮普邦工業的主要特徵。貿易資本（trading capital）扮演「中間商」的角色，一方面將原料從城鎮供應給在家生產的工匠；一方面收集個別工匠的生產，行銷販售到各城鎮。這些工匠必須向中間商預支原料，然後以這些中間商所規定的價格將製成品賣回去（Singh 1990: 75-77），藏人向*Lala*拿貨賒帳，*Lala*會定期收取貨款並提供新貨，就如工匠向「中間商」預支原料，商人定期下鄉收租同時綁約。

雖然*Lala*讓藏人賒帳，基本上希望每年都能順利收回款項，但對於有急難或因為生意不好而還不出錢的藏人，也會網開一面。甚至，他們對於來到盧迪安納的藏人也會伸出援手給予協助，例如不小心觸法受罰，交不出罰金，或被警察刁難，或急難等問題。盧迪安納的印藏織品協會（Indo-Tibetan Hosiery Association）[20]的會長告訴研究者：

> 這是人之常情。如果印度人到台灣需要幫忙，你們也會同樣地協助。因為外地人離鄉背井，比本地人需要幫忙，所以外人優先。……
>
> 藏人剛開始來買毛衣的時候，都是用大袋子裝衣服，經常被警察追著要他們繳稅。我們覺得藏人很誠實又單純，他們翻山越嶺流亡到印度，並不了解印度的規定，又受到警方的刁難，所以基於同情藏人的處境而願意幫忙。[21]

如果藏人賣毛衣的市場需要增添設備，他們也不吝支援。或是積極地參與藏人的活動，例如倡導自由西藏的遊行；或是配合藏人的社團募款活動（潘美玲，二〇〇八），例如二〇〇五

19 二〇〇八年六月九日，當選流亡政府議員的毛衣商Mr. D. T.，訪談地點：達蘭薩拉，檔案編號：08060902。

20 印藏織品協會是公元二〇〇〇年在盧迪安納成立，主要參與的是與藏人有生意往來的印度毛衣製造商，根據該協會二〇〇四年的會訊，有一百一十八個商家會員，會長加上幹部成員有三十二家，共有一百五十家毛衣製造商。由於盧迪安納的商家數量暴增，有關商業與其他相關事物也增多，所以組成一個正式的協會。

21 二〇〇五年八月四日，印藏織品協會主席N. S.，訪談地點：盧迪安納，檔案編號：05080403。

年西藏流亡政府為了募集藏人在印度定居區的發展經費，在印度主要城市巡迴文化展演，盧迪安納的展出就是由*Lala*協助負責主辦。[22]

大部分藏人毛衣商都認為*Lala*是好人，因為願意讓藏人賒帳，相對而言，如果沒有藏人毛衣商，這些盧迪安納的*Lala*也不可能存在，因為直到現在還有超過百分之六十以上的銷售額是透過藏人毛衣商賣給消費者（Dikshit 2018: 12）。根據曼吉特・辛格（Manjit Singh）針對盧迪安納勞動體制的研究指出，盧迪安納要到後獨立時期才成為工業中心，並在很短的時間內成為印度羊毛織品業的中心，全印度百分之九十以上的羊毛織品產自這裡，是由無數的小企業所構成的工業中心（Singh 1990）。印度獨立前夕，由於機器引進，以及國內市場需求，再加上國防訂單，促使市場擴大。一九六〇年代初期，印度開始出口商品到社會主義國家，尤其是蘇聯，盧迪安納成為印度羊毛織品主要的工業中心，以家戶為主的小型生產單位是生產主力，同時也開始出現擁有數百名工人的大廠。然而，在一九七二到一九七三年間，蘇聯進口商只給其指定的十八名廠商訂單，盧迪安納的出口市場由大型工廠所壟斷，小型織品製造商只能在國內市場進行銷售。藏人正好在此時成為*Lala*的銷售商，使得這些中小型的*Lala*得以維持經營，並讓店家數持續增長。而藏人要求*Lala*不要輕易提供印度人信貸，使其成為藏人的競爭者，且他們一旦發現有*Lala*做出危害藏人生意的舉動，便透過集體力量進行抵制。只要目前印藏毛衣產銷結構沒有改變，這種相互依存的共生關係也會持續下去。

族群經濟的慣例或特例？

傳統族群經濟的研究所呈現的是，移民團體如何利用同族群的資源達到經濟上的獲利。但印度流亡藏人的族群經濟，同時納入了其與印度在地社會的互動，以及毛衣製造和銷售的利潤結構，而顯現出這個族群經濟的特殊性。由於難民身分，藏人無法在印度置產，雖然建立自給自足的族群經濟，但也同時產生了一個無法資本積累的結構。製造毛衣的印度*Lala*透過藏人將他們的貨品賣到印度各地，成為最可信賴且有效率的行銷管道；與藏人有資金往來周轉的地方銀行，則因為藏人的儲蓄與利息得以擴大規模而業務興盛；至於租借場地給藏人毛衣市場的各個地方政府，則可因此額外收到一筆租金及稅金。在仍有眾多貧窮人口的印度鄉村城鎮，藏人毛衣貿易雖然規模有限，但其表現確實為地方帶來經濟效益，贏得了*Lala*、銀行業者與地方官員的尊敬，同時也展現了剝削與共生的雙面性。

本文強調藏人毛衣商和印度毛衣製造商*Lala*之間「以過程為基礎的信任」關係，讓我們重新省思族群經濟理論，超越同族群僱傭關係的族群邊界，以及族群本質論的社會信任關係，從而點出跨族群資源所能發揮的程度。

22 *Ludhiana Tribune*, 2005/09/10, http://www.tribuneindia.com/2005/2005/0910/ldh1.htm.

以過程為基礎的信任（Processed-based trust）

這是社會學者祖克（Lynne Zucker）提出產生信任的三種類型的其中一種，指的是基於持續交流互動經驗所建立信任關係，是跨族群合作所仰賴的基礎（Zucker 1986）。另外兩種，分別是基於有共同的文化特徵，或與生俱來的血緣關係，而產生的「以特質為基礎的信任」（Characteristic-based trust）；以及基於具體的機制及規範而建立的「以制度為基礎的信任」（Institutional-based trust），如專業證照、文憑等。

參考書目

曾嬿芬。二〇〇一。〈族群資源與社會資本：洛杉磯華人創業過程的研究〉。收錄於張維安編，《台灣的企業組織結構與競爭力》。台北：聯經。

潘美玲。二〇〇八。〈既非對抗亦非屈服：印度流亡藏人的在地生存策略〉。收錄於夏曉鵑、陳信行、黃德北主編《跨界流離：全球化下的移民與移工》，頁三七～五九。台北：台灣社會研究雜誌社。

——。二〇一一。〈流離的道德經濟：流亡印度的藏人毛衣市場與協會〉。《臺灣社會學刊》四六：一～五五。

——。二〇一三。〈印度的西藏地圖第五張：Ludhiana, Punjab（盧迪安納，旁遮普省）〉。芭樂人類學，https://guavanthropology.tw/article/3291。

——。二〇一六。〈流亡藏人的公民身份〉。《台灣人權促進季刊》二〇一六夏季號：七～十一。

Aldrich, H., and R. Waldinger. 1990. "Ethnicity and Entrepreneurship." *Annual Review of Sociology* 16: 111-135.

Bernstorff, Dagmar, and Hubertus von Welck eds. 2004[2003]. *Exile as Challenge: The Tibetan Diaspora*. New Delhi: Orient Longman Private Limited.

Department of Finance (DoF). 2005. "Tibetan Sweater Sellers." *Paljor Bulletin* 1: 16-17.

Dikshit, Mona. 2018. *A Microfinance Success Story of Tibetan Refugees in India: Tibetan Refugee Livelihood Support Programme of SARD, CTA 2017*. Hyderabad: Institute of Livelihood Research and Training, BASIX.

Federation of Tibetan Co-operatives in India. 2013. *Nyadmel Newsletter* 5 (summer).

Hopkins, Nicholas S. 1978. "The Articulation of the Modes of Production: Tailoring in Tunisia." *American Ethnologist* 5（3）: 463-483.

Light, Ivan, and Steven J. Gold. 2000. *Ethnic Economies*. New York: Academic Press.

Light, Ivan, and Stavros Karageorgis. 1994. "The Ethnic Economy." Pp. 647-671 in *The Handbook of Economic Sociology*, edited by N. J. Smelser and R. Swedberg. Princeton, N.J.: Princeton University Press.

Mahmoudi, Kooros M. 1992. "Refugee Cross-Cultural Adjustment: Tibetans in Inida," *International Journal of Intercultural Relations* 16: 17-32.

Marx, Karl. 1967[1867]. *Capital Vol. I: A Critical Analysis of Capitalist Production*. New York: International Publishers.

Samuel, Geoffrey. 1993. *Civilized Shamans: Buddhism in Tibetan Societies*. Washington and London: Smithsonian Institution Press.

Singh, Manjit. 1990. *The Political Economy of Unorganised Industry: A Study of the Labour Process*. New Delhi: Sage Publications.

Waldinger, Roger. 1986. “Immigrant Enterprise.” *Theory and Society* (15): 249-285.

Zucker, Lynne. 1986. “The Production of Trust: Institutional Sources of Economic Structure, 1840-1920.” Pp.53-111 in *Research in Organizational Behavior*, edited by Barry Staw and L. L. Cummings. Greenwich, CT: JAI Press.

PART 4

南方必須是世界公民

抵抗、串連與共享

「南方」的多重意涵：一個世界體系的觀點

蔡宏政｜國立中山大學社會學系

一九八〇年代的《布蘭特報告》提出「南方國家」一詞，原本是希望用一個政治中立的概念，以社會民主的干預方式介入全球經濟市場，但因為鑲嵌式自由主義的手段已經無法面對新的世界體系危機，以至於在當時方興未艾的新自由主義全球化浪潮下完全失敗。時至今日，「南方國家」、「北方國家」、「開發中」、「已開發」、「落後」、「先進」等詞彙，反而透過「全球化」這個概念，在不知不覺間進入我們日常談話與報章討論之中。失去歷史脈絡的使用不但忽略其多重意涵及內在矛盾，更預設了所有國家都會經歷相同的發展模式，可以依此判斷「進步」與否並加以排名，從而接受了核心國家的發展架構與意識型態典範。在全球化之後，「南方現象」甚至跨越了國界，同時出現在核心、半邊陲與邊陲國家的地理邊界之中，進一步造成跨國性的階級、族群、生態與性別不平等，導致了全球治理的正當性危機。

「南方」語詞的出現與歧義

「南方國家」這個詞彙一開始是由一九八〇年與一九八三年的一系列《布蘭特報告》（the Brandt Report）所提出。該系列報告主要認為，除了紐西蘭與澳大利亞之外，北緯三十度以北的國家基本上都算是富裕國家（圖1）。而這些富裕國家主要具有如下的特徵：已開發國家（developed countries）、較高的人類發展指數（Human Development Index, HDI）、較高的人均國內生產總值、較高的識字率與平均餘命，以及較低的生育率與嬰兒死亡率等等。理所當然，南方國家就是在這些指標上與北方國家呈現相反分布的低開發或開發中國家（less developed or developing countries）。

在台灣的報章雜誌與日常談話，人們經常會用一種價值判斷的語詞稱呼前者叫「先進」國家，而後者為「落後」國家。然而，台灣社會或許沒有意識到，

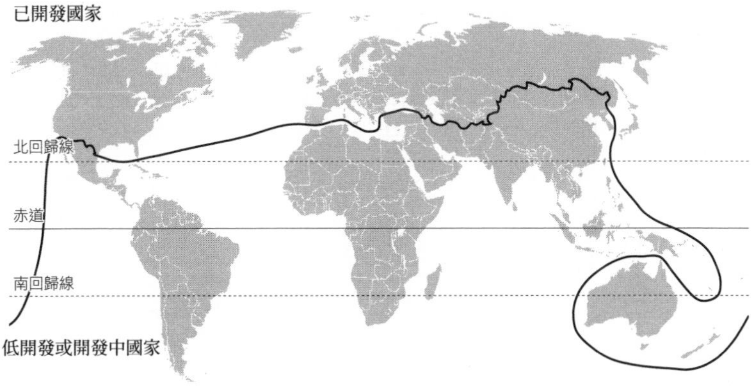

圖1——南方與北方的地理界線

（資料來源：wiki commons）

在這種全球階層劃分中，台灣與新加坡、南韓，是跟阿富汗與海地放在一起，被歸類為「開發中」國家。而羅馬尼亞、阿爾巴尼亞與所有中歐國家，卻僅僅因為位於歐洲，就被歸類為「已開發」國家。除此之外，這個地圖也體現了對穆斯林占多數的國家具有的負面刻板印象。例如，阿拉伯聯合酋長國（United Arab Emirates）無論是在HDI或是人均GDP都高於葡萄牙，但葡萄牙也因位於歐洲就被歸類為「已開發」國家，而阿聯酋則被歸類為「開發中」國家。

除了「南方」這個詞語外，我們也經常聽到人們用「第三世界」、「邊陲國家」、「依賴發展」等語詞來形容這些「工業化」與「現代化」程度較低的國家，它們的經濟發展排名落後，欠缺高科技製造能力，出口創匯只能依賴原物料或農產品，但往往又缺乏經濟發展所需的穩定政治制度。這些國家占全球政治實體的大多數，地理上大多分布在南美洲、非洲與亞洲。相對而言，「北方國家」則泛指北美洲、西歐、日本、澳大利亞與紐西蘭等工業化的富裕國家。它們只占全球不到四分之一的人口，卻掌握五分之四的經濟產出，而百分之九十的製造業產出都聚集在這些國家。

當我們用「先進」與「落後」這些比較名詞的時候，其實已默會地接受一個基本假設，假設所有國家都會經歷相同的發展模式，因此可以用同一套模式下所發展出來的關鍵表現指標（key performance index, KPI）來進行「先進」與「落後」的排名次序。「先進」國家就成為「落後」國家學習的典範。本文將解析「南方」這個詞語是在什麼樣的歷史脈絡之下出現，它與「第三世界」、「核心／邊陲」、「現代化」這些評價性概念，在歷史中是如何相互交纏。這樣我們才可以理解「南方」這個概念在使用上的多重意涵、歧義，甚至於內在的矛盾，也才能依照我們自己的理解來恰當地使用這個概念。

「南方」的歷史根源：殖民與農工不平等交換

《布蘭特報告》是由布蘭特委員會（Brandt Commission）所提出，這個委員會是在一九七七年由世界銀行總裁創立，並委請德國前總理布蘭特（Willy Brandt）負責。作為一個社會民主黨員，布蘭特提出這個報告的目的是認為東西冷戰的政治分裂將逐漸退出歷史舞台，不管是「第一世界」的西方資本主義國家，或是「第二世界」的社會主義國家，都不應該是「第三世界」國家追求的典範。因此，這個報告希望工業先進的資本主義與社會主義國家能攜手合作，共同促進「南方」的發展，在這個歷史脈絡下，「南方」被預設是一個比「第三世界」更為政治中立的名詞。九〇年代，全球化成為流行名詞，「南方」一詞變成了「全球南方」（global south），更為直接地表明經濟發展與分配不平等作為全球化發展的普遍特徵。《布蘭特報告》希望能透過某種全球性的新凱因斯計畫，例如設置世界發展基金（World Development Fund）以提升開發中國家的基礎建設、農業生產與教育；加強已開發國家對開發中國家的技術援助以提升其製造能力；限制跨國企業對開發國家的活動、能源價格與全球軍售管制（Dirlik 2015）。

這種試圖以全球政府對全球市場建立管制的社會民主立場，卻遇上當時攀上頂峰的新古典主義，乏人問津而胎死腹中並非眾人意料中的結果。換言之，《布蘭特報告》之所以難以實現，不只是前述的南北國家分類疑點重重，更牽涉到「國家干預」與「市場自律」這兩者在「資本主義世界體系」發展過程中的平衡與衝突。

資本主義世界體系（capitalist world-system）

根據華勒斯坦（Wallerstein 1974）的理論，資本主義世界體系起源於一四五〇到一六二〇年這個「漫長的十六世紀」，為了因應西方封建制度的危機而衍生出的三個相互強化的歷史過程。首先是地理的擴張，也就是西方人所說的「地理新發現」。美洲的殖民使得貴金屬、糧食與工業原物料源源不斷地輸入歐洲。有些學者甚至認為，美洲的資源挹注使得西歐走向勞力簡約、技術密集的十九世紀工業革命，從此才劃開「西方」與「東方」的差距（Pomeranz 2004）。其次，美洲資源的輸入使得西歐國家可以發展商業、金融與製造業，強化日後西北歐的工業資本主義，而將農業生產推向中南美洲與中歐以東，形成新的國際分工，也由此產生核心、半邊陲與邊陲國家這一立基於跨國資本主義運作的當代民族國家體系。

資本主義所需要的投資、市場消費與積累，誕生於西歐對外一連串的殖民擴張與掠奪。它始於十五世紀中葉西班牙哈布斯堡帝國對中南美洲的殖民行動。[1]基本的殖民掠奪模式都是強迫殖民地人民生產殖民母國所需要的原物料，從而支持殖民母國集中資源在製造業的發展上。但西班牙帝國卻無法將得到的巨大財富與土地轉化成更有效的生產力，反而浪費在奢侈與無效的戰事上。工業資本主義這一歷史發展的過程，要等到英國從十八世紀的核心國家上升到十九世紀全球霸權（hegemony）才完成；也就是說，英國開啟的工業革命將資本主義世界體系擴張到地理意義上的全球範圍。從此之後，全球貿易不再只限於金銀與少量奢侈品（絲綢、毛皮、茶葉、香料等等），而是真正進入大量生產的日常商品貿易。

在歐洲殖民者到來之前，每個社會都有自己的物質生產系統，用以滿足日常生活所需，並與自身的文化系統及生態環境相配合。常見的模式是以親族聚集而成的村落或城鎮，由男性進行漁獵、畜牧與農業耕作，女性則負責採集、加工食品與操持其他家務勞動，除了個別家戶勞動外，經常還會牽涉到集體的分工勞動，例如水利系統的建設與維持。這些在個人土

1 根據歐斯特哈默（Jürgen Osterhammel）的定義，殖民主義（colonialism）指的是一種多數原住民與少數外來入侵者之間的關係（Osterhammel 2005: 16）。被殖民者的生活主要由殖民者根據他們自身的利益來決定，而且少數的殖民者通常深信他們具有某種文化優越性而應該對多數的被殖民者進行支配。

地與公有土地所進行的農牧業生產通常涉及專門的知識與技術，如此才能有效進行環境資源利用與管理。但即使是高度發展的農業帝國，[2] 在面對工業革命之後的歐洲殖民者入侵，也經常處於無力自保的處境。

一位法國歷史學家曾如此正當化歐洲帝國主義對外的殖民行動：

> 我們不應該忘記，相較於原住民，我們進步他們數百年。在這數百年緩慢而痛苦的過程中，長時間的研究、發明、沉思與智識上的進步，加上合適氣候之助，一個具有科學、實證與道德優越性的輝煌傳統逐漸成形，讓我們卓越地具備保護與領導這些落後種族的資格（轉引自 McMichael 2017: 29）。

不過，西歐國家的殖民行動現實上幾乎總是以武力威嚇始終，它們四處占領世界各地區「無主權」之領土，強制原住民進行奴隸式勞動，大規模生產單一現金作物（茶、糖、棉花等），以支持殖民地母國集中資源在製造業上的發展需求。正如同歐洲人自身的圈地運動顛覆了歐洲過往的勞動方式、政治秩序與封建文化，西歐國家的殖民行動也根本地顛覆了原住民傳統的勞動習慣、社會規範、文化秩序與生態環境。一九一〇年，一位從事英國領事事務的凱斯曼（Roger Casement）爵士受英國政府之邀，對秘魯亞馬遜公司（Peruvian Amazon Company）施加在當地原住民身上的殘暴行為進行調查。針對帝國主義是在「教化」非洲人民，凱斯曼如此報告：

> 這些人不只是被謀殺、鞭打，他們像野獸般被戴上鎖鏈、被到處獵殺，他們的住處被焚燒，妻子被強姦，他們小孩淪為奴隸與罪犯，被毫無廉恥地交易。以上的用字雖然強烈，但還不夠強烈。我相信這裡的實際情況是現在世界上最可恥、最無法無天、最不人道的。其腐敗與道德淪喪的程度遠遠超過剛果政權最橫行霸道的時候（Young 2001: 2）。

土地被掠奪、奴隸制勞動、疾病的輸入與單一現金作物的大規模栽種，徹底改變了殖民地的社會與生態環境。印度在一八九〇年代到一九四〇年代之間，棉花、黃麻、糖、花生與茶葉產量上升了百分之八十五，而在人口增加百分之四十的同時，當地的糧食作物產量卻下降了百分之七（McMichael 2017: 35-37）。農業出口經濟的結果是男性被驅趕到經濟作物出口部門，成為領取薪資的勞工。女性在傳統父權社會中的公有地使用權被土地私有化剝奪，處於一個更不利的性別不平等地位。同時，在英國對印度小麥消費比例上升的同時，印度則發生

2 最明顯的例子是十九世紀中葉的中國。

嚴重的飢荒。整個西歐國家工業化的資本積累過程，關鍵性地依賴世界其他地區作為殖民地所提供的原物料，也就是在世界規模上農工部門不平等的轉移。透過全球生產與貿易，西歐的工業資本主義固然加速了全球GDP的增長，但同時也直接惡化了全球的階級、種族與性別不平等。

民族自決的發展陷阱：「第三世界」與工業化發展策略

殖民剝削自然引發被殖民者的反抗運動，不過整個去殖民化運動一直要到第二次世界大戰之後，霸權由英國轉移到美國，歐洲帝國失去往日對世界的主宰地位，才產生了全球性的結構重組。戰後美國擁有全球貨幣黃金[3]存量的百分之七十（Walters 1992: 73），同時占有全球經濟輸出總值的二分之一（Rapley 1996: 35）。換言之，美國生產一半的工業製品，其他國家卻無力購買，因此全球經濟如果要再次啟動，非得依靠美國保持國際收支赤字，甚至是直接援助，以便輸出經濟運轉所需要的資本。

戰前工業化國家在兩次大戰中耗盡經濟資源，逐漸無力維持舊有的帝國主義體系；舊有帝國體系所形成的關稅與主權板塊也不利於美國希望主導的世界經濟秩序。因此美國對戰前帝國施以經濟援助，換取的是它們的殖民地在民族自決原則下進行獨立，以便美國針對新興國家進行全球政治經濟重組。戰前殖民地紛紛獨立，聯合國會員國也因此由戰前的五十一個遽增到戰後的一百五十六個。但這波民族自決浪潮與其說是人類全體追求自由解放的體現，倒不如說它體現了美國霸權下的西方中心世界秩序。

對這些新興獨立的民族國家，美國提供了一個「現代化理論」（modernization theory）來作為後進國家的發展策略。在這個理論中，所有國家都被假設會依循同一條路徑，由農業邁向工業，也就是由傳統向現代前進。在這個世界圖像中，工業化國家（尤其是美國）成為戰後新興國家模仿的典範。這個理論搭配的是一個強而有力的全球物質基礎，這個基礎在維持美國霸權下，也最大程度地維持個別國家的發展計畫。這就是戰後一直到一九七一年間具有穩定的美元-黃金比例的布列敦森林體系。正如魯基（John Ruggie）所言，這是一種鑲嵌式自由主義（embedded liberalism）的妥協結果：

> 不像三〇年代的經濟民族主義，它的性質是多邊主義的，也不像強調自由貿易和金本位制的自由主義，它的多邊主義是可以被各國國內的干預行動所修正的（Ruggie 1982: 393）。

3 指的是專門用於發行貨幣的黃金準備存量。

布列敦森林體系（Bretton Woods System）

布列敦森林體系的核心機制是一個美元等同黃金、以美元為基礎的國際金融與貿易發展系統，透過三個組織進行運作。首先，國際貨幣基金組織（IMF）用來監督各國經濟成效和針對國際收支困難的國家提供短期紓困貸款，那些有短期赤字的國家就不需要像戰前有同樣情形的國家一樣，實行競爭性的貶值或高關稅限制進口。其次，世界銀行（World Bank）主要為建水壩、高速公路或電廠等長期國家基礎建設提供大規模貸款。國家使用來自國際貨幣基金組織和世界銀行的貸款，而有更多的能力在世界經濟體制中透過協調過程來促進其國家發展。最後，關稅暨貿易總協定（GATTs）則用來調節維護國內經濟的貿易壁壘與促進全球商品流通之間的扞格，避免如戰前金本位對個別國家經濟的嚴厲規制。布列敦森林體系因此得以提供一種彈性，讓個別國家在兼顧其國家發展的情況下，也能利用全球分工提升世界經濟的全體效益。

在這個自由市場與國家管制相協調的系統下，整個世界經濟在一九四五到一九七一年經歷了人類歷史從未達到過的高速成長、充分就業與低度通膨，因此也被稱為經濟發展上的「流金歲月」（golden age）。在這段期間，新興民族國家也在政治獨立之後，加速國內的工業化進度，以謀求經濟上的自主獨立。西北歐國家、美國與日本這些戰前已工業化的國家被稱為

「第一世界」；而提倡用社會主義計畫經濟的方式進行工業化的國家，以當時的蘇聯為首，則被稱為「第二世界」；最後，不願受制在這兩個集團對峙的國家們，用各種自力更生方式尋求工業化之路的農業國家，以中國、印度為首，被稱為「第三世界」。已經工業化的國家，其人均GDP與資本積累速度都比較高，與之相應的平均餘命、受教育年數，或是能源使用、都市化等基本發展指標也都較高，因此也被稱為「已開發國家」，相對地，第三世界屬於後進追趕，正在工業化中的國家，則被稱為「開發中國家」。由於「第一世界」、「第二世界」與「第三世界」既反映著冷戰的邏輯，也帶有對「第三」世界的權力位階意涵，所以到了一九八〇年冷戰逐漸瓦解，經濟自由化上場之後，聯合國、OECD或布列敦森林體系等多邊組織都會使用「已開發」與「開發中」國家，以表現出一種較為政治中立的外交辭令。

整個第三世界在戰後因此進入一個追求高速工業化，以追上「已開發」國家的狀態，其主要辦法就是汲取農業部門的剩餘，轉移到都市工業部門，進行工業資本的累積。因此，大量資本與勞動力由鄉村農業地區往都市工業部門移動，不論是蘇聯、印度、中國、巴西、墨西哥、韓國或台灣，都可以看到這個結構性轉變。按照現代化理論的理論意涵是，只要模仿歐美資本主義國家，每個國家最終都可以達到如同美國一般經濟富裕與政治自由的美好境地。第二世界的社會主義集團雖然提供不同版本，但也同樣宣稱其發展計畫才是提供後進國家模仿，達到更快速工業化的有效模式。這就是所謂「匯合理論」(convergent theory)，也就是肯定所有國家的發展最後都會在最終的目的地匯合。

但是，不管是實施資本主義市場經濟，或是社會主義計畫經濟；也不管工業化策略是進口替代工業化（import substitution industrialization），或是出口導向工業化（export-oriented industrialization），一九七〇年代之後，已開發國家與開發中國家之間的發展差距並不是逐漸縮小、匯合在一起，而是逐漸加大差距的分歧趨勢（divergent tendency）。戰前的殖民地在戰後是工業化了，但除了如東亞四小龍等少數國家能夠真正進行後進追趕，其他國家還是一直處於發展階梯的後段，而其工業化的核心技術依然依賴戰前殖民母國的提供，生產上的最大利潤也因此繼續流向戰前殖民母國。唯一不同之處在於過去是殖民地負責農業生產，殖民母國則輸出高利潤的工業產品；現在則是獨立後的殖民地生產勞力密集工業產品，而先前的殖民母國則生產高利潤的資本密集或技術密集產品，利潤依然源源不斷流向已開發國家。戰前殖民地關係下的農工分工，轉變成戰後依據產品週期（product cycle）在已開發國家與開發中國家之間的製程分工，但資本積累與支配結構繼續維持不變。這種發展轉變在拉丁美洲國家表現得最為典型。

大多數拉丁美洲國家早在一八二〇年代之前就已經爭取到政治獨立。然而，獨立後的拉丁美洲國家卻仍然維持著殖民地時代的分工模式，持續集中於農業輸出，以配合歐洲工業金融集團的商業發展。然而，戰爭造成第一世界國家的需求下降，對拉丁美洲的農業輸出產生巨大的衝擊，而外匯的短缺則限制了進口產品的能力。

普雷比許（Raúl Prebisch）和辛格（Hans Singer）的研究不約而同得出相似的結論（Prebisch 1950; Singer 1950）。他們指出，由於傳統初級產品面對的是一個買家市場，而工業產品價格的上漲比農業產品來得快。因此，如果拉丁美洲需要增加從核心國家進口工業化的產品，就必須輸出更多農業產品，也就是貿易條件之惡化（declining terms of trade）。納克斯（Ragnar Nurkse）替這不平等的交易補充兩點（Nurkse 1961）。第一、初級產品的消費彈性曲線較工業產品的曲線為低，工業產品因而可以不斷推陳出新，提高新產品之利潤。第二、工業產品可以透過發明替代品來降低對於周遭初級輸出產品的需求，例如將樹膠（chicle）運用到口香糖。這些理論的共同結論都指向一點，即邊陲國家的經濟未來必須倚賴更多的工業出產，而不是初級產品輸出。由於這種發展方式是要去除邊陲國家工業化發展的結構障礙，所以也被稱為結構主義（structuralism）。

為了促進國家工業化，過去工業產品的進口通常透過關稅或非關稅壁壘來限制。政府也透過公司數量的限制來保證國營企業的利潤。為了降低進口成本，本國貨幣被刻意提高，原料或農業產品輸出所累積的國際外匯因而被不對等地配給到需要進口輸入的工業部門。此外，農產品還通過課稅徵收和國家壟斷價格的方式來維持低價，以幫助工業部門保持工資低廉，完成資本積累。整體而言就是擠壓農業部門的資本，將之轉移至工業部門的進口替代發展策略。

進口替代的工業化方式在戰後的後進國家中獲得不同程度的成功。巴西在一九五〇到一九七八年之間的工業國內生產總值實際上擴大十倍，在這二十八年中達到百分之八點五的GDP平均成長率。這個數目是六個鄰近南美安地斯山脈國家的五倍（Gwynne & Key 1999: 72）。在一九七〇年前，墨西哥每年GDP平均成長率達到百分之六點五。另一個顯著的情況是印度，在其第一個五年計畫（一九五一～一九五六）中，國家收入增長了百分之十八，在前三個五年計畫，鋼產量也增加六倍（Rapley 1996: 33）。從戰後到第一個五年計畫為止（一九五三～一九五七），中國的GDP也以每年百分之八點九的速度增長，其中農業產出每年增長百分之三點八，而工業產出則達到百分之十八點七（Lardy 1987: 155）。雖然後進國家在戰後以犧牲農業的方式取得某個程度的工業化成就，但基本問題並未因進口替代工業化模式而獲得解決。因為低附加價值的加工產品對較高技術產品的貿易條件也同樣會惡化。邊陲國家如果不能消除這種資本與技術的依賴關係，進口替代工業化就會繼續持續下去。很不幸地，當拉美國家進行第二次進口替代工業化時，就遇到全球經濟自由化帶來的衝擊而陷於債務危機。

在全球自由化下出現的「南方」概念

一九七一年，美元金本位的結束與之後的石油危機，使得在拉丁美洲進口替代工業化的資金來源產生了結構性的轉變，浮動匯率增加了舉債發展的進口替代工業化的風險性。石油危機一方面使得歐洲貨幣市場中不受美國政府管轄的美元遽增，成為國際廉價信用貸款的來源；另一方面，油價的衝擊造成邊陲國家對核心國家的初級產品輸出縮減，導致它們的收入銳減，增加了進口替代工業化策略的不穩定。對應之道乃是為求提高產品附加價值而必須進行的第二次進口替代工業化。由於當時國際貨幣市場充滿著由跨國商業銀行掌控的低廉美元貸款，二次進口替代發展策略的資金因此不虞匱乏。

從發展策略自主性而言，邊陲國家更容易選擇從大型的國際商業銀行借款來投資他們的國家工程。因為相對於代表核心國家的多邊組織（如國際貨幣基金組織和世界銀行）來說，它的償還條件比較容易協商，貸款相關約束也較少。因此，隨著一九七一年布列敦森林體系的傾頹，拉美邊陲國家就轉向滿手油元的跨國商業銀行，取得進行二次進口替代工業化所需的資金。邊陲國家的債務結構於是被重新分配。在一九七〇年代早期，多邊組織的債款占總債務的百分之三十三，而跨國商業銀行只占百分之十三，到一九七〇年代末期，跨國商業銀行的占比已經上升到百分之六十，一九八四年，美國排行前九大商業銀行已增發超過他們資產淨值一倍的股票來增資，用於借給墨西哥、巴西、阿根廷和委內瑞拉（McMichael 2017: 118-121）。

依賴外來商業資本雖然比較容易，但風險性也相對較高。美國債務在一九八〇年代的急遽增加，為了對付通貨膨脹並吸收外資以降低嚴重的國際收支赤字，美國在一九八〇年代中期透過二次世界大戰以來最高的利率提高，來執行緊縮的貨幣政策（Arrighi 1994: Figure 20）。這政策對那些負債累累的國家產生災難性的影響，一方面，美國汲取了原先被邊陲國家用來繼續發展的資金；另一方面，美國豎立的高利率水準導致償債成本超過第三世界債務國家的償還能力。

當拉丁美洲國家的外債如此巨大，以至於某些國家無法償還利息，轉而產生跨國銀行的周轉不靈時，這些鉅額的債務流動就需要倚賴國際政治安排。最後，這些債務被重新轉移至到ＩＭＦ和世界銀行等機構。所以，到了一九八八年，這些開發中國家的債務組成又再一次被根本性地翻轉，只有百分之六來自跨國私人銀行，與百分之八十八的多邊組織貸款形成鮮明對比（McMichael 2017: 165）。

於是，戰後援助國家發展的ＩＭＦ和世界銀行，在歷經一九七〇年代的頹勢之後，於一九八〇年代重整旗鼓，以國際金融秩序管理者的身分重新出場。透過多邊組織借貸，布列敦森林體系機構對拉丁美洲國家執行結構調整計畫（Structural Adjustment Projects, SAPs），強調出口帶動經濟增長（貿易自由化和匯率改革）、改進國內資本構成（稅款和金融改革），以及減少政府干預（表1）。

結構調整計畫體現了新古典主義的觀點思想。在資本主義世界經濟中，債務問題並未被視為世界資本主義結構性剝削與支配的問題，而僅僅被看作是流動性的短缺。因此，擴大參與世界市場與建立貿易順差被視為解決之道。「多餘的」花費如社會福利、住房供給、教育和健康保險則被認為應該大幅度削減，因為這些政府花費排擠了私人投資且帶來通貨膨脹。國有企業需要私有化，因為它們是由無效率且腐化的權貴所控制。貨幣貶值以刺激出口，同時透過引進外國資本財貨和技術來提升國際競爭力。貿易管制、金融和勞動市場將被鬆綁，以便在世界經濟體系中尋求相對優勢的國家位置。透過這種模式，整個一九八〇年代，拉丁美洲約百分之四十到百分之五十的出口被用來償還它們的債款（Walters 1992: 96）。結構調整計畫以全球市場參與替換國家發展優先的理念，強調國家發展的進口替代工業化策略被拆解；反之，

表1 —— IMF與世界銀行援助計畫中有條件式貸款所占的百分比

條件	IMF, 1983-85	World Bank, 1982-89
金融改革	44	51
國營企業改革和私營化	59	65
貿易自由化	35	79
匯率行動	79	45
稅制改革	59	67

（資料來源：Gywnne & Kay 1999: 78）

東亞國家的高速成長則被解釋為是因為採取出口導向策略，向全球市場開放才能有的發展奇蹟。4

本文一開始所談到的《布蘭特報告》正是在這個時代轉換的背景中，在世銀總裁支持下而提出。所以我們現在可以理解，儘管這個報告希望能經由全球制度性的安排來處理全球發展不均與貧富差距的問題，但鑲嵌式自由主義的時代早已不再。雖然在這個報告中，「開發中」的「第三世界」國家被改稱為「南方」國家而顯得更中性與平等，但由於南方國家被支配的長遠歷史結構因素被略而不談，它們的「落後」依然被解釋為源自內部的因素，包括經濟不夠「自由化」、社會不夠「現代化」、政治不夠「民主化」。換句話說，南方國家之所以為南方就是因為它們不夠北方，甚至可以直接以北緯三十度線以北的地理位置作為定義南北的經驗基礎。

「全球南方」的階級、族群、生態與性別意涵

一九八〇年代展開的全球化（globalization）指的是，生產要素與資訊在廣度、強度與深度都大幅躍進的跨國界流動，其目的在降低生產（供給）的管制與障礙，以更有效率的生產方式或更低的商品價格來促進經濟成長，也稱為供給面經濟學（supply-side economics）。隨著

全球化的開展，已開發國家透過全球商品鏈（global commodity chains）對後進開發中國家輸出生產外包（outsourcing），將開發中國家更緊密地整合進入全球工業化生產網絡之中。

以GDP成長率而言，全球化並沒有達到原先預期的目的。一九八〇年代以來，全球GDP成長率一直介於百分之一到一點五之間，比不上一九七〇年代石油危機時期的百分之二點四，更遑論布列敦森林體系時期的百分之四到百分之八。但更糟糕的是，全球化惡化了全球分配不均的情況。一九六〇年，全球最富有的百分之二十人口，他們的財富是最貧窮百分之二十人口的三十倍，但這個數字在一九九七年已經來到七十四倍（McMichael 2017: 147）。根據聯合國的統計，從一九九〇到二〇一〇年，開發中國家本身的分配不均也以每年百分之十一的速度在增加，而鄉村婦女死於難產的比例則是城市婦女的三倍。[5]

導致這個結果的原因正是生產要素在全球自由流動的結果。就已開發國家來說，生產

4 戰後東亞的出口擴張發展策略經常被拿來作為拉美進口替代策略的對照，在OECD、世界銀行、WTO與多數主流經濟學的論述中，東亞發展的成就乃是充分地參與國際市場分工的結果。但同時有許多學者都提出不同解釋，包括強調地緣政治效應的「邀請下的發展」、政府在發展支柱產業的關鍵領導作用，以及中小企業的彈性生產與技術學習網絡。每一種理論在解釋上的優點與侷限性很可能因為不同的歷史條件而有所變動。

5 資料來源：https://www.undp.org/content/undp/en/home/sustainable-development-goals/ goal-10-reduced-inequalities.html，取用日期：二〇一九年二月二十七日。

全球化所帶來的產能外包造成產業外移的去工業化（de-industrialization），導致失業率上升與貧富差距增大。但一九九〇年代開始的全球削減企業稅卻又產生稅基流失，限縮了國家縮減貧富差距與穩定經濟所需的財政能力。另一方面，接收了外來工業資本而成長的開發中國家也產生令人瞠目的貧富差距。二〇一〇年，印度已經有超過五十位億萬富翁（billionaire），而法國只有十位，英國有三十五位。在中國，藍寶堅尼（Lamborghini）跑車銷售量增加三倍，勞斯萊斯則增加百分之一百四十六，超過英國本土的銷售量。但即使是高速成長的開發中國家（如中國），其成長也只有集中在核心都市（北上廣深）或區域（長三角與珠三角），這就是哈維（David Harvey）所謂的「不均等的地理發展」（uneven geographical developments）（Harvey 2005）。在全球化衝擊下，貧富差距現象也一起跨越國界，不再是工業化的已開發國家與農業輸出的開發中國家，而是同時出現在核心、半邊陲與邊陲國家的地理疆界之中。它導致了全球治理的正當性危機（legitimacy crisis），部分新一代的馬克思主義學者認為，這正是第二次全球無產階級革命的開始（Robinson 1996）。

不過，也許在第二次全球無產階級革命爆發之前，人類社會就可能會毀於自己創造出來的生態災難之中。一〇〇〇到一五〇〇年之間，西歐的人均GDP成長率為百分之零點一二，而東歐與亞洲大概只有百分之零點零四。一五〇〇到一八二〇年工業革命前夕，西歐的成長率為百分之零點一四，幾乎沒什麼變化。一八二〇年第一次工業革命，成長率來到百分之一，一八七〇年第二次工業革命時則來到百分之一點三，一直到一九四五年第二次大戰結束，七十五年間人均GDP增長了將近一倍。只有在一九四五到一九七三年間，全世界成長率才上漲到百分之四到百分之八，之後的東亞四小龍還出現兩位數增長（Maddison 2003）。今天我們習慣追求的GDP成長速度在人類歷史上其實是為期甚短的例外狀況。這個高速增長的經濟以同樣的高速消耗了能源，產生了超過地球能夠分解再循環的廢棄物，我們在享受前無古人的經濟產出之際，卻也必須面對全球溫度上升、冰層融化、海平面上升、極端氣候、糧食短缺、武裝衝突等惡化的生存條件。[6] 布列敦森林體系也好，新自由全球化也罷，戰後全球經濟的快速成長與工業化其實是沒有生態基礎作為憑藉的，它所造成的生態危機其實就是一個巨大而清楚的市場失靈（market failure）。

全球化中另一個沒被計算進目前經濟成長模型的「外部成本」，是無償的女性家務勞動。資本積累依賴低價的勞動力，而被低估的勞動薪資則有賴於女性無償的家務勞動來維持源源不絕、健康的勞動力，支撐有現金報酬的工作。有些女性主義者便論證道：

新自由資本主義作為我們生活世界中最具支配性的經濟系統，基本上是非人性的。

6 我們也可以說，二〇一九年開始的新型冠狀病毒自武漢快速地往全世界擴散，也是全球化流動的負面案例。

> 它不受節制地競逐私有化、自由化與去管制化，將基本人權的實踐置於市場規則主宰之下。……新自由主義因此與父權制度相互餵養，彼此強化，以便將大多數女性置諸於文化上低等、社會上貶值、經濟上邊陲的境地，女性的存在與勞動被視而不見，她們的身體則被行銷與商業化。所有這些境遇像極了種族隔離（apartheid）（Moghadam 2005: 75-76）。

即使單純以經濟產值而言，性別平等其實也是一門藍海生意。按照聯合國可持續性發展的研究，如果能達到女性在教育與勞動市場的平等地位，那麼在二〇三〇年為止，全球GDP可以增加百分之三點六，也就是四點四兆美元的產值，並可因此降低百分之零點五的貧窮率。這種現象在中東、北非與南亞特別顯著，可以達到百分之四點一到百分之四點四的經濟成長率。[7]不過，性別平等有助於經濟成長，經濟成長卻不必然促進性別平等。與男性相較，女性的同工不同酬固然是全球普遍現象。但以二〇〇〇到二〇一七年的美國女性自身做比較，新自由化造成的階級差距依然日益擴大。工資位居前百分之五的女性所擁有的財富占所有女性就業人口的比例，從不到百分之五上升到百分之二十三點五。[8]

根據美國國家情報委員會（National Intelligence Council）對二〇三〇年全球趨勢的估計，在二〇一〇到二〇三〇年間，東協、中國與印度將占有全球百分之五十一的經濟增長。就市場價格來看，GDP規模將超過美國或歐盟，購買力平價指數將超過美國與歐盟的總和。這些地區將大量消除處於貧窮線下的人口，中產階級消費人口也將快速上升。換言之，「全球南方」可預見的未來在全球經濟將占有更高的比重。但要實現這樣的經濟成長，東協、中國與印度必須實現包容性成長（inclusive growth），薪資才能同步提升、縮減貧富差距、更多人力資本的投入，以及社會安全體系的建制。需求才能跟上供給，勞動分工也才能跟上產業升級的腳步。此外，如果發展模式不變，在巨大的GDP成長中將產生更巨大的能源消費與碳排放。東協、中國與印度目前占全球三分之一的碳排，即使依照目前承諾的改進速度，二〇三〇年依然會成長到接近百分之四十五，這將超過的氣候變遷臨界值。[9]

換言之。在未來經濟多極的世界中，南方國家的比重雖然持續增加，但不只是南北之間的矛盾繼續存在，南方國家彼此之間，以及個別南方國家之內的族群、階級與性別之間，也

7 國際勞工組織（ILO）的估算值更高，GDP成長可達到百分之三點九，約五點八兆美元。其中北非可以增長百分之九點五，阿拉伯國家百分之七點一，南亞百分之九點二。全球就業率增加百分之五點三，約一點八九億人。資料來源：UNDP, Gender equality as an accelerator for achieving the sustainable development goals, pp. 11-12，網址：https://www.undp.org/content/undp/en/home/librarypage/womens-empowerment/gender-equality-as-an-accelerator-for-achieving-the-sdgs.html，取用日期：二〇一九年一月二十八日。

8 同上註，頁十七。

9 https://www.dni.gov/index.php/who-we-are/organizations/mission-integration/nic/nic-related-menus/nic-related-content/global-trends-2030，第二章，取用日期：二〇一八年十一月三日。

同樣會有經濟剝削與權力支配的現象。這些複雜的切割線，都將持續地迫使人們反省「全球南方」的真實意涵為何。

參考書目

Arrighi, Giovanni. 1994. *The Long Twentieth Century: Money, Power and the Origins of Our Time*. New York: Verso.
Dirlik, Arif. 2015. Global South. https://web.archive.org/web/20181020160506/ http://kups.ub.uni-koeln.de/6399/1/voices012015_concepts_of_the_global_south.pdf. 取用日期：二〇一八年十月二十日。
Gwynne, Robert N. and Cristobal Kay. 1999. *Latin America Transformed: Globalization and Modernity*. London: Arnold.
Harvey, David. 2005. *A Brief History of Neo-liberalism*. NY: Oxford University Press.
Lardy, Nicholas R. 1987 Economic Recovery and the 1st Five-Year Plan. In Dennis Twitchett and John K. Fairbank (eds.) *The Cambridge History of China*. Volume. 14.
Maddison, Angus. 2003. *The World Economy: Historical Statistics*. Paris: OECD.

McMichael, Phillips. 2017. *Development and Social Change: A Global Perspective.* 6th eds. LA: Sage Publications.

Moghadam, Valentine M. 2005. *Globalizztion Women: Transnational Feminist Networks.* Baltimore: Johns Hopkins University Press.

Nurkse, Ragnar. 1961. "Balanced and Unbalanced Growth", in Gottfried Haberler and Robert M. Stern (eds) *Equilibrium and Growth in the World Economy.* Cambridge: Harvard University Press.

Osterhammel, Jürgen. 2005. *Colonialism: A Theoretical Overview.* Translated by Shelley Frisch. Princeton: Markus Weiner Publishers.

Prebisch, R. 1950. *The Economic Development of Latin America and Its Principal Problems.* New York: United Nations.

Pomeranz, Kenneth. 2000. *The Great Divergence: Europe, China and the Making of the Modern World Economy.* Princeton: Princeton University.（中譯本：彭慕蘭，邱澎生等譯。二〇〇四。《大分流：中國、歐洲與現代世界經濟的形成》。台北：巨流。）

Rapley, John. 1996. *Understanding Development: Theory and Practice in the Third World.* Boulder: Lynne Rienner Publishers.

Robinson, William I. 1996. *Promoting Polyarchy: Globalization, U.S. Intervention, and Hegemony*. Cambridge: Cambridge University Press

Ruggie, John Gerard. 1982. "International Regimes, Transactions, and the Change: Embedded Liberalism in the Postwar Economic Order". *International Organization* 36(2): 379-415.

Singer, H.W. 1950. "The Distribution of Gains Between Investing and Borrowing Countries", *American Economic Review 2.*

Wallerstein, Immanuel. 1974. *The Modern World-System: Capitalist Agriculture and the Origins of the European World-Economy in the Sixteenth Century.* New York: Academic Press.

Walters, Robert S. and David H. Blake. 1992. *The Politics of Global Economic Relations.* Englewood cliffs: Prentice Hall

Young, Robert J. C. 2001. *Postcolonialism: an historical introduction.* MA: Blackwell Publishers.（中譯本：國立編譯館主譯，周素鳳，陳巨擘等譯。二〇〇六。《後殖民主義—歷史的導引》。台北：巨流。）

印度與中國煤工的抗議或沉默：關於環境主義與內部殖民*

吳品賢｜國立屏東大學社會發展學系

* 本文部分改寫自 Wu, P. 2016. "Investigating Nature within Different Discursive and Ideological Contexts: Case Studies of Chinese and Indian Coal Capitals." *BJHS Themes* 1: 199-220.

環境行動倡議者對問題的解讀未必能確實反映受害者面臨的壓迫與艱難。誠如人類學家艾爾帕．沙在印度東部賈坎德邦觀察到的：「許多原住民族權利行動者來自於城市、屬於受過教育的中產階級。他們的意見和價值觀常常與他們較為貧困的對應夥伴非常不同，……那些他們聲稱代言的人，其生活與生計可能無意中被他們更進一步邊緣化。」

知識分子在運動中的角色為何？對仰賴自然資源謀生的人而言，環境價值究竟意味著什麼？

本文討論環境主義（environmentalism），以及對環境主義內部殖民予以反思的相關論述。這裡的環境主義不僅指以環境保護為導向的思想，並更廣義地含括在不同的社會情境中，透過各種行動重新界定環境價值的過程。對於內部殖民論述的探討亦不僅視其為一種話語，而是這種話語如何體現、影響意識。我結合田野資料，納入印度及中國煤礦村居民對自身處境的所言所想，對比人們在不同的社會脈絡下如何有差別地回應環境問題；並呈現出，由知識分子提出的論述與草根行動者的考量未必若合符節，但長期而言，社會環境場域中較具體有力的論述仍將對行動者的意識與行為決策產生影響。

環境主義的多義性

環境與自然資源不僅是自然產物，亦是文化產物，其價值與近用權乃至人們對環境權的認知，無不受到社會場域中政治經濟結構運作所影響。談及論述的形塑與倡議，不免聯想到知識分子在運動中的角色。以台灣的環境運動發展為例，一九七〇年代末、一九八〇年代初的台灣迎回了一批留學返台、具環保意識的學者，依其當時所側重的關注方向可大致分為「保育學者」與「反核學者」兩陣營：前者延續了中產階級的生態保育關懷在西方環境意識的興起與實踐上的軌跡，後者的出現則回應了當時全球接連發生的核安意外，以及台灣內部方興未艾對核能安全的檢討（何明修，二〇〇六）。誠然，在如同核能這種需要一定知識基礎的環境爭議上，學者較容易成為行動及倡議的先鋒。然而，何明修特別點出，部分保守的保育學者傾向「將生態問題抽象地視為文明與環境的衝突，他們的分析缺乏政治經濟學的視野，使得生產者／受害者、國家權力／地方自主性等諸多矛盾沒有呈現出來」（同上，頁四九），也因此其論述中常找不到具體的受害主體、看不到基層人民的處境。類似情形也存在於其他社會，環境行動中主要倡議者對問題的解讀未必確實反映受害者面臨的壓迫與艱難，誠如人類學家艾爾帕・沙（Alpa Shah）在印度東部賈坎德邦（Jharkhand）觀察到的：「許多原住民族權利行動者來自於城市、屬於受過教育的中產階級。他們的意見和價值觀常常與他們較為貧困的對應夥伴非常不同，……那些他們聲稱代言的人，其生活與生計可能無意中被他們更進一步邊緣化。」（Shah 2010: 184）

事實上，無論傾向保守或批判，知識分子的分析一經建構與傳播，將勢必影響環境場域中的論述框架，亦即劉華真（二〇一一）在其研究中進一步點明的，「知識分子的論述介入」對個別時空的環境行動會起定調的作用。劉華真檢視一九七〇年代至一九八〇年代前半的新聞報導與相關文獻，探討在這些「反對環境破壞」的行動中，農漁民對生計資源的競爭意識，是如何因觀察者與研究者的詮釋而變得模糊，使得行動被定調成強調普世人民對民主參與及基本健康權的訴求。

對仰賴自然資源謀生的基層人民而言，環境價值究竟意味著什麼？二十世紀晚期，環境研究學者開始檢討環境場域中不同階級與族群之間的差別經驗。部分討論始於美國內部，學者點出了單一社會中不同社群傾向投身不同型態的環境抗爭（Bullard 1993; Hurley 1995; Rosen 1994）。相較於中產階級關注生態保育，較弱勢的社群往往因為資源落差而不得不承受更多「發展」的環境成本，比如垃圾處理場和化工廠不成比例地與黑人社區而非白人社區比鄰而設。環境哲學家默茜（Carolyn Merchant）稱這種環境成本的不公平分配為「環境種族主義」（environmental racism）（Merchant 2003）。面對內部環境殖民的迫害，不難理解對弱勢族群而言，鄰近污染場址的身家威脅成為比自然生態保育更切身、更優先的環境危機。

同時期，在美國之外，國際間也興起了對跨區域環境殖民的反省。歷史學家古哈（Ramachandra Guha）和經濟學家馬丁尼茲-艾利爾（Joan Martínez-Alier）提出了「窮人的環境主義」（environmentalism of the poor），強調與環境相關的剝削不只如美國存在於不同種族之間，更存在於原住民和基層農民與國家機器掛勾的龐大全球資本主義市場之間（Guha & Martínez-Alier 1997）。換言之，全球資本主義化過程中被邊緣化的原住民和農民所爭取的，是他們原有的、近用環境資源的權利，其抗爭不只是生態保育理念之爭，更是求生存、保生計的鬥爭。這系列討論援引了許多南亞、拉丁美洲及非洲的案例，因而也被稱為「南方環境主義」——將環境問題與階級問題串連，以「南方環境主義」標誌這股由弱勢群體的反抗而興起的第三世界環境運動浪潮（Guha & Martínez-Alier 1997; 1999; Martínez-Alier 2002）。

一九八九年始於印度古吉拉特邦（Gujarat）的「反納瑪達水壩運動」（Save Narmada Movement）是這波浪潮的代表行動之一，持續數年的群眾運動終於在一九九五年成功讓世界銀行撤除投資。反納瑪達水壩的第一場活動聚集了約八千人在預訂的壩址抗議其開發，過程中許多非暴力抗議者遭到警察的毆打和逮捕。從那時起，成千上萬的行動者和村民加入了這場抗爭，它也因此被稱為「印度環境運動時代的到來」（Baviskar 1995: 206）。然而，中國似乎沒有搭上這波南方環境主義運動的浪潮。同一時期，中國更為人所知的是一九八九年的天安門事件與一九九四年開工的三峽大壩，兩者皆反映了官方的高壓治理，無論是對人民或是自然環境。

在一系列關於「窮人的環境主義」的討論中，中國的案例是缺席的。由此觀之，似乎不是每個社會的弱勢者都能發展出如古哈與馬丁尼茲-艾利爾所主張的，具有社會主義傾向、批判性的環境主義，以及由下而上的群眾運動（Guha & Martínez-Alier 1997）？相對於此，近十年開始有學者以「威權性的環境主義」（authoritarian environmentalism）概念解釋中國環境場域的情況，主張一個強勢的威權政府更具機會有效率地透過政策來改善環境品質（如Beeson 2010; Gilley 2012）。在許多文章裡，政府官方經常被塑造成中國的環境場域中的關鍵人物、或是在其國內實行環境主義的要角，舉凡討論污染防治的效率、公眾參與度的提升，或對氣候變遷議題的回應上，中國「官方」的角色經常受到突顯（如Gilley 2012; John et al. 2006; Johnson 2010）。

對比於南方環境主義論述中備受看重的「基層人民」力量，中國環境研究中不容忽視的是「官方」角色，而由此帶出的問題是：直接面臨環境污染的人民究竟如何看待環境問題以及政府的角色？縱使環境正義有其放諸四海皆準的核心關懷——關乎弱勢群體被剝奪享用環境資源的平等權利、遭受不公平的環境迫害——然而，對環境正義的理解或如何評估環境資源的配置卻非普世一致，我們仍需要透過特定的社會脈絡審視與環境正義相關的政治、論述與實踐。下文將以田野資料作為例證，討論環境論述的多樣性，並以此檢視兩個案例之間不同程度的（關於環境議題的）言論自由，包括製造論述的自由度和敘事方式的豐富度，並反思「環境主義」本身可能存在的矛盾與多義性。

> **南方環境主義**
>
> 一九九〇年代前後，環境主義的多元面貌始為學者所重視，當中部分討論著眼於美國境內的環境種族主義，部分則指出國際間不同區域的環境運動主導階級有所差異。相較於「北方」國家多有中產階級帶頭發難的生態保育運動，在拉美、印度等「南方」國家則更常見到以農民、勞工階級為運動主體的環境正義鬥爭，因而有了「南方環境主義」之論。此概念提醒我們檢視以環境為名之倡議如何在不同的政治經濟情境中，藉由不同的行動，影響並建構人們對「環境」的認知。

中國與印度的煤礦村

本文的兩個煤礦村分別位於中國貴州省與印度賈坎德邦，兩地皆為該國重要的煤礦產地。我在二〇一一至二〇一二年間於兩地進行田野調查，透過滾雪球與偶遇抽樣，兩地分別訪談了三十餘人，採訪對象包括煤礦村居民、草根行動者以及研究者，藉此窺知煤礦村居民日常生活面臨的困境與鬥爭。

煤礦在中國、印度皆屬國有資源。根據《中華人民共和國煤炭法》（一九九六），「煤炭資源屬於國家所有。地表或者地下的煤炭資源的國家所有權，不因其依附的土地的所有權或者使用權的不同而改變。」國家掌有煤，乃至土地的最終所有權。該法允許私人產煤，惟許可證的核可需要生產者符合各種現代化評估與作業流程，只有具備一定規模的企業可能符合要求。證照制度於一九九〇年代末開始嚴格實施，私人煤窯經營因而由原本的受到認可或默許，轉而被非法化。在中國貴州，國企混改[1]的盤江集團（前身為盤江礦務局）與旗下企業為當前煤礦開發的主要單位。印度的情形也類似，雖有市場機制，但依據印度《煤礦法》（一九九三）規定，只有兩種集團得以合法採煤：中央或國有企業，不然就是向國有企業分租礦權的私營企業。基本上，大型財團才能達到向國家承租礦權的資格（Lahiri-Dutt 2007）。這也反映了賈坎德的現實狀況，國營的巴拉特焦煤有限公司（BCCL）[2]和塔塔鋼鐵公司（TATA）[3]是礦產的主要持份者，也是當地環境與原住民社群的兩大威脅來源（Areeparampil 1996; Padel & Das 2010）。

以礦藏量和煤產量而言，貴州和賈坎德皆屬富含天然資源的礦業重鎮、為該國發展的命脈之一。賈坎德富含各種礦藏，是印度產煤第一大邦，全印度三成的煤礦來自該邦；貴州的煤礦產量雖非全中國第一，但也是南方省分中的第一名。即使如此，兩地在其國內都為相對貧窮所苦。貴州在二〇一三年為全中國人均所得最低的省分，並常年位居倒數三名之列；賈坎德邦則是三十二個邦及區域中的倒數第五名。換言之，兩地皆未能擺脫「資源詛咒」，縱有豐富的天然礦產，卻反而在發展表現上落後國內其他地區，長期承受區域發展及環境成本分配的不正義，在供給國家基礎資源的同時，面臨環境上與經濟上的雙重邊緣化。兩個案例場址方圓一百二十平方公里範圍內都坐落著不止一處的採礦廠、焦煤廠、洗煤廠和燒磚廠。在污染產業林立的這個區域，村民面對的環境問題是肉眼可見的走山、空氣污染和河川污染。雖然表面上兩地的惡劣環境極為相似，但如後文所揭示的，兩地居民對發展與環境污染的意識卻大不相同。

資源詛咒（resource curse）

自然資源作為生產活動的必要元素，應為經濟發展的重要物質基礎。然而，經驗顯示

1 中國國有企業混合所有制的改革。原本的國有企業加入非官方資本，轉型成為多方持股公司，但仍由國家主導控股。

2 「巴拉特焦煤有限公司」（Bharat Coking Coal Limited）縮寫為BCCL，也是當地人習慣稱呼這間公司的方式。該公司為印度國有企業「印度煤炭公司」（Coal India Limited）所有。

3 「塔塔鋼鐵公司」（TATA Steel Limited），簡稱TATA，是印度最大的私營鋼鐵商。

大多數自然資源豐富且資源依賴度較高的國家／地區，發展表現尚且不如資源短缺的國家／地區，在礦業資源豐富的地區尤其明顯。此悖論被稱為「資源詛咒」——豐富的自然資源成了社會發展的詛咒而非祝福。貴州與賈坎德的礦藏資源為人類所用，但卻未能成為帶動地方社會均衡發展的動力，即為最好的例子；於台灣則有亞泥在花蓮對太魯閣族人土地權與生存權的擠壓。只是，資源詛咒論有本質化一個地方的危險，或許更好的方式是將資源的使用歷史化，並放在經濟不平等的框架下來看待，檢視當中不同的利害關係人可能有哪些考量、獲利與風險承擔。

「發展」的多重南方意涵

談到在地的發展與環境，我與貴州村民之間的對話常是類似以下內容：

江姊：我們這環境差得很。農村嘛，還有什麼好的！……沒有發展就是不好！沒有發展什麼都不用說。

我：那你覺得怎樣叫作有發展？

江姊：就是企業啊，企業多、人人有事業就叫發展。

除此之外，不少受訪者表示「我們小老百姓不懂這些」，認為像這些涉及公眾的問題應該由村代表來回答，村代表是專門負責「農村發展工作」的。至於如何「發展」，端看「領導人會不會想、想走什麼路線」，且地方發展路線是以中央政策為指導原則，因為地方發展乃是地方領導做業績、求升遷的資本。

至於污染，承受眼前的環境本就是一種應付的代價，「靠山吃山靠水吃水。你這邊有煤，自然就是這樣。……那老百姓嘛，只要你不是天天出門、一開門就是蒙著一層黑，誰管得了那麼多啊？做什麼事情都是有得必有失嘛。不要以為走在路上，天上就會掉黃金下來！」人們說這話的感覺就好比與污染共存是他們所付出的辛勞，一分耕耘才有一分收穫，至於污染問題，就交給國家去管吧。有些受訪者會希望我能替他們向「上面」呈報一下污染影響了莊稼，而地方上的居民與工廠之間若出現矛盾，也往往尋求村幹部居間協商。弔詭的是，人們一方面指望官方解決問題，一方面也未必相信官方會落實污染整治。在受訪者眼中，煤礦企業每年給地方環保局繳個幾百萬是「花錢消災」，「那就是上繳，那錢哪會給地方啊……他哪裡管你（河川污染）這種事情。」在這樣的語境中，「環境」會被江姊解讀為「經濟環境」其實並不奇怪，其思維邏輯與俗諺「靠山吃山」一脈相承：環境即生活的資源、生計的來源，是人們藉以進行經濟行為的基本元素。正因如此，論及污染，當地人更多會聯想到對莊稼的影響，無論是產量上的影響或是自種自食時清洗食材灰塵的困難，皆與日常生計息息相關。

類似的思維在賈坎德的田野經驗中也得見。談及以煤礦為主的地方發展，人們總是先提到經濟謀生上的困難、生理上的限制與工殤，接著談到教育及就業機會的不足，「在沒有更好的選擇的情況下，這不失為一賺錢之道」、「有足夠的教育我們就不需要做這樣的工作」。至於污染與治理這些結構性的議題，則不是勞工階層的關注焦點。對地方居民而言，「煤礦」首先是一個經濟行為，是較弱勢的、低種姓的，或原住民勞工生活在龐大的煤礦產業邊緣，賺取微薄收入的方式。

儘管如此，從賈坎德的田野中得到的回應，仍然呈現了較不一樣的聲音，與較多元的發展觀。例如，當我問及地方的發展情形，在賈坎德，村民向我展示了公私立學校與供給學童的午餐方案、介紹了偏遠村落的醫療巡診體制、帶我拜訪他們日常使用的牛奶源頭飼養者，當然，人們也帶我參觀了他們工作的挖礦場及運煤作業。整體而言，受訪者向我展示出的「發展」圖像與印度學者達斯（Samarendra Das）在鄰邦奧里薩（Orissa）的訪談所得相似。他的一個受訪者是這麼說的：「給我們醫藥、學校和老師。確保我們的土地和森林。森林是我們要的，而企業是我們不需要的。擺脫那些大企業！我們並不反對發展，事實上人們全都想要發展，但我們需要的是穩定可靠的發展。」（Das & Das 2005）對在地人而言，前述種種面向都和穩定可靠的發展及環境品質有關。

當貴州的受訪者傾向將政府視為一高高在「上」的角色，賈坎德的受訪者在談話中透露的是對政府責任的檢視以及對資源分配的疑問，「政府應該讓我們有更多教育資源」、「為什麼我們這邊發這麼多電，但我們老是缺電？[4] 德里也會這樣嗎？」身處煤礦村、面對相似的惡劣環境，兩個案例中的基層人民都反映出對經濟資源匱乏的焦慮，煤礦作為應該是唾手可得的天然資源，很自然成為人們尋求收入的管道。然而結構上，煤礦發展的主導權與主要獲利卻掌握在政府與財團手中。對這些百姓而言，環境權的實現就是讓他們能夠在環境資源的開發過程中分到一口飯，有更多的企業也好、有更健全的教育和社會福利也好，不外乎是希望能夠參與「發展」，讓生活得到改善。然而，多數人民尋求經濟參與未果。面對國家內部區域發展的落差，基於歷史及政治社會的差異，印度的行動者利用了對內部殖民的批判性論述，但在中國的主流環境史觀與在地論述中卻相對闕如。

環境成本分配不正義

環境成本分配不正義考量社會的強勢與弱勢群體之間、核心與邊陲之間，在分享資源

4 當地供電網設置不足且供電量不穩，每日除依照排程有特定時段停電，排程之外的停電也常發生。

及分擔環境成本上的不平等。為此，基層人民對於近用自然資源、尋求經濟參與的要求，應納入環境使用的考量。因此，除了關注「產品往外送、污染留在地」的分配不正義，還需要透過審視與環境相關的政治、論述與實踐，以監督社會環境場域中，決策與檢討相關分配的「權力」是否不成比例地集中於政治或經濟上的強勢階級，亦或分權於民。

反殖民經驗與論述對現今民眾的影響

在田野中聽到人們描述某場運動或抗爭行動時，我通常會問其原由，而在印度，不止一位受訪者表示「當人們遭受壓迫與不公，起而反抗是必然的」。是嗎？果真如此，為什麼長期研究中國市民社會的何佩生（Peter Ho）會以「沒有衝突的環保」（greening without conflict）一說描述中國的環境場域（Ho 2001）？是否在中國社會，人們不將環境成本的擺布解讀為壓迫與不公？我認為兩個社群之間的一個差異在於，人民有沒有資本與權力表達對「發展」的觀感、有沒有質疑環境（不）正義的批判性思維。

地理學家傑維特（Sarah Jewitt）基於其對賈坎德的研究指出，「發展」作為一種現代的意識型態，往往以「國家利益」為名推行，罔顧直接依靠林地生活的地方社群對科學林業多有質疑（Jewitt 2004）。儘管在地原住民族為了生存通常具有豐富的環境知識以及維持土地生態「永續發展」的高度動機（Chakravarty-Kaul 1996; Damodaran 1998），然而當權者所宣揚的「發展」論述卻經常將其形塑為（內部的）他者、（國家）發展的釘子戶。致力於現代化發展的主政者和內部他者之間的緊張關係由此可見一斑。

在印度的歷史上，多數因自然資源而起的衝突都發生在原住民族的生活領域。對此，發展研究學者帕拉朱利（Pramod Parajuli）引用「環境殖民主義」的概念來分析當代印度境內的生態以及民族與區域運動，包括著名的契普克（Chipko）抱樹運動、反納瑪達水壩運動，以及在賈坎德一帶已持續了數世紀的原住民族抗爭（Parajuli 1996）。這些運動主要訴求區域自治、地方資源自治以及發展正義。然而，即使運動主軸更傾向於訴求社區導向的發展和經濟參與，但這些區域性的社群運動也連帶地啟發了印度境內其他面對主政者力推的「發展」建設而起的環境抗爭。簡言之，在印度，族群運動與環境運動共享了反殖民的批判性思維，當中討論的殖民既指涉了階層化的統治結構，也指涉了經濟和環境資源的分配不正義。這樣的論述不只為中產階級知識分子所用，也反映在基層民眾的日常言論中。

在田野工作期間，賈坎德有許多規模不一的抗爭行動，抗議的主題包括反河川污染、森林／土地徵收、原住民社群的強制遷移等。不難發現許多行動所援引的論述都強調了環境、土地權，以及原住民權益之間的連結性。原住民被認為是印度次大陸上原始成員的後裔，其社會規範乃依生態系統的運行法則發展而成（Padel & Das 2010; Weiner 1978），如我的受訪者所言，「討論環境問題不可能不考慮到原住民族。」將原住民與環境放在一起談，以帶出對既存權力結構的批判，類似的表達在多位受訪者之間都觀察得到。

例如，談到賈坎德的煤礦交易重鎮丹巴德（Dhanbad），一名NGO工作者在受訪時表示此處早已被過度開發，而其「發展」所產生的利益並未下滲至當地社群，相反地，「丹巴德早已被（從人民手中）奪走……當地的礦業從英治時期就存在了，TATA（鋼鐵公司）也是。印度獨立之後，TATA等礦業巨頭被授予了權力……人民（的權益）則被以『國家發展』之名而犧牲。」這樣的說法將兩股勢力置於對立，一方主張捍衛在地社群及原住民權益、環境公共資源為人民所有，另一方則代表了資本主義與發展主義。類似的言論更具體出現在另一位賈坎德的公民倡議者口中：「在賈坎德的土地權爭議百分之百跟部落成員有關。這是殖民問題，這是掌權者、來自於多數／主流群體的、握有政治與經濟優勢及國家權力者……使用他們的權力以打壓其他群體、打壓那些被剝奪了權力的人。」即使不是檯面上的行動者、倡議者，當地基層民眾在言談間也透露了類似的觀念，對殖民主義以及資源的壟斷性分配作出質疑。「為什麼我們這邊發這麼多電，但我們老是缺電？德里也會這樣嗎？」、「煤礦是公眾所有的、你看BCCL就是國有的啊，當人民需要錢，我們私挖煤、私運煤也只是合理使用公共資源謀生而已」、「政府應該讓我們有更多教育資源。若人們能受更好的教育、有更好的出路，那麼誰還想做這工作」。

然而，類似的話語卻鮮少出現在中國受訪者口中。事實上，在中國歷史上，如貴州等邊陲地區本就多有內部殖民問題。歷史學家懋艾文（Mark Elvin）就點明「貴州即中國殖民主義的體現」，而當地的殖民情境也同樣與優勢及弱勢群體間對天然資源的爭奪脫不了關係，最早甚至可追溯至十七世紀的苗漢衝突（Elvin 2006: 216-272）。儘管如此，中國的主流環境史書寫卻不像印度的相關文獻處處可見對內部殖民的反思。部分原因或許是中國並未如印度一般經歷全面性的西方帝國殖民；然而，部分也應歸因於現代中國強力推行的文化同化政策與反分裂主義（Price 1979；朴炳光，二〇一三）。歷史學家侯文蕙即直陳：在中國，只有絕少數人熟悉「環境史」一詞（Hou 1990），很少中國歷史學者意識到學習歷史必得學習人與自然、社會與環境的關係；反之，主流史觀大多呈現的是一種源於當代、溯及既往的「人定勝天」觀念（Shapiro 2001）。

在學術場域如此，在市民社會則更甚。如何佩生所言，一九五〇至一九七〇年代的中國可謂見證了「公民社會的缺席」（Ho 2007）。稍後的一九七〇年代末至一九九〇年代末雖有些許社會運動興起，但行動者一旦涉及集體動員，則幾乎無一例外地遭受打壓或被迫流亡。循此脈絡，大一統論述與現代化國家發展論述相互增強，對環境與環境發展的詮釋權為主政者所壟斷。以一九九四年動工興建的三峽大壩為例，規畫期間多有學者對其提出技術層面、財務層面，以及社會與環境衝擊的相關質疑，然而他們的意見不是被否決、忽視，就是被噤聲（McDonald 2007; Shapiro 2001）。中國政策研究者易明（Elizabeth C. Economy）指出，在這樣的情境下，中國的知識分子被剝奪了批判現代化科學環境治理模式的自由，執政者也因此失去了採納諫言、考慮替代性方案的機會（Economy 2011）。

我在貴州的田野訪談反映出曾經歷威權鎮壓而沉寂的公民社會，其後續影響力仍在民間持續發酵。在現代中國的發展歷程中，人民與地方資源曾被大規模動員挹注「國家建設」，期間私人小規模煤礦經歷了兩次的輝煌時期，其一在一九八五年、其二在一九九二至一九九五年之間。兩次輝煌期皆反映了人民對於國家領導人號召的回應（Shen & Andrews-Speed 2001）。於是，一九八五年至一九九五年之間的十年標誌了煤村的榮景，對我的受訪者而言，這是一段小規模煤礦生意四起的時期，村民可以輕易賺到錢。「可以說家家戶戶都是靠煤掙錢。那時候你家裡就算什麼都沒有……你每天這樣出去一轉，一定都掙得出錢來。」就算自家地裡挖不出煤，也能靠著替親戚、鄰居幫工來賺錢。每當村民提起那段時光，總能在他們話中聽出夾雜著驕傲的暗澹。

這暗澹主要緣於一九九〇年代末政策上的轉向。當局取消了原先默許給私人煤窯的經營許可，自此凡是沒有執照的私人企業不得挖煤、煉煤。研究者指出，這個緊縮政策的時間點正好在中國煤產量達到市場需求的當口，中國政府引入執照系統以減緩「動員」並控制產量，優先保障國有企業的利潤（Shen & Andrews-Speed 2001）。經歷過這一段私人煤窯風光期的受訪者都表示這個政策來得突然，有受訪者回憶道「突然就有人來查、來封礦」，有些則表示「只聽說要有執照才能挖煤，還沒搞清楚狀況，就不給申請（執照）了」。短短幾年間，許多原本靠自己土地上的煤礦賺錢營生的家庭失去了主要經濟來源的合法性。與印度案例中常聽聞的要求地方資源自決的批判調性極為不同，在貴州的受訪者採取的態度多半是「國家一個政策你就什麼也推翻不了。……人家會來查耶，用炸藥把你炸了、窯子封了，你再打開人家要抓你！」村民覺得小老百姓跟政府之間不存在協商空間，對此他們總是把那句順口溜掛在嘴邊：「人不與天鬥，民不與官鬥，民企不與國企鬥。」這話中的「天」和「人定勝天」中的「天」不可同一而論。由此可見，基層百姓口中的「天」是與人民有所區別的「官」，對人民而言，執政者是如天一般的存在。而在官方宣揚的「人定勝天」意識型態中，能夠戰勝環境的「人」指涉的其實不是常民，而是掌權的開發決策者。

誠然，在中國，政府以外的社會行動者在環境議題上的倡議空間似有逐漸擴展。過去十年間，為數不少的環境相關公民行動浮出檯面。例如政治經濟學者莫薩（Andrew Mertha）以在二十世紀爭議了十多年的反怒江大壩運動為例，討論記者、學者和NGO工作者如何影響了當代中國水壩興建計畫的推展（Mertha 2008）。以及二〇〇七年在廈門、二〇一一年在大連、二〇一三年在昆明、二〇一五年在上海發生的一系列反ＰＸ化學工廠[6]興建的抗爭；「癌症村」議題亦引起不少學者及媒體從業者的關注（Liu 2010; Lora-Wainwright 2013）。二〇一五年柴靜製作的紀錄片《穹頂之下》為中國（乃至於國際）的PM2.5與空污問題再創討論高峰；該片在中國網路上短短一週累積了上億點閱率。中國公民媒體和行動者似乎有了一些空間去製造有別於官方與主流學者專家的論述。然而同樣不能忽視的是，《穹頂之下》及相關的討論在一週內就被官方從網路上「下架」了。

* * *

本文透過兩個案例檢視特定的政治經濟情境如何影響社會環境場域中的論述與行動。當公共領域活動受限而媒體與出版明顯受制於政府，由國家威權所倡導的意識型態必然會反映在各種媒介，並且被強化，相對導致人民少有管道觸及另類論述。在此需要強調的是，我並非主張賈坎德的所有行動者都具備了批判性思維且隨時準備好質疑政府政策或強權，也不認為中國案例中的老百姓都因資訊控管政策而處於無知。在一定程度上，兩個案例的對比呈現了印度社會成員擁有比較豐富的論述資源與倡議自由，體現在從中產階級知識分子到基層民眾之間共享的，言談中對階層化政經結構的檢討、對能源與教育等公共資源分配不均的不滿，以及對採礦權與地方自治權的訴求等，這些對話反映的反殖民意識支持了歷史上的契普克抱樹運動、反納瑪達水壩運動，並累積成為現今社會行動者援引以對社會／環境的不正義情境發出批判的工具。對中國百姓而言，地方自決或自治的概念並不那麼隨手可得，在論述場域中官方的「領導」角色鮮明而發展主義意識型態相對強勢，基層人民無論面對官方、或是面對由統治者制訂的發展路線與伴隨「發展」而來的污染或剝削，多存著「不與之鬥」的心態，面對大環境自認為改變不了什麼的「小老百姓」，無論對生活現況滿意與否，他們對抗爭或者沒有設想，或者欠缺支持抗爭的另類論述資本以致難以設想他途。

藉由兩個案例各自分析、互相對比，我們發現印度的社會撐開了比較大的空間，使人民得以援引並（再）詮釋歷史上的抗爭事件作為今日行動的背書；相對地，中國的人民解放鬥爭似乎並未真正落實於個人的權利意識的提升。所謂「鬥爭」被引導到強化國家認同工程、促進國家建設的論述框架當中，也因此，在鄉村百姓之間缺少了「以社群為導向」的發展觀，連帶關乎個人權益的聲音也在發展與環境的相關討論中淡出了。這與前文所談到一九八〇、一九九〇年代備受打壓的知識分子與公民社會情境相互呼應，同樣呈現了政治領導者對論述與論述權力的壟斷。從現今的情境看來，透過媒體監控、調控學術討論，以及限

5 PX是中國社會與媒體對二甲苯（paraxylene）的簡稱。

制NGO行動者和公眾集會（Economy 2011; Geall 2013; Sleeboom-Faulkner 2007; Spires 2011），中國領導者對於論述建構的威權管控在中國社會仍是一個問題。

至於環境資源的開發與運用，在「南方」情境中，印度與中國煤礦村的案例呈現出弱勢群體的環境權之體現不（只）在於捍衛自然或拒絕污染，更在於近用自然資源的權利，某種程度上可將之解讀為地方社群尋求在地經濟自主權；然而，兩地人們對人民與自然的關係，以及對主政者在其中的相對角色，卻有不同的看法。縱然內部殖民與結構性不公在賈坎德與貴州皆有跡可尋，不同於印度（及拉美等地）的後殖民社會情境，中國社會內部的反殖民批判論述相對薄弱，也因此未能被援引以支持鄉村地區的環境／社群抗爭或倡議。該差異體現於兩地居民在談話中回應環境與發展問題的方式不同，並且也透露在行動上，兩個社會的弱勢社群在欠缺社會與經濟資本時，更多地援引反殖民論述詰問分配不正義，或傾向隨著以中央／國家建設為導向的發展主義而過活。

現今，多數人都會同意環境問題具有跨疆界性。然而，從印度與中國的田野可發現，環境的概念化在不同社會、不同群體之間仍具有差異，環境主義的多義性反映在人民對於內部殖民現象是否產生受剝削意識，或者有無多樣的選擇以回應問題。這也再次突顯了納入在地社群觀點在處理環境與發展問題上的重要與複雜性，在礦村這類遭受「資源詛咒」的地方尤是如此。

參考書目

朴炳光。二〇一三。〈中國少數民族政策：擺盪於同化和融合之間〉。《全球政治評論》四一：二五～四四。

何明修。二〇〇六。《綠色民主：台灣環境運動的研究》。台北：群學。

劉華真。二〇一一。〈消失的農漁民：重探台灣早期環境抗爭〉。《台灣社會學》二一：一～四九。

Areeparampil, M. 1996. "Displacement Due to Mining in Jharkhand." *Economic and Political Weekly*, pp. 1524-1528.

Baviskar, A. 1995. *In the Belly of the River: Tribal Conflicts over Development in the Narmada Valley*. New Delhi: Oxford University Press, Incorporated.

Beeson, M. 2010. "The Coming of Environmental Authoritarianism." *Environmental Politics* 19: 276-294.

Bullard, R. D. (ed.) 1993. *Confronting Environmental Racism: Voices from the Grassroots*. Cambridge, MA: South End Press.

Chakravarty-Kaul, M. 1996. *Common Lands and Customary Law: Institutional Change in North India Over the Past Two Centuries*. New Delhi: Oxford University Press.

Damodaran, V. 1998. "Famine in a Forest Tract: Ecological Change and the Causes of the 1897 Famine in Chota Nagpur, Northern India." In Grove, R. H., Damodaran, V. and Sangwan, S. (eds.) *Nature and the Orient*. New Delhi: Oxford University Press.

Das, A. and Das, S. 2005. *Earth Worm, Company Man* (*Wira Pdika: Matiro Poko, Company Loko*). Directed by Das, A. and Das, S. (Documentary, 124 min, Kui).

Economy, E. C. 2011. *The River Runs Black: The Environmental Challenge to China's Future, Second Edition*. Ithacha, NY: Cornell University Press.

Elvin, M. 2006. *The Retreat of the Elephants: An Environmental History of China*. New Haven, CT and London: Yale University Press.

Geall, S. 2013. "China's Environmental Journalists: A Rainbow Confusion." In Geall, S. (ed.) *China and the Environment: The Green Revolution*. London and New York: Zed Books.

Gilley, B. 2012. "Authoritarian environmentalism and China's response to climate change." *Environmental Politics* 21: 287-

307.

Guha, R. and Martínez-Alier, J. 1997. *Varieties of Environmentalism: Essays North and South*. London: Earthscan Publications Ltd.

——. 1999. "Political Ecology, the Environmentalism of the Poor, and the Global Movement for Environmental Justice." *Kurswechsel* 3: 27-40.

Ho, P. 2001. "Greening Without Conflict? Environmentalism, NGOs and Civil Society in China." *Development and Change* 32: 893-921.

——. 2007. "Embedded Activism and Political Change in a Semiauthoritarian Context." *China Information* 21: 187-209.

Hou, W. 1990. "The Environmental Crisis in China and the Case for Environmental History Studies." *Environmental History Review* 14: 151-158.

Hurley, A. 1995. *Environmental Inequalities: Class, Race, and Industrial Pollution in Gary, Indiana, 1945-1980*, Chapel Hill: University of North Carolina Press.

Jewitt, S. 2004. "Europe's 'Others'? Forestry Policy and Practices in Colonial and Post-Colonial India." In Corbridge, S., Jewitt, S. and Kumar, S. (eds.) *Jharkhand: Environment, Development, Ethnicity*. New Delhi: Oxford University Press.

John, D., Wu, C., Horta, K., Bell, R. G., Kathuria, V. and Schuren, A. 2006. "Top-down, Grassroots, and Civic Environmentalism: Three Ways to Protect Ecosystems." *Frontiers in Ecology and the Environment* 4: 45-51.

Johnson, T. 2010. "Environmentalism and NIMBYism in China: Promoting a Rules-Based Approach to Public Participation." *Environmental Politics* 19: 430-448.

Lahiri-Dutt, K. 2007. "Illegal Coal Mining in Eastern India: Rethinking Legitimacy and Limits of Justice." *Economic and Political Weekly* 42: 57-66.

Liu, L. 2010. "Made in China: Cancer Villages." *Environment: Science and Policy for Sustainable Development* 52: 8-21.

Lora-Wainwright, A. 2013. *Fighting for Breath: Living Morally and Dying of Cancer in a Chinese Village*. Honolulu, HI: University of Hawaii Press.

Martínez-Alier, J. 2002. *The Environmentalism of the Poor: A Study of Ecological Conflicts and Valuation*. Cheltenham: Edward Elgar.

McDonald, K. N. 2007. *Damming China's Grand Canyon: Pluralization without Democratization in the Nu River Valley*. Doctor of Philosophy, University of California, Berkeley.

Merchant, C. 2003. "Shades of Darkness: Race and Environmental History." *Environmental History*, pp. 380-394.

Mertha, A. C. 2008 *China's Water Warriors: Citizen Action and Policy Change*. Ithacha, NY: Cornell University Press.

Padel, F. and Das, S. 2010 *Out of This Earth: East India Adivasis and the Aluminium Cartel*. New Delhi: Orient BlackSwan.

Parajuli, P. 1996. "Ecological Ethnicity in the Making: Developmentalist Hegemonies and Emergent Identities in India." *Identities Global Studies in Culture and Power* 3: 14-59.

Price, R. F. 1979. *Education in Modern China*. London, Boston and Henley: Routledge and Kegan Paul.

Rosen, R. 1994. "Who Gets Polluted: The Movement for Environmental Justice." *Dissent* 41: 223-230.

Shah, A. 2010. *In the Shadows of the State: Indigenous Politics, Environmentalism, and Insurgency in Jharkhand, India*. Durham and London: Duke University Press.

Shapiro, J. 2001. *Mao's War Against Nature: Politics and the Environment in Revolutionary China*. Cambridge: Cambridge University Press.

Shen, L. and Andrews-Speed, P. 2001. "Economic Analysis of Reform Policies for Small Coal Mines in China." *Resources Policy* 27: 247-254.

Sleeboom-Faulkner, M. 2007. Regulating Intellectual Life in China: The Case of the Chinese Academy of Social Sciences." *The China Quarterly* 189: 83-99.

Spires, A. J. 2011. "Contingent Symbiosis and Civil Society in an Authoritarian State: Understanding the Survival of China's Grassroots NGOs." *American Journal of Sociology* 117: 1-45.

Weiner, M. 1978. *Sons of the Soil: Migration and Ethnic Conflict in India*. Princeton: Princeton University Press.

台塑去越南「打鐵」？公害輸出南向及跨國倡議

Paul Jobin 彭保羅｜中央研究院社會學研究所
殷志偉｜國立台灣大學國家發展研究所

二〇一六年四月，越南中部受海洋污染衝擊，重創當地居民生計，肇因指向位於河靜省的台塑河靜鋼鐵興業。雖然公司須賠償五億美元，但因各種因素，多數災民實際上並沒有拿到或只得到部分賠款。該海洋污染案例複製了南北關係的不平等，北方大企業對南方土地和人民的傷害。但本案特殊之處在於，它並非傳統北方支配一切的戲碼，而是南方反過來占據主導地位。越南政府的強勢也使部分上街抗議的災民和行動者被暴力鎮壓和大肆逮捕，寒蟬效應使本案在越南變得極為敏感，而造成本案敏感的原因在於地緣政治因素，以及天主教教會在動員中的角色。本文最後亦論及越南中部的漁民、當地的神父與在台灣的越南移工等人，他們在台灣、越南和國際間聲援行動的參與，創造了跨國倡議網絡的新模式。

二〇〇四年年底，台塑計畫在雲林離島工業區興建煉鋼廠，但遭在地漁民反對。畢竟，當地運作超過十年的六輕廠區，已對附近鄉鎮造成相當高的毒物污染風險。反對力量的動員迫使台塑放棄原訂計畫，而將煉鋼廠轉向越南。最後，台塑、中鋼和日企JFE鋼鐵聯營，分別以百分之七十、二十五和五的股份在越南中部的河靜省成立台塑河靜鋼鐵興業（Formosa Ha Tinh Steel Corporation），當地簡稱為Formosa，「福爾摩沙」。

煉鋼廠興建之前，數千名當地居民的土地就已遭到掠奪，他們被「新房子又大又漂亮、越鋼會帶來很多工作機會」等理由說服，而同意搬家；剩下拒絕搬離海邊的一百八十戶，小孩沒法就近上學，得到遠在二十公里遠的安置區，因為舊有的學校已遭拆除；有的則得面對斷水斷電的問題。原來風光明媚的漁村，變成如受戰火蹂躪的災區。[1] 此種「經濟發展」為當地社區帶來一種災前災害。據越南NGO「Green Trees」二〇一六年的資料，越鋼最初投資一百零五億美元，除了七十年的土地租約和首十六年免稅，還有稅務回扣。二〇一六年四月爆發越鋼污染事件後，雖然越南政府表示有賠償漁民，但實際上得到賠償金的人很少，而且金額很低。除此之外，越南政府既沒公開檢查結果，也不做流行病學調查，導致至少有六個月的時間，民眾因擔心健康而不敢吃越南中部的魚，因而重創漁民生計。

1 公共電視，二〇一六；二〇一八年筆者在河靜省奇英市的田野。

即使災民的抗議受到政府強力的鎮壓和大肆逮捕，包含十幾位公民記者、人權運動者被判處監禁二至二十年不等的重刑，災民仍堅強地與國家和大資本對抗。他們得以堅持下去的重要原因之一，是天主教的強力支持。天主教在越南的在地深耕和國際連結，於此環境運動中扮演了重要角色。

本文基於越南的田野工作，以及長達四年在台灣聲援平台之參與觀察，敘述在威權政府壓力下，聲援平台和災民如何動員抵抗環境不正義和捍衛環境人權。以下我們將先檢視在南北關係中的工業污染輸出，即風險轉移的殖民和後殖民面向，其中並特別關注台灣和越南的特殊地緣政治脈絡。接著探討越鋼海洋污染災害的案例

圖1——台塑河靜鋼鐵廠北側的同安村（Đồng Yên），部分居民搬離後房子被拆，當地政府及越鋼希望藉此對不願搬家的居民施壓，2018年1月。（彭保羅攝）

分析，聚焦議題的政治敏感與其後果，尤其是地緣政治因素和天主教教會在動員中的角色。最後則是思索越南和台灣跨國動員的未來。

南北關係中的公害輸出

南北框架雖有化約論的批判，但對許多國際政治生態議題依然具有啓發性（Joshi 2015），尤其是北方如何在政經與環境方面支配相對弱勢的南方，且將有毒廢棄物或高風險設施從北方轉移到南方。在歐洲，自一九八〇年代有所謂「毒物殖民」或「毒物恐怖主義」的批判概念（Clapp 2001）；東亞的公害輸出概念則可溯及一九六〇年代末期和一九七〇年代初，當時日本的四大集體訴訟（四日市哮喘、鎘污染「痛痛病」，以及汞污染水俣病的兩個個案）。一九六八年八月，日本九州的南方城鎮水俣市，一批窒素公司電化工廠的員工因為對水俣病的受害者感到內疚，為了防止水俣病發生在別處，而成功阻擋幾百噸汞轉移到南韓（Jobin 2006）。其他例子尚有日本三菱在印尼設立大型製鋁工業，或日本川崎鋼鐵在菲律賓設置海外最大的煉鋼廠（Kitazawa 1990）。在日本反公害輸出運動中，批評聲音主要發自學者、記者、律師，以及天主教會等宗教團體（日本弁護士連合会公害対策，一九九一）。

從地理位置或經濟實力角度出發，本文討論的越南海洋污染案符合南北關係框架——強勢北方輸出高風險設施到南方國家。但本案特殊之處在於它並非北方支配一切的傳統戲碼，反而是由南方奪得了主導權。如二〇一六年六月，據知情台商表示，台塑總裁和副總裁到越南談判賠償時，越南官員放話若談不出個結果，兩人都別想離開越南。越南政府強勢主導，導致為援助災民而形成的跨國倡議網絡得面對的對手不只台塑，還包括越南政府。而這使得行動者在訪談居民、請災民簽署法律文件時，都須躲避政府的監控。

越南的海洋污染案並非台塑第一則與生態災害相關的國際醜聞。一九九八年十二月，台塑在台灣無法取得丟棄約兩千七百公噸汞污泥的許可，於是就交由清運商處理，而後者在沒有許可證情況下，將廢棄物丟棄到柬埔寨施亞努市的空地。這批廢棄物被註記為「聚酯切片」，貨運文件上則是寫「水泥塊」，以致當地人對其毫無警覺。至少有七人因為此案的關係，直接或間接身亡，而死者中有兩名為急性汞中毒（Hess & Frumkin 2000）。

環境政治中的南北關係

一般而言，污染工業是從技術先進國輸出到相對落後國。由於後者的勞動保護和環保規範較寬鬆，使此類資本流動成為可能。換言之，資本主義在雙重標準的規範中獲利。在台塑越鋼案，污染輸出者是台灣企業，但不久之前，台灣本身也是此類犬儒資本家和南北後殖民關係中的受害者，如ＲＣＡ的案例（陳信行等，二〇一一；工作傷害受害人協會、原台灣美國無線公司員工關懷協會，二〇一三）。

在環保NGO積極報導的情況下，此案在國際間廣受關注，但最大問題在於台灣和柬埔寨皆非《巴塞爾公約》的締約國（Clapp 2001）。國際上一系列關於控制毒物風險轉移之條文都以《巴塞爾公約》為基礎，但此公約有個重要漏洞，即只關注有毒廢棄物，高風險產業之輸出依然是盲點。此外，公害的輸出不只北南向，也有南南向的輸出（Lepawsky 2015）。一九八〇年以來，台塑也在「北方」美國的「南方」路易斯安納州和德克薩斯州設立化學廠。當地居民因台塑德州廠在環保上嚴重違規，跟美國環保局爭論多次。經過幾次訴訟，二〇一九年，台塑跟德州居民和解，答應支付五千萬美元清理塑料粒子污染。但在越南，當地民眾因受到非民主政府的控制和壓迫，想要提起訴訟並沒那麼容易。

「要的不是錢，是海洋！」

二〇一六年四月六日開始到月底，從台塑越鋼工廠周邊及其以南的四個省份（河靜、廣平、廣治、承天順化）大約兩百五十公里的海岸線，有數百噸的野生魚和養殖魚暴斃。據當地漁民表示，災害也波及到北方的義安省，不過該地政府否認受到影響。一開始，越南政府的態度傾向保護越鋼、排除它是污染源，並提到原因可能是赤潮云云。越鋼幹部亦曾在接受記者採訪時提到現代鋼鐵工業或魚類保育必須擇一，引起漁民及河內、胡志明市居民的抗議。政府在壓力下終於下令調查。六月底，越南政府召開記者會，表示調查結果指出，台塑越鋼的確是污染源，要求台塑越鋼支付五億美元賠償金，並公開道歉。

越南政府曾告知台塑越鋼，其包商韓國浦項鋼鐵（Posco）的越南下游包商已坦誠把一千多公噸未處理的酸洗廢水直接倒入水溝。台塑越鋼要求越南官方白紙黑字說明是哪家越南公司，如此才能

圖2——台塑河靜鋼鐵廠大門前的抗議，2016年10月。（Paulus Lê Sơn攝）

向浦項鋼鐵求償，但被越南官方拒絕（姚惠珍，二〇一六）。二〇一六年四月，漁民潛水時也發現海底有一條長一點五公里、直徑一公尺的排水管正排出黃色廢水，而此水管屬於越鋼所有。初步調查結果顯示，魚蝦大量暴斃最可能的因素有二：大量藻類吸收水中氧氣、導致魚群缺氧死亡的赤潮現象，或人為排放有毒化學物質入海。但政府沒指名誰是污染者。越南漁業協會指出，赤潮普遍只導致淺海魚群死亡，而此次暴斃魚群中出現不少深海魚類，因此赤潮跟本案關聯不大，相當大可能是人為污染（Green Trees 2016；矛盾，二〇一六）。

接著，越南政府認定本案為越南有史以來最嚴重的環境災害。越南環保署於二〇一六年七月提供越南國會一份二十多頁的報告，詳述一百多位科學家（包括幾位國外學者）五月在越南中部合作進行調查的結果：總共損失一百一十五噸野生魚、一百四十噸養殖魚、六十七噸牡蠣、十噸螃蟹和七噸蝦；四百五十公頃海域內，四到六成的珊瑚被摧毀，海床滿布死海草，浮游生物密度也少了二到五成，特別是近海床品種。儘管災害發生初期有出現一些互相矛盾的謠言，但污染來源很快就確定來自越南河靜煉鋼廠。

但這並非越南第一次發生嚴重的環境污染。除了橙劑這個惡名昭彰的戰爭禍害（Niblack Fox 2013），過去二十年來，經濟的快速發展也使越南人承受大規模森林砍伐、河流和地下水的慢性污染，以及缺乏大眾運輸而導致的嚴重空污等（Ortmann 2017）。在本案中，海洋污染的災情規模和影響範圍可能既深且廣，但自案件發生後少有科學調查，媒體能夠自由報導的時期也很短，僅有災害發生後的頭半年，此現象跟其他大型工業災害不同。二〇一一年的福島核災後至今仍有很多國際研究調查，分析災害的時間性、規模和範圍的問題（Fortun et al 2017）；但本案卻似有著如弗里克爾（Scott Frickel）和赫斯（David Hess）等人所言之「該做卻未做的科學」（undone science）（Frickel et al 2010; Hess 2016）。換句話說，加害公司故意生產誤導性的科學知識，或國家的科學政策選擇，而讓很多該做的研究沒做。凱克（Margaret Keck）和辛金克（Kathryn Sikking）早就觀察到這一現象，「在跨國環境議題，不確定性常被援引為主要問題：不只資訊難得，任何得到的數據也能被不同的詮釋所

圖3——台塑河靜鋼鐵廠附近海灘的漁民，2018年2月。（彭保羅攝）

挑戰。」（Keck & Sikkink 1998: 20）的確，越鋼海洋污染案也不例外。

為防止污染擴延，二〇一六年五月二日到二〇一八年五月，越南政府下令受污染四省二十海里內禁止捕魚，以致該區域許多人民失去收入。根據越南環保署的資料，海洋污染使一萬七千六百八十二艘漁船無法出海，導致四萬零九百六十六人（若含漁民家人則有十七萬六千二百八十五人）的經濟遭受重創。許多相關產業亦受波及，如海產加工業（包括越南人常用的魚露）、加油站、製冰廠、漁具零售商、港口服務等；旅遊業影響也不小，部分地區（如河靜）在這段時間失去九成觀光客。

二〇一七年八月，阮泰合主教來台，提及賠償名單中包括與海洋污染災害無關者，而中央和地方政府的各個層級似乎也從賠款中分到一杯羹。阮主教補充：「即使五億美元賠款全都給了直接受創的漁民，對經濟損失更現實的預測還應包括對其他產業（如旅遊業）的傷害，以及那許多找不到生計的人。」（二〇一七年八月三日，於台北開會）根據當地媒體和各省官方訊息得知，[2] 五億美元的賠償金中，二點五五億分發給河靜、廣平、廣治、承天順化四省，其餘款項作為恢復災區及預防使用。針對義安省漁民的受災應對，省政府協助漁民貸款製造或更換成大型漁船。二〇一八年五月，政府再次公告，二點七五億美元（六千四百零三億越南盾）

2 此項資訊透過行政院詢問我國駐越南代表處獲致。

的賠償金已分發百分之九十八點七（越南文BBC 2018）。

但在二〇一七年六月，筆者的一位消息提供者在奇英市（Kỳ Anh，台塑越鋼工廠所在地）訪談一位約五十歲的漁民，對方顯露出對賠償狀況的困惑。受訪者表示，災害前他的年收不錯，約一億越南盾（約四千兩百美元），但災害後生活變難了。

他們說會賠償此地全部的受影響家庭，但事實上只賠給還有船的人……災害發生後，我就賣了覺得不會用到的船，做了一艘足夠養活一到兩人的小船。有些人得到幾百萬越南盾（約數百美元），但他們說有新船的人不能拿賠償。

然後他總結：

這裡的人得靠抗爭爭取賠款還有拿回乾淨海水。他們不需要錢，是需要海洋！

另一位受訪者（約六十五歲）否認有船的人才能獲得賠償這種說法。他說自己已在河內跟自然資源和環境部部長陳紅河見了好幾次面，後者表示將提供約三千六百萬越南盾（約一千五百美元）的賠款配套給所有遭到經濟損失的人。他自己和他其中一個兒子就各獲賠了三千萬越南盾；但他也投訴的確有許多人什麼都沒得到，並批評河靜省、奇英市和奇利社（Kỳ Lợi）的政府，他說：「全都被他們私吞了！」

根據作者二〇一八年年初的田野訪查，賠償情況仍不清楚。在廣平省的漁村，販售漁網和其他漁具的店主說他目前營收約一千美元，只有災害前的一半，他曾在二〇一七年跟三位漁民一起，請村長向政府轉達索賠的要求，但得不到政府回覆。同一村莊的一位漁產批發商說他月營收從災害前的平均五千美元，驟減到目前最多也只有兩千美元，他在申請索賠文件時，發現自己的身分從批發公司業主被改成一般漁民，而村長和省長拒絕他修改錯誤的要求，之後他沒再聽到跟賠償有關的消息。二〇一七年六月，有一名參與索賠抗議的村民遭到警察施暴，此事使得那位批發商不敢再問賠償的事。同一村莊還有間海產餐館，災害前僱用六位員工，根據老闆所言，日營收有一千五百美元；災害後，餐館閉門至今，因為再也沒人到該地吃魚。餐館老闆提供地方政府許多文件證明其所有權（他堅持要筆者拍下文件影本），但只得到三千美元賠償金，他補充道，此地許多餐館都面臨一樣的狀況。根據越南文BBC（二〇一八）的訪問，居民必須賄賂地方幹部才能獲得賠償。承天順化省主教受法國天主教傳媒採訪時表示：「論及賠償，申請人依然得面對貪污這個問題。相較災害造成的傷害，賠償金並不是很多，而且大部分被當局劫持。」（Eglises d'Asie 2017）經濟損失帶來的挫敗感，加上國家缺乏適當的行動，引發了中部海岸區居民的怒氣。

此案太過「政治敏感」？

根據越南政府於二〇一六年六月做的官方聲明，以及越南環保署七月提出的報告，魚蝦大量暴斃的主要原因就是台塑越鋼排出的高濃度苯、氰化物和氫氧化鐵。此外，台塑越鋼五十三件違規事項中，最嚴重的兩件是廢水處理系統和排放氰化氫。氰化氫無色但極毒，又稱普魯士酸，以其為基底製成的齊克隆B（Zyklon B）曾在二次世界大戰時被德國納粹用以施行「最終方案」，毒殺了幾百萬猶太人。苯會腐蝕皮膚，並會損傷肺、肝、腎、心臟和中樞神經系統，可能導致中毒者昏迷。二〇一六年四月二十四日，越鋼包商的潛水員健康出狀況，有一位甚至在送醫途中身亡。氰化氫等污染物之排放的確有可能造成潛水員的猝死，但潛水員實際上應有氧氣罩和潛水裝的保護，因此污染和死亡的因果關係仍舊成謎。

在台灣，六輕所在地雲林縣有台大公衛學院詹長權院長和其團隊進行流行病學調查，共產出十多篇國際期刊論文（如Yuan et al 2018），結果顯示附近居民的罹癌率顯著增加，而這也加強了當地居民起訴台塑的決心。阮泰合主教來台時，筆者曾隨他一起和詹院長討論，詹教授認為越南有可靠的公衛專家和設備做大型的人體和海洋檢測，並特別建議進行週期性的系統調查。但問題是，越南政府在多大程度上願意面對、並告訴身在風險中的人民，海洋污染災害可能傷害他們的健康？目前狀況顯示，沒有任何誘因能促使越南政府展開健康方面的調查，二〇一六年四、五月那次因應輿論而做的調查，報告也未公開。此「該做卻未做的科學」在政府嚴密管控下變得更加複雜。

二〇一六年九月，在尚未得到任何賠款的情況下，災民對台塑越鋼提出總計五百零六起訴訟，但因沒有明確的損失證據，且基於程序限制，這些訴訟全被河靜人民法院駁回。官方之後公布賠償金分配方案，只有河靜、廣平、廣治、承天順化四省災民可獲得賠償。雖有證據顯示北部的義安省也受海洋污染災害波及，比如海洋生物學研究（Doan 2018）即指出義安也受到影響，但卻被排除在賠償方案之外。為了抗議賠償不公，義安省漁民於二〇一七年二月南下至台塑越鋼所在地河靜的法院提起訴訟；但抗議的漁民，連同兩位帶頭的天主教神父，在途中遭到警方的阻擋和暴力鎮壓。[3]另一波抗議爆發於海洋污染災害一週年，也就是二〇一七年四月，而且這次不只義安，漁民等待賠償的河靜、廣平省也有抗議行動。儘管災民不滿政府對災害的處理，但一連串逮捕和嚴厲判監還是對他們造成寒蟬效應。與本案相關的逮捕或通緝至少十七起，六人的被捕原因與本案有直接關係，罪名包括煽動示威、妨礙公務等，其中包括被重判十四年的黃德平（Hoàng Đức Bình）。這些經過，聲援平台已將完整名單送至聯合國人權委員會，以作普遍定期審查（Universal Periodic Review, UPR）之用。

3 二〇一八年一月，筆者在義安訪談兩位神父。

第一件，同時也是最被廣為報導的案件，是著名的部落客蘑菇媽媽「阮玉如瓊」（Nguyen Ngọc Như Quỳnh）。她除了批判越南政府處理海洋污染案的方式不當，也批判越南政府在南海爭議中沒有堅決對抗中國的侵略性帝國主義。她於二〇一七年六月被判入獄十年的重刑，引來國外媒體關注（如Murray 2017; Wallace 2017）。當判刑確定，街上雖有監視的便衣警察，她的朋友仍勇敢呼喊：「愛國不是罪！環保也不是罪！」[4] 據幫阮氏拍紀錄片的越南行動者轉述，台塑越鋼事件並不是她被判重刑的唯一原因，而是壓垮駱駝的最後一根稻草。[5] 二〇一八年十月，國際聲援發揮了功效，阮氏被釋放，離開越南前往美國。

二〇一八年二月，黃德平被判刑十四年，罪名是「濫用民主自由」和「抵抗公職人員」，而此罪名跟他同阮廷淑（Nguyễn Đình Thục）神父一起參與二〇一七年二月的抗議遊行有關。黃德平是越南勞動團體的副祕書長，也是「No-U Saigon」足球粉絲團會員，該團體抗議中國於南海的主權宣稱。而面對一連串的逮捕鎮壓，阮廷淑神父只能建議教區居民暫停抗議。[6] 另一位行動者李丁龍（Lê Đình Lượng）則是被警察綁架。他被指控的罪名包括加入被政府視為恐怖組織的越新黨、呼籲大眾杯葛選舉、利用海洋污染事件破壞社會秩序和唆使群眾抗議。二〇一八年八月，他被以試圖顛覆政府之罪名重判二十年監禁，外加五年的軟禁。

一連串的重刑宣判不只冷卻了抗議行動，也阻止了記者和科學家深入調查台塑越鋼事件。二〇一七年十月，NGO「Green Trees」一名主要成員遭到逮捕並被盤問了一天；一天的時間足以是個「鄭重警告」，因為後來Green Trees取消公布一年前調查報告的更新版。二〇一八年五月，一名原本預計在越南中部做田野調查的外國記者告訴筆者，大使館建議他別去，因為此議題被認為過於「敏感」。這種封鎖資訊洩漏的鎮壓氛圍也阻止了越南和外國科學家的科學調查，不論是經濟或公衛角度。同樣是在災害爆發兩年後，同樣是龐大的災情規模與影響範圍，關於福島核災有相當多的科學論文發表，但相較之下，被越南政府認為是「有史以來最嚴重」的海洋污染案，相關科學調查卻少之又少。再一次，接觸過的科學家告訴筆者，這是因為本案「太敏感」。但到底是什麼因素使本案如此「敏感」？

越南的反中國民族主義

二〇〇九到二〇一〇年間，越南政府跟中國政府合作的鋁礬土開採大計畫引發了越南

4 由Clay Pham執導、NGO Voice（辦事處在美國、馬尼拉和曼谷）製作之有關蘑菇媽媽的紀錄片《Mẹ vắng nhà》（*When Mother is Away*）。四十分鐘，二〇一八。

5 二〇一八年八月台北場紀錄片放映後，跟《Mẹ vắng nhà》紀錄片製片人Hoi Trinh的討論。Hoi Trinh本人流亡曼谷，因目前無法回越南，故可公開其名。

6 阮廷淑神父曾於二〇一六年十二月來台，二〇一八年一月，與筆者在義安再次見面。阮神父未遭逮捕，但他說自己常被流氓威脅，這點和富安教區（Phú Yên）的鄧友南（Đặng Hữu Nam）神父一樣。鄧神父的教友多是漁民，曾參與索賠遊行，常被流氓闖進住宅破壞貴重物品（如電視等）。

第一個全國性環境運動（Morris-Jung 2015）。二〇一四年，中國海軍在越南海域的侵略性入侵激起越南人民的憤怒，河靜省有二十幾位中國人被毆打致死。越南民間的反中情緒在近十年由於南海爭議而升溫，多數越南人把中國在東南亞不斷增長的影響力視為威脅。越南近幾年的大型示威都跟中國因素有關，人民的反中情緒可能被政府用來紓解國內政治壓力，或被異議分子拿來包裝反政府的聲音。（何則文，二〇一八）

在越南，跟涉及環境面向之社會動員敏感度相關的第一條線索，是規模——規模越大越敏感。這也適用於工人罷工和土地掠奪的議題（Kerkvliet 2010）。其次，從北方來的富裕外國污染者特別容易引起關注，類似的案例尚有一九九〇年的「同奈保長」案，由台企保長興業公司（占股百分之七十五）、越南同奈省政府和越南國營公司聯合經營的同奈保長紡織廠，造成的污染包括染料排放污染河流、鍋爐氣煙灰污染空氣（O'Rourke 2004），讓鄰居飽受嚴重的水和空氣污染之苦；而鄰近居民亦投訴紡織廠未興建廢水處理系統、半夜排放毒物，影響小孩和老年人的健康。經歷數年抗爭，該公司最終安裝了一萬七千美元的過濾系統以減少空污，至於三百萬美元成本的廢水處理系統則無限期延後，也從未對因其污染而造成的健康傷害支付任何賠償。但考量越南情況，深入研究此案的歐路克（Dara O'Rourke）認為此種「半成功」已是難得的成就，並將此歸功於廠區附近的居民有百分之九十為天主教徒，彼此間形成關係緊密的社區。

克弗列特（Benedict Kerkvliet）主張越南政府以回應和鎮壓（responsive and repressive）兩種態度來應付抗議，而這兩種態度間的紅線取決於政府對抗議行動背後意圖之認知（Kerkvliet 2010）。克弗列特指出，當抗議者被視作擾亂社會秩序、弱化國家安全、傷害政府或共產黨，政府就會鎮壓。問題是，這條紅線並不明顯，甚至會隨時滑動，以致人們可能沒察覺到自己越線。奧特曼（Stephan Ortmann）指出，規模是決定性因素，環境議題若只在地方發酵，一黨專政政府就不將其視為威脅；但若是全國運動，政府就開始緊張，並採取鎮壓手段（Ortmann 2017: 69）。

另一方面，台塑越鋼事件也帶有憤慨外國污染者的民族主義成分，特別是對抗中國的情緒。雖然當地人平日稱其為「福爾摩沙」，且台灣和中國關係緊張（至少我們這麼認為），諷刺的是，大部分的越南人還是認為台塑越鋼隸屬於中國。之所以會有這種印象，部分原因在於越南媒體（如Nguyễn Tuyến 2016）報導有數千位中國工人受僱參與台塑越鋼建廠。甚至早在海洋污染發生之前，就有工人被越南人當作攻擊目標，以作為對中國在南海擴張的回應。

反中國的民族主義情緒是對越南一黨專政政權的含蓄批判，特別是「黨跟北京具有強烈意識型態連接，以及支持嚴格社會控制之部分」（Hayton 2014: 155）。這類問題層出不窮，以至於越南政府甚至在二〇一八年七月同意台灣工廠懸掛中華民國國旗，以免被抗議者當作目標。在中國因素和權力派系（親中或反中）背後，越南政府怕的是這些抗議事件威脅到越南跟外資的良好關係。

天主教會也在越南中部的多起運動中扮演了重要角色。在河靜和其他受到災害影響的地區（如廣平、義安），許多災民都是天主教徒，在地神父也是運動的領導者之一；有六十萬教徒的榮教區，當地主教阮泰合更是眾所周知的災民發言人。即使面臨共產黨掌權、歷經戰後短期迫害，教徒人數占全國總人口百分之七的天主教，仍是越南一股重要的社會力量，天主教會常在土地或財產沒收方面與地方政府發生爭執（Hansen 2005）。在越鋼事件後不久，天主教徒成了社會上發動抗爭的力量，從河靜開始，逐步擴展到南方的廣平和北方的義安。而這些地方抗爭的報導又成了催化劑，引發人們在網路表達不滿，並進一步激發河內和

圖4——駐台北越南經濟文化辦事處前的抗議，台灣環團和越南移工一起說明在越南河靜，當地居民不只是海洋污染災害受難者，還被警察施暴，2017年3月。（殷志偉攝）

胡志明市的街頭抗爭。城市的抗爭者多是受過教育的年輕人（Nguyen & Datzberger 2018），不一定是天主教徒，但扮演中介者、傳播大眾不滿情緒的著名部落客，如蘑菇媽媽和黃德平等人卻是天主教教徒。雖然天主教會並不像一九八〇年代的波蘭對越南政權造成威脅（Trần 2013），但教會究竟能在此議題上挑戰國家到什麼程度，也尚未明朗。例如，宗教事務委員會想讓阮泰合主教退休的企圖雖然失敗，但阮主教仍須小心，以免因為太頻繁和太直接批判當局，而越過「紅線」。[7]

台塑越鋼災民與天主教

越鋼所在地河靜有許多居民是天主教徒，且天主教會的影響力極大，奇英市即為一例。而不論是越南在地或與台灣串連的聲援行動，天主教神父都奉獻許多。二〇一七年，正是由神父帶領義安民眾南下河靜，遞交起訴台塑文件、要求台塑賠償。幾位神父和兩位主教數次親自參與台灣的記者會，跟台灣民眾說明越南情況；長住台灣的阮文雄神父也在台灣聲援行動中積極協助越南災民。

7 二〇一八年二月，筆者在胡志明市跟阮主教訪談內容。

跨國公領域的初步探索

二〇一六年七月，越南外勞配偶辦公室的阮文雄神父和台灣環境法律人協會，共同創立聲援台塑越鋼災民的跨團體平台。阮文雄神父長期住在台灣，能說流利中文，為幫助被性侵的移工和看護，於二〇〇四年創辦天主教新竹教區越南外勞配偶辦公室。後來有其他環境和人權組織，如人權公約施行監督聯盟、台灣人權促進會、環境權保障基金會、綠色公民行動聯盟，加入聲援平台。聲援平台由非盈利組織組成，眾多成員是律師、知識工作者等。透過舉辦記者會、在台塑總部和駐台北越南經濟文化辦事處前抗議、參與在行政院舉辦的公聽會、政治遊說，以及其他行動，聲援平台旨在使台灣和國際社會更加關注本案。

台灣聲援平台和越南天主教、國外組織（如在美國、馬尼拉和曼谷皆有辦公室的海外越南組織Voice）和民間人權團體（如總部在巴黎的人權國際聯盟），合作遊說華盛頓、聯合國或歐盟的政治圈。支援越鋼事件災民的越南行動者接續被捕後，各團體間的合作更趨緊密，除了抗議政府逮捕行動者，聲援平台也持續關注災民的經濟損失和公衛風險。同時，台灣聲援平台也把握此機會，挑戰海外台企的慣常做法，特別是企圖翻轉其普遍對「南方」的輕蔑態度。自二〇一六年十二月起，聲援平台透過參與公聽會、跟經濟部人員討論等，目標之一就是要求經濟部修改管控台企海外投資之母法產創條例，但至今仍未成功。

雖聲援平台旨在建立非政黨聯盟，但只有三位民進黨立委給予明確支持：流行病學教授吳焜裕、主婦聯盟前常務監事陳曼麗，以及前雲林縣長蘇治芬。二〇一六年十二月，義安省災民代表阮廷淑神父來台，三位立委和聲援平台陪同神父在立法院召開記者會。十二月三十日，立委們舉辦公聽會，越鋼股東之一中鋼（公股事業）被迫參與。聲援平台另一嘗試是挑戰政府當前跟東南亞的合作關係，即蔡英文總統重要外交戰略之一的新南向政策。只是環境正義和人權明顯非新南向政策首要關注，至今也未關切越南海洋污染案，即便台灣是越南第四大投資國，越鋼是越南最大外資投資案。

令人驚訝的是，每次抗議都有約二十位越南移工或台灣的越南媳婦參加。從筆者跟外籍配偶、移工的接觸經驗得知，她／他們不怕參與公民政治，反而樂在其中，甚至會帶著小孩一起參加。比起多數抗議行動遭到暴力鎮壓的越南，台灣並沒有發生這樣的情況。不同於越南的國家媒體將遊行者批評為反國反動分子（phản động），越南抗議者在台灣有時間申述，也被媒體友善地對待。可惜研究顯示（Bélanger & Wang 2013）這些移工自評其整體來台工作經驗時，大部分人因經常受虐、被「移工產業」的仲介欺騙，仍認為在台灣的經驗是糟糕的。但筆者認識一位曾在台灣當移工、留有美好回憶的越南朋友，而筆者到越南中部做田調時，亦得到其協助。越南移工參與台灣聲援平台，形塑了新類型跨國倡議網絡。許多跨國公領域的環境運動為北方菁英支配（Keck & Sikkink 1999; Appadurai 2000; Fraser et al 2014），但本案正好相反，本案環境運動的核心力量依舊是越南中部漁民和在地神父。越南人和台灣人的頻繁互動已明顯跨越語言障礙（儘管有共同祖先，多數越南人不懂中文，台灣人也不懂越南語）、不同政治體制和法律環境。

除了透過參與公聽會釐清事實、開記者會告訴大眾實情，本案跨國倡議網絡最有力的行動是協助越南災民提出跨國法律訴訟，在台塑母公司的所在地台灣起訴越鋼董事等人。考慮到警方騷擾和越南司法缺獨立性，在台灣起訴是最合適的選擇。透過連接台灣、越南、加拿大、美國、法國等地的行動者、學者和律師，聲援平台最終做出奮力一擊。本案原告依證據收集程度差異分成五組，第一組共五十一人，包括經濟權受損的漁船船主、船員、漁業相關工作者，共求償一點四億台幣，其餘七千多位原告目前只要求象徵性賠償，待證據收集充分後，可能增加求償金額。該訴訟於二〇一九年十月被台北地方法院以無管轄權為由駁回，聲援平台提起抗告，認為北院「在未開庭且未審酌兩造情況下，逕以無管轄權草率駁回，明顯有嚴重瑕疵」[8]。儘管訴諸司法可能耗時，如台灣RCA案歷經十五年漫長訴訟才有部分原告獲得賠償，但透過法律尋求公平和真相仍是援助環境災民的具體方法，也盼能借此方法尋得社會大眾關注和協助。

本案聲援平台從台灣出發，漸進連結越南天主教會、美國的聲援災民組織，形成一種援助災民的跨國倡議網絡。海洋污染災害本身為災民造成經濟損失和健康風險，災害前、後也造成土地掠奪和對行動者的逮捕監禁。因越鋼的資本幾乎來自台灣，除了台塑和中鋼，台灣政府和人民也都有責任。從南北不平等的關係來看，台灣可算是越南的北方霸主之一。不過從地緣政治角度來看，越南跟台灣都可算是中國的「南方」，都得對抗中國的各種「霸凌」。弗雷澤（Nancy Fraser）在哈伯馬斯「公共領域」的基本概念之上提出了「跨國公領域」概念，表示在全球化的時代有必要將公共領域置於跨國框架中重新思考，強調公共議題的討論必須突破西伐利亞框架中的國土邊界（Fraser 2007）。她認為公共領域概念有兩個重要特徵——合法性和政治效力，此二特徵也是使公共領域概念具有批判性的重要因素。現在，台灣跟越南在努力織造的團結網就屬於跨國公領域。

跨國倡議網絡

在凱克和辛金克的開創性著作中，跨國倡議網絡由一群共享價值觀的行動者組成，透過國際合作，致力在目標議題上發揮影響力，對更有力量的組織或政府施壓、說服或尋得支持（Keck & Sikking 1998; 1999）。透過建立新的連結，民間社會、國家和國際組織

8 台塑受害者正義會等，公民行動影音紀錄資料庫，〈台塑越鋼訴訟離譜駁回．越南原告跨國抗告〉，二〇一九年十月二十四日。

的對話和交流得以倍增，也為國內政治和做社會鬥爭的行動者取得國際資源。阿帕度萊（Arjun Appadurai）則是提出從下而上的草根性全球化（grassroots globalization 或 globalization from below）（Appadurai 2000）。相對於由大企業和國家引領的全球化，它由底層平民或非政府組織引領，為貧窮的、脆弱的、被剝奪的和邊緣的階級發聲。非政府組織發起的跨國倡議網絡也有望創建新的全球治理基礎。

參考書目

公共電視。二〇一六。〈越南・魚之死〉。《我們的島》第八六二集，六月二十日（可參考YouTube）。

工作傷害受害人協會、原台灣美國無線公司員工關懷協會。二〇一三。《拒絕被遺忘的聲音：RCA工殤口述史》。台北：行人。

李慧宜。二〇一五。〈從南方水資源政策看環境人權的實踐〉。《台灣人權學刊》三（二）：二〇一～二一四。

何則文。二〇一八。〈針對中國還是反政府？越南示威的虛與實〉。The Glocal。

矛盾。二〇一六。〈台塑鋼鐵廠毒害越南 台越工人團結鬥爭〉。苦勞網，五月十六日。

姚惠珍。二〇一六。〈越南官員：台塑河靜鋼廠殺魚有罪，但一通神秘電話卻透露真兇可能另有他人〉。關鍵評論，七月十五日。

陳信行、林宜平、陳政亮、Paul Jobin（彭保羅）、曾育慧。二〇一一。〈公害、職業災害與科學：RCA事件〉。《科技、醫療與社會》一二，頁三〜二〇四。

BBC（越南文）。二〇一八。〈Formosa: Đã đền bù thỏa đáng?〉（福爾摩沙：賠償足夠嗎？），五月十七日。

Nguyễn Tuyển. 2016.〈Dự kiến miễn và hoàn thuế cho Formosa hơn 10.450 tỷ đng〉，（越鋼預可得超過十萬四千五百億越盾的稅務豁免和退稅），《Dân trí》，八月十日。

日本弁護士連合会公害対策・環境保全委員会（編集）。一九九一。《日本の公害輸出と環境破壊ー東南アジアにおける企業進出とODA》，日本評論社。

Appadurai, Arjun. 2000. “Grassroots Globalization and the Research Imagination.” *Public Culture* 12(1): 1–19.

Bélanger, Danièle and Wang, Hong-zen. 2013. “Becoming a Migrant: Vietnamese Emigration to East Asia.” *Pacific Affairs* 86(1): 31-50.

Buckley, Chris, Chau Doan and Thomas Fuller. 2014. “China Targeted by Vietnamese in Fiery Riots.” *The New York Time*, 14 May.

Clapp, Jennifer. 2001. *Toxic Exports: The Transfer of Hazardous Wates from Rich to Poor Countries*. New York: Cornell University.

Doan Quang Tri et al. 2018. “Using numerical modelling in the simulation of mass fish death phenomenon along the central coast of Vietnam.” *Marine Pollution Bulletin* 129(2): 740-749.

Eglises d’Asie. 2017. “Interview exclusive du président de la Conférence des évêques du Vietnam.” 3 juillet.

Fraser, Nancy. 2007. “Transnationalizing the Public Sphere: On the Legitimacy and Efficacy of Public Opinion in a Postwestphalian World.” *Theory, Culture & Society* 24(4): 7-30.

Fraser, Nancy et al (Kate Nash, ed.). 2014. *Transnationalizing the Public Sphere*. Cambridge: Polity.

Frickel, Scott et al. 2010. “Undone Science: Charting Social Movement and Civil Society Challenges to Research Agenda Setting.” *Science, Technology, & Human Values* 35(4): 444 – 473.

Fortun, Kim et al. 2017. “Researching Disaster from an STS Perspective”, *The Handbook of Science and Technology Studies* (Ulrike Felt et al, eds.), Cambridge: MIT Press, ch.34.

Green Trees. 2016. *An Overview of the Marine Life Disaster in Vietnam*. Hanoi: CreateSpace Independent Publishing Platform.

Hansen, Peter. 2005. “The Vietnamese state, the Catholic Church and the law.” In *Asian Socialism and Legal Change: The Dynamics of Vietnamese and Chinese Reform*, ed. by John Gillespie, Pip Nicholson. Canberra: The Asia Pacific Press at the Australian National University. pp.310-334.

Hayton, Bill. 2014. *The South China Sea: The Struggle for Power in Asia*. Yale University Press.

Hess, David. 2016. *Undone Science. Social Movements, Mobilized Publics, and Industrial Transitions*. Cambridge, MA: MIT Press.

Hess, Jeremy and Howard Frumkin. 2000. “The International Trade in Toxic Waste: The Case of Sihanoukville, Cambodia,” *International Journal of Occupational and Environmental Health* 6: 331-344.

Jobin, Paul. 2006. *Renouveau syndical et maladies industrielles au Japon*. Paris: EHESS.

Joshi, Shangrila. 2015. “Postcoloniality and the North-South binary revisited: the case of India’s climate politics,” in *The International Handbook of Political Ecology*, edited by Raymond Bryant. Cheltenham, UK: Edward Elgar, pp. 117-130.

Keck, Margaret E. and Kathryn Sikkink. 1998. *Activists beyond Borders: Advocacy Networks in International Politics*. Cornell University Press.

—. 1999. “Transnational advocacy networks in international and regional politics,” *International Social Science Journal* 51(159): 89-101.

Kerkvliet, Benedict. 2010. “Governance, Development, and the Responsive–Repressive State in Vietnam,” *Forum for Development Studies* 37: 33-59.

Kitazawa, Yoko. 1990. "Japan's overseas steel industry" in *Conflict over Natural Resources in Southeast Asia and the Pacific*, ed. by L.T. Chee and M.J.Valencia, Tokyo: United Nations University Press.

Lepawsky, Josh. 2015. "Are we living in a post-Basel world?" *Area* 47(1): 7–15.

Morris-Jung, Jason. 2015. "The Vietnamese Bauxite Controversy: Towards a More Oppositional Politics." *Journal of Vietnamese Studies* 10(1): 63-109.

Murray, Bennet. 2017. "Mother Mushroom: how Vietnam locked up its most famous blogger." *The Guardian*, 7 September.

Nguyen Thieu-Dang and Simone Datzberger. 2018. "Environmentalism and authoritarian politics in Vietnam. A new frontier of civil society activism?" In *Transnational Institute*. www.tni.org.

Niblack Fox, Diane. 2013. "Agent Orange. Coming to Terms with a Transitional Legacy." In *Four Decades On: Vietnam, the United States and the Legacies of the Second Indochina War*, edited by Scott Laderman and Edwin Martini. Duke University Press. pp.207-241.

Ortmann, Stephan. 2017. *Environmental Governance in Vietnam: Institutional Reforms and Failures*. Cham: Palgrave Macmillan.

O'Rourke, Dara. 2004. *Community-Driven Regulation: Balancing Development and the Environment in Vietnam*. Cambridge, MA: MIT Press.

Ripley, Charles. 2014. "North-South Relations." In *The Oxford Companion to International Relations*, edited by Joel Krieger. Oxford University Press. pp. 148-151.

Trần Thị Liên, Claire. 2013. "Communist State and Religious Policy in Vietnam: A Historical Perspective." *Hague Journal on the Rule of Law* 5: 229-252.

Yuan, Tzu-Hsuen et al. 2018. "Increased cancers among residents living in the neighborhood of a petrochemical complex: A 12-year retrospective cohort study," *International Journal of Hygiene and Environmental Health* 221(2): 308-314.

Wallace, Julia. 2017. "With Social Media, Vietnam's Dissidents Grow Bolder Despite Crackdown." *New York Times*, 2 July.

爭取另一個世界：關於民主創新與社會培力的幾個案例

萬毓澤—國立中山大學社會學系

「爭取另一個世界的運動」、全球正義運動十餘年來風起雲湧，學界已在理論與經驗的層次上檢討過這些運動背後的核心理念，亦即（一）如何使民主價值與社會培力更有效地接合，使民主體制成為「庶民」自我教育、自我管理的場域；以及（二）如何將民主價值從狹義的政治領域延伸到其他領域，尤其是經濟領域。本文認為，若要更深刻理解這類方案，應該將其放置在「自我管理」的知識系譜下來考察，同時也必須與新自由主義版本的「自我管理」保持距離。

本文首先探討戰後歐陸左翼思潮極為強調的「自我管理」概念，將之連繫至法國思想家卡斯托里亞迪斯的著作，做政治哲學上的定位。其次，從「自我管理」的角度出發，介紹兩種經濟民主的模型，包括施韋卡特的「經濟民主」和沃夫的「勞工自主企業」。最後，以萊特發展的分析架構為基礎，為幾種晚近的「民主創新」做初步的分類與評估，包括「培力參與式治理」、接管工廠與合作運動，以及共有資源的民主治理等。

我們是否依然擁護民主？

近年來全球右翼民粹風潮崛起，「民主是否還有價值」已成為迫切的問題。在這樣的風潮下，不少學者對民主體制提出了深刻的懷疑和批評。如美國經濟學者布倫南（Jason Brennan）在二〇一六年出版《反民主》（*Against Democracy*）一書，認為多數美國人是「無知與政治冷感」的「哈比人」，其餘則多半是「帶著偏見、充滿狂熱」的「政治流氓」（Brennan 2018: 81）。他認為應該回到柏拉圖的傳統，以「知識菁英制」來取代現行的代議民主體制，設立「選舉權門檻制」（不是每個公民都有資格投票）、「複投票制」（不是每個公民都只能投一張票）、「知識菁英否決權」（知識菁英有權否決民意機關制訂的法律）等（Brennan 2018: 312-343）。一言以蔽之，他認為多數民眾是無知、善變、不理性的，不足以承擔「民主」的重責大任。台灣二〇一八年年底的公投過程及結果似乎也強化了這種印象。

然而，除了簡單否定現有的民主體制外，是不是有其他值得探尋的道路呢？本文的思路上承二十年來風起雲湧的「爭取另一個世界的運動」（altermondialisme）和全球正義運動（global justice movement），思考兩個問題：如何使民主體制有效達成社會培力（social empowerment），使民主體制成為「庶民」自我教育、自我管理的場域？如何將民主價值／原則從狹義的政治領域延伸到其他領域，尤其是經濟領域？

本文認為，**民主最核心的價值，在於創造各種「培力」的機制，使公民有機會壯大自己的力量，成為「自我管理」的主體**。與此相關的是，台灣十餘年來有不少學者與民間團體倡議、推動「審議民主」（deliberative democracy），累積了可觀的研究成果與實作經驗。但大體而言，台灣學界對審議民主「以外」的另類政治經濟體制／民主方案尚未累積足夠的討論，因此，本文的用意不在於「取代」審議民主，也無意處理與審議民主有關的龐大爭論，而是希望為民主深化的理念開拓一些不同但互補的方向。

「自我管理」的政治哲學[1]

> 國家是所有冷酷怪獸中最冷酷的。它冷酷地撒著謊：「我，國家，即人民！」（尼采，《查拉圖斯特拉如是說》）

社會學（包括社會學理論）常受批評的一點，就是過於「歐洲中心」（「社會學三大家」或「四大家」全是歐洲人，而且是男人），從而忽視或輕視歐美以外的經驗。柯挪（Raewyn Connell）的「南方理論」（southern theory）（2007）、戈（Julian Go）的「南方立場社會學」（Southern standpoint sociology）或「後殖民社會學」（postcolonial sociology）（2013, 2016a, 2016b）等，即試圖挖掘另類知識資源與實作傳統的社會學知識方案。然而，這類方案有個共通點，就是很少從**政治思想史**的脈絡爬梳相關的思潮。

討論戰後歐陸的激進思潮，不能不提到希臘裔的法籍思想家卡斯托里亞迪斯（Cornelius Castoriadis, 1922-1997），以及他參與創立的團體「社會主義或野蠻」（Socialisme ou barbarie, 1949-67）及其同名刊物（一九四九～一九六五）。這個團體在其刊物中一再強調自我管理（autogestion; self-management），這條思路不僅成為卡斯托里亞迪斯終其一生的政治與理論關懷，也啟發了許多後來的政治實踐和研究。

自我管理（self-management）

可粗略分為左翼與右翼兩種觀點。左翼的自我管理強調公眾的自主、合作、互惠，目標在於提升「社會」的自主性，以對抗「國家」與「市場」的夾擊。右翼的自我管理則強調「個人」須對自己的生活負起責任，包括自我投資、提升個人競爭力，目標在於打造一種「企業家式的自我」。

1 本節改寫自萬毓澤（二〇一八）。

「自我管理」的核心理念是「**由人民自我組織每一個層面的社會活動**」（Castoriadis 1957: 6）。但當代社會的特色是政府介入了絕大多數的社會活動（如教育、文化），而政府未積極介入的領域又往往由大企業主導，因此，關鍵問題便成為：由人民構成的社會集體，如何既保持自己的獨立自主，又能高度監督政府和企業？卡斯托里亞迪斯從他對古希臘的研究出發，認為一個自我管理的社會必須確保以下三個領域的自由、獨立與互賴（Castoriadis 1997: 405-11）：

家戶（οίκος，私領域；不受政治權力干預的領域）須具備獨立性。

市集（αγορά，公／私領域；進行聚會、交換、經濟生產活動的領域，可在其中自由討論非政治性的事務）須比現況更加自由。「只要有資本主義，就沒有真正的市場」（同上，頁四一二），因為資本主義下的市場總是「受壟斷、寡占及國家干預所支配」（Castoriadis 2005: 20）。

集會（ἐκκλησία，公領域；政治共同體的成員進行集體討論與決策的領域）須具備真正的公共性。即使是「民主」社會，公共事務實際上依然是「不同團體與集團的私人事務，這些團體與集團分享了實際的權力，在密室中進行決策，就算是搬到檯面上的少數事務，也受到掩飾、被事先決定，並一再拖延，變得無關緊要」。公領域的公共化，意謂「立法、司法、行政的權力真正為人民所有、由人民行使」（Castoriadis 1997: 407）。

其中，「市集」與「集會」的自由化、公共化是關鍵，分別涉及經濟民主化與公民參與等重要課題。要達到實質的自由與自主，前提是政治共同體的所有成員都能**平等參與權力的行使**。如他所言，自主社會中的自由，可由下列兩項原則來表達：（一）若無法平等參與決策的制訂，就沒有決策的執行；（二）若無法平等參與法律的制訂，就沒有法律（Castoriadis 1979: 21）。

簡單來說，一個自由而自主的社會，至少還必須滿足以下條件：重新由集體（collectivity）占有權力；廢除政治上的分工；重要政治資訊的自由流通；廢除官僚；最分散化的決策機制；生產者的自我管理等。對卡斯托里亞迪斯而言，真正的民主，意謂人人能有效參與「共同體的事務」（τα κοινα）（Castoriadis 2005: 18），且透過制度的保障，讓參與者在其中展現出兩種特質：「平等表達意見的權利」（ισηγορία）和「說真話的道德義務」（παρρησία）（Castoriadis 1991: 113）。卡斯托里亞迪斯的說法至今仍很有價值，能幫助我們對民主創新的理論與實踐進行哲學上的反思。

公共化自我管理vs.新自由主義式自我管理

「自我管理」的目標是重建個別主體與整個社會的自主性，擺脫國家無所不在的支配。借用馬克思在《法蘭西內戰》中的說法，就是「把靠社會供養而又阻礙社會自由發展的國家這個寄生贅瘤迄今所奪去的一切力量，歸還給社會機體」（Marx 2009: 157）。

但限縮國家的支配力量，不表示要把一切事務交由「市場」決定，或是片面強調由「個人」來取代「國家」。若是如此，這種「自我管理」就成為標準的**新自由主義治理性**，其所生產的主體也就成為了**新自由主義主體**。這種主體的標準形象是「企業家式自我」（entrepreneurial self）（Bröckling 2015）：「不斷挑戰極限、勝過他人」。「每個人都應該成為企業家；但如果每個人都是企業家，就沒有人是企業家。」（同上，頁七七）這恰恰是新自由主義時代焦慮感和無力感的來源。

所以，「自我管理」可分為兩種，第一種是民主化與公共化的自我管理；第二種是新自由主義式的自我管理，其主要目標是解除國家責任、進一步的商品化與私有化、培植「企業家式自我」。要反擊這種新自由主義式的「自我管理」，有兩個關鍵。

第一個關鍵，是把「自我管理」的概念與個人主義式的「經濟人」（homo economicus）脫鉤，[2]與政治人（homo politicus）、民主公眾（democratic public）、人民主權（popular sovereignty）

等概念形成更緊密的連繫（Brown 2015）。

第二個關鍵，是把「自我管理」的範圍延伸至經濟領域，**使經濟事務民主化，成為社會自我管理的對象**。卡斯托里亞迪斯的「自我管理」或「自主」方案已包含了一部分經濟民主的構想。他指出，工人在個別企業或廠場內的「自我管理」是不夠的，還應該將「自我管理」延伸到**整個經濟領域**。換言之，要有更宏觀的、總體經濟層次上的**經濟民主**，要由「組織化的工人」對「經濟進行民主的組織」（Castoriadis 1999: 174）。

若真的實現自我管理，「也意謂會出現另一種人格。另一種對經濟及組織的導引方式，另一種權力模式，另一種教育。」（Castoriadis 1964: 76）這是一種盧梭式的觀點：透過公共參與，能夠幫助個人培養出負責任的社會與政治行動。也因此，一旦建立了參與性的制度，這樣的制度就可以發揮自我維繫的力量，因為**它培養出的公民品質恰恰好是參與性的制度所需要的**

2 十八世紀時（亞當斯密以降），「經濟人」的核心意涵是「進行經濟交換的人」（man of exchange），也是一種以「利益」算計為核心的主體。但當前新自由主義下的「經濟人」則不再單純強調經濟「交換」，而是強調「競爭」、「投資自我」與「人力資本」。傅柯在法蘭西學院一九七八到一九七九年的講座《生命政治的誕生》（*La Naissance de la biopolitique*, 2008）第四講（一九七九年一月三十一日）至第十一講（一九七九年三月二十八日）對當時剛走上歷史舞台的新自由主義思潮與政策提出了精彩的洞見，值得參考。另見布朗（Wendy Brown）對傅柯的回應與重建（Brown 2015）。

條件（Pateman 2006）。

> **經濟民主**（economic democracy）
>
> 可分為微觀與宏觀層次。微觀層次的經濟民主強調在工作場所落實工人的自我管理，以民主的方式決定企業內部的經濟活動；宏觀層次的經濟民主則強調，只要是影響重大的經濟決策（包括政府的政策和企業的決策）都應受公眾監督、納入公共討論。

經濟民主化必然涉及經濟資源的重分配，科恩（Joshua Cohen）指出，當代的平等主義民主派（egalitarian democrats）大致有兩種思考軸線：（一）**強調生產資源重分配的「資產平等主義」**（asset-egalitarianism）；（二）**強調「參與」和「審議」的「激進民主」**（radical democracy）（Cohen 2009）。這兩種思路並非互斥，而是能夠在更廣泛的**經濟民主化**方案中統一起來。經濟民主化的方案相當繁多，以下只介紹其中兩種。

首先，是美國數學家、哲學家施韋卡特（David Schweickart）發展的「經濟民主」模型，有三個原則：（一）**工人的自我管理**：每一個生產企業的工人，都以民主的方式控制他們的生產企業；（二）**市場原則**：政府原則上不介入價格機制，而是由企業和企業、企業和消費者進行互動；原材料、生產設備和消費品，主要根據供需關係形成的價格來買賣；（三）**對投**

資的社會控制：靠資本的資產稅來形成新的投資基金，並透過公共投資銀行網絡重新投入經濟（Schweikart 2006: 68-9）。

施韋卡特區分出三種市場：商品與服務市場、勞動市場、資本市場。他主張保留商品與服務市場，並用經濟民主與社會監督來取代後兩種市場。他認為，商品與服務的競爭性市場雖然有壞處，但在配置資源上確實比較有效率。施韋卡特最常引述的「經濟民主」案例，是西班牙孟德拉貢（Mondragon）合作社的經驗。[3] 孟德拉貢是巴斯克地區孟德拉貢鎮的合作社，是全世界最大的由工人控制的生產合作社集團。合作社的社員一律平等，而且每年至少開一次會員大會制訂企業的方向。選舉產生的九名監事組成監事會，每個月至少開一次會，同時，也擔任指導委員會（steering committee）的角色。管理部門由監事會派任的個人或委員會充當，任期至少四年。經理要參加會議，但沒有投票權。每一個合作社都有一個由社區代表組成的顧問委員會（advisory board），制訂包括工資在內的人事政策，也有一個有權監督所有營業業務的監察委員會。孟德拉貢的工資政策比較平等，報酬最低的工人，所得比在其他私人企業中工作的工人還高，而高報酬的工人所得則相對較少。此外，工人在生產上享有民主決定權，並被鼓勵創新。重要的是，孟德拉貢的生產力非常高，且效率（投入資源與經濟產出的比例）

3 孟德拉貢落實的是工人的自我管理，但單靠個別的合作社當然無法實現施韋卡特所說的「對投資的社會控制」。

遠高於同類的資本主義工廠（Schweikart 1992; 2002; 2006）。由於以員工權益為優先，即使是經濟環境很差的時期，孟德拉貢仍然將員工的工作權擺在首位。一九七六到一九八六年間，巴斯克地區的失業人口有十五萬，但孟德拉貢卻增加了四千兩百人就業。一九九〇年代初期，西班牙平均失業率高達百分之二十五，孟德拉貢卻依然留下原有員工。

其次，是美國馬克思主義經濟學者沃夫（Richard Wolff）提出的「勞工自主企業」（Workers' Self-Directed Enterprise, WSDE）的模型。這個模型有幾項重點：（一）生產者同時也是董事會的成員，並以民主的方式集體決定經濟活動的內容（生產品、生產方式、生產地點）、經濟剩餘的分配方式、將多少剩餘投資在新技術上、如何運用新技術等；（二）透過定期的職務輪調（包括管理職），克服傳統僵固的職務分工，讓工人更全面發展，也更熟悉整個企業的運作；（三）強化與在地社區的關係，注重生態環境問題（Wolff 2012）。

沃夫認為，勞工自主企業可能存在的競爭優勢包括：大幅刪減管理階層的過高薪資，將資金用來發展技術、改進生產效率。重要的是，勞工自主企業可促進整個社會的進一步民主化。經濟民主可以促進社區民主和政治民主，反之亦然；在理想狀況下，社區居民可選出代表進入勞工自主企業的董事會，參與決策；勞工自主企業也可選出代表進入社區，參與社區事務。我們可將沃夫的方案視為對施韋卡特「經濟民主」模型的補充，但其弱點是較少著墨宏觀層次的經濟民主問題。

民主創新與社會培力

如何結合「自我管理」的理論與實務？萊特（Erik Olin Wright）及馮雅康（Archon Fung）等學者近年發展的「真實烏托邦方案」（Real Utopias Project），相當值得參考。所謂「烏托邦」，指的是社會科學家必須時時懷抱解放旨趣；所謂「真實」，則是指必須同時關注制度面，研究具體的制度如何運作。借用萊特的說法：唯有將兩者結合，才能在另類民主方案的「可欲性」（desirability）、「可行性」（viability）與「可及性」（achievability）之間取得動態平衡。在二〇一〇年出版的力作《真實烏托邦》（*Envisioning Real Utopias*）中，萊特提出了圖1的分析架構，來分析各種「社會培力的途徑」。

社會培力的目標恰恰是**形塑社會的自我管理能力**，而這個分析架構將焦點擺在「資源配置及生產分配的控制」之上，可說**結合了「資產平等主義」與「激進民主」的關懷**。因此，下面將用這個分析架構來延

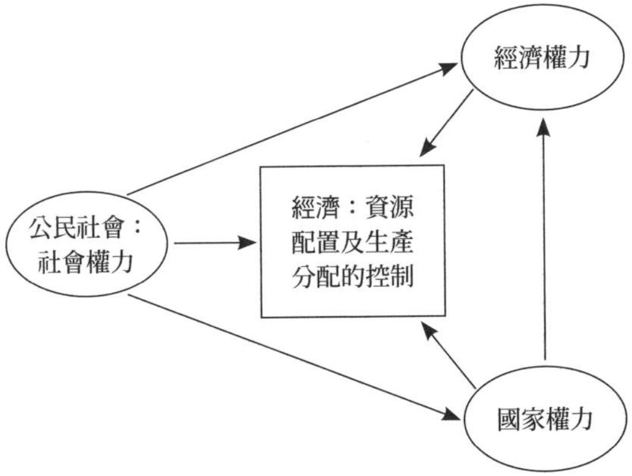

圖1——社會培力的途徑
（資料來源：Wright 2010: 130）

續前文的討論，並對一些晚近的「**民主創新**」做初步的分類與評估。

> **民主創新**（democratic innovation）
>
> 在既有的代議民主體制之下或之外強化民主參與機制、落實民主價值。重要的例子包括如參與式預算（讓一般公民參與預算的編列與執行）、合作社運動（在企業內部實踐民主）、審議民主（透過「公民會議」、「公民大會」、「願景工作坊」等各種形式提升公共討論的品質，讓不同的偏好與價值對話）。在民主實踐中使用新技術（如線上投票、線上討論）也可歸類為民主創新。

首先要討論的，是萊特、馮雅康等學者大力倡議的「培力參與式治理」（empowered participatory governance）。這種模型強調政治決策過程（國家權力）的徹底民主化（受公民社會控制），並將民主治理與社會培力緊密結合（Fung 2003; 2006; Fung & Wright 2003a; 2003b）。根據萊特等人的說明，「培力參與式治理」大致有三項**基本原則**（Fung & Wright 2003b: 16-20）：

實務取向（practical orientation）：關注實際的、切身的問題（如預算分配、改善社區治安、生態保育）。

由下而上的參與（bottom-up participation）：將最受到政策影響的人（如在地居民，也通常擁有最多貼近在地脈絡的知識與經驗）納入決策過程，而非仰賴個別的「專家」或政治菁英。同時，草根團體與基層公民的廣泛參與有助於鬆動既有的政治結構（如侍從主義、派系政治）。

透過審議解決問題（deliberative solution generation）：參與者相互聆聽與溝通，試圖尋求集體行動的基礎；從數人頭、比拳頭的以「力」服人逐漸轉化為以「理」服人。而許多有創意的策略與解決方案，往往就是透過集體的審議與思辨才激盪出來。

此外，「培力參與式治理」具有三項**制度特徵**（Fung & Wright 2003b: 20-23）：[4]

分權（devolution）：將中央的行政權力下放給地方單位（如社區委員會、企業的職員代表會等等）。這些地方單位有權設計、執行各種解決方案，並受到監督。

集中化的監管與協調（centralized supervision and coordination）：地方單位與上級機構需聯繫

4 在《真實烏托邦》中，萊特將前述三項「基本原則」以及這裡的三項「制度特徵」統稱為培力式參與治理在制度設計上的六項一般原則（Wright 2010: 161-66）。

在一起，以形成一種「相互協調的分權模式」（coordinated decentralization）。上級機構可透過各種方式強化地方民主審議、解決問題的品質。換言之，權力雖然分散化，卻不是「各自為政」。

以國家為中心（state-centered）：一般的社會運動從外部對國家機器施加壓力，但「培力參與式治理」試圖**轉化原有的統治結構與決策過程**，把國家的統治機制轉化為審議的、納入常民的運作機制，使一般公民的參與**制度化**。

最後，「培力參與式治理」具有三項**制度目標**（Fung & Wright 2003b: 24-26）：

有效解決問題：透過審議程序，將在地知識（local knowledge）與實作經驗匯集起來，一方面可以形成比較好的問題解決方案，一方面也能提高決策的正當性，讓參與者更願意執行決策。

公正性（equity）：將資源導入較匱乏的社會群體與部門（如貧困社區）；將處境較不利者（如弱勢社區居民與工人）納入決策體系；以審議（而非權力、地位、金錢）為基礎的決策方式，較可能產生公正的結果。

廣泛而深入的參與：（一）提供了既有政治遊戲規則（投票、參加利益團體、尋租……）

以外的參與管道；（二）提供了足夠的誘因：參與的民眾能真正地行使國家權力；（三）民眾的參與程度既廣且深：從「決策」、「執行」、「監督執行」到「評估執行成效」都盡可能納入公民的參與。

對萊特來說，「培力參與式治理」結合了「直接民主」與「深度民主」，是民主程度最高的一種治理模式（見表1）。

萊特等學者常將巴西（尤其是愉港）的參與式預算、印度喀拉拉邦（Kerala）「人民規畫運動」等案例，當成「培力參與式治理」的典範（Fung & Wright 2003a; 2003b）。喀拉拉邦人口三千餘萬，光是一九九七到一九九八年的人民規畫運動，就有超過兩百萬名民眾參與（見下頁表2）（Isaac & Heller 2003; Heller & Isaac 2005; Heller et al. 2007; Matthew 2007; Rajasekharan 2007；吳曉黎，二〇〇九）。多年發展下，喀拉拉邦二〇一一年的人類發展指數（Human Development Index）不僅高達零點七九（印度全國為零點五四七），接近聯合國歸類的「非常高的人類發展」，公民社會也更加蓬勃發展（Heller et al. 2007）。

表1——民主治理的類型

	薄弱民主	深度民主
代議民主	由菁英支配的選舉民主	平等主義的選舉民主
結社民主	官僚統合主義	民主社團統合主義
直接民主	公民投票	培力參與式治理

（資料來源：Wright 2010: 154）

表2 ——印度喀拉拉邦「人民規畫運動」（1997-1998）

階段	時間	目標	活動	大眾參與
地方大會（grama sabha）	1997年8-10月	找出民眾的需求	在鄉村及市鎮舉辦大會	200萬名民眾參與
發展會議（development seminar）	1997年10-12月	評估各地區的資源與問題；提出在地的發展策略	組織會議，撰寫發展報告	30萬名代表參與
任務小組（task forces）	1997年11月-1998年3月	準備提出具體計畫	任務小組開會	10萬名自願者參與
草根層級	1998年3-6月	提出草根層級的計畫	選出的代表開會、提出計畫	2萬5千名自願者參與
較高層級	1998年4-7月	提出較高層級的計畫	選出的代表開會、提出計畫	5千名自願者參與
志願技術團隊	1998年5-10月	評估、批准各項計畫	各專家委員會開會	5千名自願的技術專家參與

（資料來源：Isaac & Heller 2003: 84）

由於「培力參與式治理」可視為**政治決策過程（國家權力）的大幅民主化（受公民社會控制）**。因此，它的「社會培力」途徑可參考圖2。[5]

本文討論的第二種「民主創新」，是萊特所謂的「參與式社會主義」（Wright 2010: 143-44）。在此，我想集中討論的案例是阿根廷的**接管工廠與合作運動**。

阿根廷於二〇〇一到二〇〇三年爆發嚴重經濟危機後，出現大量的接管工廠運動，經常出現的口號是「占領、抵抗、生產！」（*ocupar, resistir, producir!*）。在工人的接管與自治下，一家又一家「由工人復甦的企業」（*empresas recuperadas por sus trabajadores*）重新步上軌道，取得驚人的成就。這場運動遍及各產業，如食品、鋼鐵、紡織、塑膠、玻璃、橡膠、設計、運輸、餐廳、

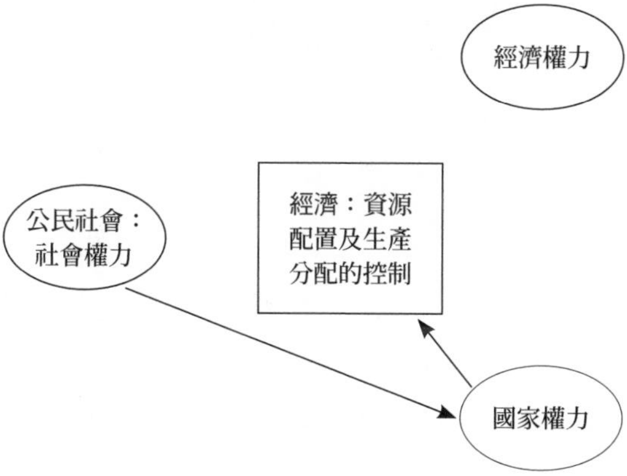

圖2——培力參與式治理

5 請讀者注意：雖然我運用了萊特的分析架構，但我不盡然同意他自己對這個架構的應用方式，因此，請勿將我的觀點與萊特的觀點混淆。

醫療等，甚至包括一家五星級旅館。

這些企業中的員工多半組成了合作社，以民主討論的方式進行決策；其他的（被接管的）公司以及政府單位則提供諮詢與協助。到了二〇一〇年，已經有兩百零五家被「復甦」的公司，共計九千三百六十二名員工（二〇〇四年僅有一百六十一家公司，六千九百名員工）。巴西、烏拉圭、巴拉圭都有類似的例子（Lavaca Collective 2007; Ratner 2009; Harnecker 2009; Palomino et al. 2010; Vieta 2012; 2019; 2020）。在這類運動中，國家的角色仍不可輕忽，如阿根廷政府（在公民社會的龐大壓力下）願意承認這種**挑戰私有產權邏輯**的運動，並為這些工廠提供低利貸款、協助工人自主管理，這都是這類運動成功的必要條件。

「由工人復甦的企業」的重要特徵包括：與其他社會運動的結盟、與在地社區融為一體、新的工作方式（揚棄傳統的勞心／勞力之分、由上級發號施令的工作習慣）、民主的決策機制（員工大會是最高權力機關，強調建立共識）、與其他的工人合作社團結合作（分享訂單、提供資金援助）、與知識分子的對話（學者與學生進入工作現場與工人對話），以及高度的自主性（工人被迫在政府、工會都不支持的孤立環境下，學習靠自己來解決問題）（Harguindeguy 2009: 264-6）。

其中一個重要案例，是位於阿根廷西南部內屋肯省（Neuquén）的磁磚工廠——「沒有老闆的工廠」（FaSinPat，縮寫自 *Fábrica Sin Patrones*，該工廠原名為 Zanón）。從一九九〇年代起，該公司的工會便牢牢掌握在資方手中。改革派工人於二〇〇〇年在工會內部取得勝利，開始要求改善勞動條件，經常與資方發生衝突。二〇〇一年十一月，Zanón欠薪裁員，公司負責人試圖脫產後宣布關廠。二〇〇二年三月，經員工投票，兩百四十名員工占領工廠並恢復生產。

其中，阿根廷的小型左翼政黨「社會主義工人黨」（*Partido de los Trabajadores Socialistas*, PTS）的領導人高多伊（Raúl Godoy）是改革派工會的核心成員，也是接管工廠後新的工會領導人。Zanón的四百七十五名員工中，有十五名是社會主義工人黨的活躍幹部，他們不但與其他基層工人互動密切，更有意經營工廠與周邊社區的關係。剛接管工廠時，他們便捐贈磁磚到社區中心及醫院，並在社區舉辦文化活動。二〇〇五年，工人投票決議在附近的一個貧窮社區Nueva España興建一間社區診所。過去二十年來，該社區居民一直向內屋肯省政府要求這樣的診所，卻始終沒有得到回應，但「沒有老闆的工廠」三個月就將診所蓋好，因此得到社區居民的全力支持。這種互惠關係，是維繫「沒有老闆的工廠」於不墜的重要力量。此外，二〇〇〇年，Zanón的新工會還協助組織了內屋肯省的陶工總工會（*Sindicato de Obreros y Empleados Ceramistas de Neuquén*, SOECN），他們以此為基礎，大力支援失業者運動及其他工會運動。

這種「參與式社會主義」可視為**以（民主化的）國家權力為後盾，由公民社會對經濟領**

域進行直接控制。因此，它的「社會培力」途徑可參考圖3。

第三種「民主創新」的類型，是研究公民社會可能透過哪些機制，以「自我組織」與「自我管理」的方式，來共同管理共有資源、克服「共有資源的悲劇」（tragedy of the commons）。

由大眾共享的資源（「共有財」，英文稱為common goods或common-pool resources）往往因大眾自私自利、搶搭便車，而得到最少的照顧，出現「竭澤而漁」的窘境。一般認為，要解決這種困境，只有「交給國家」（利維坦模式）或「交給市場」（私有化模式）兩條路可走。但這兩條路各有其限制。首先，若由國家單方面治理（國有化），可能出現無效率、權力壟斷、尋租、缺乏充分資訊之弊。[6] 其次，共有財雖然和一般私人物品一樣具「競爭性」（資源有限，一人的使用會減少他人的使用），但「排他性」很低（不容易排除其他使用者），或者不應該以人為的方式賦予排他性（如森林、漁業、水資源……），因此難以單純透過市場機制來配置資源。

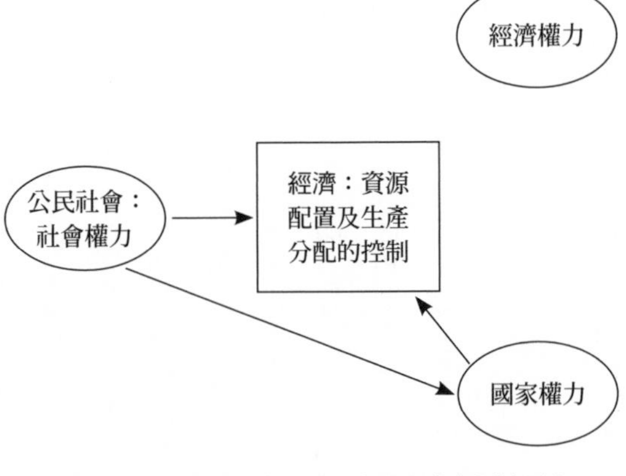

圖3——參與式社會主義：合作運動與經濟民主

據此，美國政治學會前理事長、二〇〇九年諾貝爾經濟學獎得主歐斯壯（Elinor Ostrom, 1933-2012）及其研究團隊，在一系列著作中主張在國家與市場之外另闢蹊徑，在理論與經驗上尋找一種以信任、合作與互惠為基礎的治理模式（Ostrom 2000; 2005; 2010; Ostrom et al. 1994; 1999; Dolšak & Ostrom 2003; Sandler 2010; Vollan & Ostrom 2010; Poteete, Janssen & Ostrom 2010）。

其中，歐斯壯一再討論的土耳其阿蘭亞（Alanya）的漁民生產合作社就是很好的例子。當地的漁民在一九七〇年代設計出一種精緻的制度，除了整頓所有領有執照的漁民外，也劃分捕撈點，並由抽籤決定捕撈順序，平等利用漁場的資源。如此一來，所有漁民都有機會在優良的漁場捕撈，也沒有發生過度捕撈的情況。由於漁民高度支持，這種制度一直維繫至今。在相互監督的過程下，雖偶有違規，但都能由漁民自行解決爭端。這種制度不是私有化的制度，但是使用捕撈點的權利和尊重這些權利的責任卻界定得很清楚（Ostrom 2000: 37-9）。阿蘭亞漁民合作社的例子告訴我們，在哪些條件下，可以逐漸形塑出「有條件的合作者」（若他人願意合作，則我也樂意合作）與相應的監督／懲罰機制。

6 斯科特（James C. Scott）的經典作品《國家的視角》（*Seeing Like a State: How Certain Schemes to Improve the Human Condition Have Failed*, 1999）便認為，「高度現代主義」（high modernism）的社會工程由於不尊重、甚至試圖消滅「地方知識」（斯科特稱之為 *metis*，意即只能由實作經驗而來的知識），可謂注定失敗。

魯斯塔吉（Devesh Rustagi）、恩格爾（Stefanie Engel）和科斯菲爾德（Michael Kosfeld）在刊登於《科學》（*Science*）的研究中，則針對衣索比亞貝爾（Bale）山區的奧洛莫族（Oromo）進行研究，觀察他們如何永續利用森林資源（Rustagi, Engel & Kosfeld 2010）。研究團隊針對四十九個地區、六百七十九名居民進行研究，發現若「有條件的合作者」占該地區居民比例越高，該地區便花費越多時間、資源來進行巡邏工作，維持森林保育的成效就越好；[7]若比例低，則搭便車的行為就越普遍。換言之，「有條件的合作」與「耗費成本的監督（機制）」（costly monitoring）有高度的正相關性，而後者又是維持合作關係、避免資源濫用的必要條件。

這類案例的共通點是：使合作成為可能的各種條件本來並不存在，但透過「人為」的方式創造出這些條件後，在地人士便能透過合作來克服社會困境問題（social dilemma problems）（Guala 2012: 12）。

精彩的案例不需遠求。我們發現，台灣屏東縣東港鎮的櫻花蝦產銷班也進行了相當類似的「自主管理」行動。由漁民發起、漁會輔助，成立了櫻花蝦產銷班，

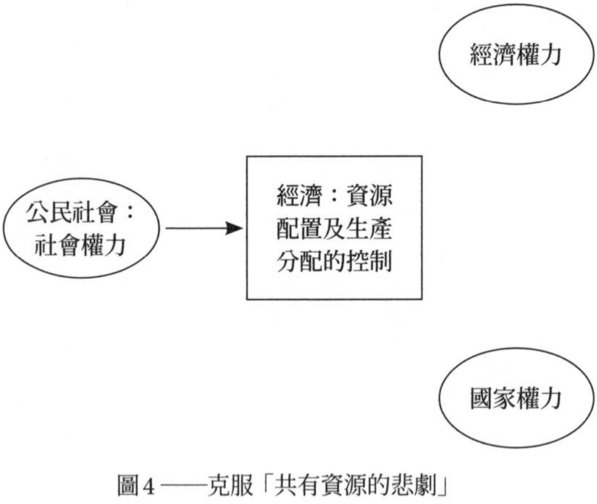

圖4——克服「共有資源的悲劇」

將政府發牌有照的船隻皆納入產銷班進行統一管理；漁民以民主方式選出幹部，也限制捕獲箱數，以穩定價格。為了避免共有資源被濫用，漁民也設計出合適的捕撈期與休息時間，除了讓漁民有穩定的生活環境外，也讓漁場得到適度的休息（李懿潔、萬毓澤，二〇一二）。

上述這種針對「共有資源」的民主治理模式，可視為**公民社會對經濟領域進行直接控制，國家權力只扮演輔助或搭配的角色**。其「社會培力」途徑可見圖4。

當然，民主創新及社會培力的途徑絕不止這幾種。我們樂見未來的研究繼續以萊特的分析架構為基礎，進一步討論不同的民主治理類型與案例。

＊　＊　＊

在民主價值日益受到懷疑的今天，如何拒絕右翼民粹及反民主思潮的誘惑，已成當務之急。本文的核心論點是：民主的價值在於「社會培力」，使公民有機會壯大自己的力量，成為「自我管理」的主體。這樣的主體不是孤立的「經濟人」，而是強調互惠、合作、平等、

7　一個地區若有百分之六十的「有條件的合作者」，則該地區每個月花在巡邏的時數比「有條件合作者」人數為零的地區多出十四小時。

溝通的民主公眾（democratic public）。

延續萊特的思路，「社會培力」的重要目標是讓社會同時不受國家與市場的支配，而要達到這個目標，「自我管理」的領域就必須延伸到經濟場域，使經濟力量能夠臣服於民主的控制。透過本文的討論，應該有助於我們重拾對民主的信心。但重拾信心之餘，不該將眼界囿於既有的代議民主體制，而是要拓寬我們的民主視野，將民主的價值重新標舉出來：國家與市場之外的社會培力，以及公民的自我管理。

參考書目

李懿潔、萬毓澤。二〇一二。〈共有資源的民主治理：以東港櫻花蝦產銷班為例〉。二〇一二台灣社會學會年會，東海大學社會學系。

吳曉黎。二〇〇九。《社群、組織與大眾民主：印度喀拉拉邦社會政治的民族誌》。北京：北京大學出版社。

萬毓澤。二〇一三a。〈「參與式預算」的興衰浮沈：巴西愉港的故事〉。巷仔口社會學，http://twstreetcorner.org/2013/06/17/wanyuze/。

——。二〇一三b。〈參與式預算：巴西愉港與阿根廷布宜諾斯艾利斯的比較〉。二〇一三台灣社會學會年會，政治大學社會學系。

——。二〇一五。〈巴西愉港的參與式預算：神話與現實〉。收錄於鄭麗君編，《參與式預算：咱的預算，咱來決定》，頁二九～七三。台北：財團法人青平台基金會。

——。二〇一八。〈對照記：「自我管理」視角下的馬克思與卡斯托里亞迪斯〉。《二十一世紀》一六七：六七～八六。

Brennan, Jason（傑森・布倫南）。二〇一八。《反民主：選票失能、理性失調，反思最神聖制度的狂換與神話！》，劉維人譯，台北：聯經。

Bröckling, Ulrich. 2015. *The Entrepreneurial Self: Fabricating a New Type of Subject*. Los Angeles: Sage.

Brown, Wendy. 2015. *Undoing the Demos: Neoliberalism's Stealth Revolution*. New York: Zone Books.

Castoriadis, Cornelius. 1957. "Sur le contenu du socialism (II)," *Socialisme ou barbarie* 22: 1-74.

——. 1964. "Marxisme et théorie révolutionnaire," *Socialisme ou barbarie* 36: 1-25.

——. 1979. "Socialisme et société autonome," in *Le contenu du socialisme*. Paris: 10/18.

——. 1991 [1983]. "The Greek *Polis* and the Creation of Democracy," in David Ames Curtis (ed.) *Philosophy, Politics, Autonomy: Essays in Political Philosophy*. New York: Oxford University Press, pp. 81-123.

——. 1997 [1989]. "Done and To Be Done," in David Ames Curtis (ed.) *The Castoriadis Reader*. Oxford: Blackwell Publishers, pp. 361-417.

——. 1999. *Figures du pensable*. Paris: Seuil.

——. 2005. *Une société à la dérive. Entretiens et débats (1974-1997)*. Paris: Seuil.

Cohen, Joshua. 2009. "Reflections on Deliberative Democracy," in Thomas Christiano and John Philip Christman (eds) *Contemporary Debates in Political Philosophy*. Oxford: Blackwell, pp. 247-64.

Connell, Raewyn. 2007. *Southern Theory: The Global Dynamics of Knowledge in Social Science*. Cambridge: Polity.

Dolšak, Nives and Elinor Ostrom (eds) 2003. *The Commons in the New Millennium: Challenges and Adaptation*. London: MIT Press.

Fotopoulos, Takis. 2003. "Inclusive Democracy and Participatory Economics," *Democracy & Nature* 9(3): 401-25.

Foucault, Michel. 2008. *The Birth of Biopolitics: Lectures at the Collège de France, 1978-1979*. Basingstoke: Palgrave Macmillan.

Fung, Archon. 2003. *Empowered Participation: Reinventing Urban Democracy*. Princeton, N.J.: Princeton University Press.

——. 2006. "Varieties of Participation in Complex Governance," *Public Administration Review* 66: 66-75.

Fung, Archon and Erik Olin Wright (eds) 2003a. *Deepening Democracy: Institutional Innovations in Empowered Participatory Governance*. London: Verso.

——. 2003b. "Thinking about Empowered Participatory Governance," in Archon Fung and Erik Olin Wright (eds) *Deepening Democracy: Institutional Innovations in Empowered Participatory Governance*. London: Verso, pp. 3-42.

Go, Julian. 2013. "For a Postcolonial Sociology," *Theory & Society* 42(1): 25-55.

——. 2016a. *Postcolonial Thought and Social Theory*. New York: Oxford University Press.

——. 2016b. "The Southern Solution: Perspectival Realism and Postcolonial Sociology," available at http://futureswewant.net/julian-go-southern-solution/.

Guala, Francesco. 2012. "Reciprocity: Weak or Strong? What Punishment Experiments Do (and Do Not) Demonstrate," *Behavioral and Brain Sciences* 35(1): 1-15.

Hahnel, Robin. 2005. *Economic Justice and Democracy*. New York: Routledge.

Harguindeguy, Laura Collin. 2009. "Resurrected Enterprises and Social Mobilization in Argentina," in David Fasenfest (ed.) *Engaging Social Justice: Critical Studies of 21st Century Social Transformation*. Leiden: Brill, pp. 253-74.

Heller, Patrick and T. M. Thomas Isaac. 2005. "The Politics and Institutional Design of Participatory Democracy: Lessons from Kerala, India," in Boaventura de Sousa Santos (ed.) *Democratizing Democracy: Beyond the Liberal Democratic Canon*. London: Verso, pp. 405-43.

Heller, Patrick, K.N. Harilal and Shubham Chaudhuri. 2007. "Building Local Democracy: Evaluating the Impact of Decentralization in Kerala, India," *World Development* 35(4): 626-48.

Isaac, T. M. Thomas and Patrick Heller. 2003. "Democracy and Development: Decentralized Planning in Kerala," in Archon Fung and Erik Olin Wright（eds）*Deepening Democracy: Institutional Innovations in Empowered Participatory Governance*. London: Verso, pp. 77-110.

Lavaca Collective. 2007. *Sin Patrón: Stories from Argentina's Worker-Run Factories*. Chicago Ill.: Haymarket Books.

Marx, Karl（卡爾・馬克思）。二〇〇九（一八七一）。《法蘭西內戰》。收錄於中共中央馬克思恩格斯列寧斯大林著作編譯局譯，《馬克思恩格斯文集》第三卷，北京：人民出版社。

Matthew, Bobby. 2007. "Emergence of New Institutions through Participatory Democracy: An Evaluation of Kerala Experiment," in Thodupuzha M. Joseph (ed.) *Local Governance in India: Ideas, Challenges and Strategies*. New Delhi: Concept Publishing, pp. 254-73.

Ostrom, Elinor（埃莉諾・奧斯特羅姆），余遜達，陳旭東譯。二〇〇〇。《公共事物的治理之道：集體行動制度的演進》。上海：三聯。

——. 2005. *Understanding Institutional Diversity*. Princeton, NJ: Princeton University Press.

——. 2010. "Beyond Markets and States: Polycentric Governance of Complex Economic Systems," *American Economic Review* 100(3): 641-72.

Ostrom, Elinor, Roy Gardner, and James Walker. 1994. *Rules, Games, and Common-pool Resources*. Ann Arbor: University of Michigan Press.

Ostrom, Elinor, Joanna Burger, Christopher B. Field, Richard B. Norgaard, and David Policansky. 1999. "Revisiting the Commons: Local Lessons, Global Challenges," *Science* 284: 278-82.

Palomino, Héctor, Ivanna Bleynat, Silvia Garro, and Carla Giacomuzzi. 2010. "The Universe of Worker-Recovered Companies in Argentina (2002- 2008): Continuity and Changes Inside the Movement," *Affinities: A Journal of Radical Theory, Culture, and Action* 4(1): 252-87.

Pateman, Carole（卡羅爾・佩特曼），陳堯譯。二〇〇六。《參與和民主理論》（*Participation and Democratic Theory*）。上海：上海人民出版社。

Rajasekharan, K. 2007. "Decentralisation in Kerala: Problems and Prospects," in Thodupuzha M. Joseph (ed.) *Local Governance in India: Ideas, Challenges and Strategies*. New Delhi: Concept Publishing, pp. 274-96.

Rustagi, Devesh, Stefanie Engel, and Kosfeld, M. 2010. "Conditional Cooperation and Costly Monitoring Explain Success in

Forest Commons Management," *Science* 330: 961-5.

Sandler, Todd. 2010. "Common-Property Resources: Privatization, Centralization, and Hybrid Arrangements," *Public Choice* 110: 317-24.

Schweickart, David. 1992. "Economic Democracy: A Worthy Socialism That Would Really Work," *Science & Society* 56(1): 9-38.

——（戴維・施韋卡特），李智、陳志剛譯。二〇〇二。《反對資本主義》（*Against Capitalism*）。北京：中國人民大學出版社。

——（戴維・施韋卡特），宋萌榮譯。二〇〇六。《超越資本主義》（*Beyond Capitalism*）。北京：社會科學文獻出版社。

Vieta, Marcelo. 2012. "From Managed Employees to Self-Managed Workers:The Transformations of Labour at Argentina's Worker-Recuperated Enterprises," in Maurizio Atzeni (ed.) *Alternative Work Organizations*. New York: Palgrave Macmillan, pp. 129-56.

——. 2019. "Recuperating and (Re) learning Autogestión in Argentina's Empresas Recuperadas Worker Cooperatives," *Journal of Cultural Economy* 12(5): 401-22.

——. 2020. *Workers' Self-Management in Argentina: Contesting Neo-Liberalism by Occupying Companies, Creating Cooperatives, and Recuperating Autogestión*. Leiden: Brill.

Vollan, Björn and Elinor Ostrom. 2010. "Cooperation and the Commons," *Science* 330: 923-4.

Wolff, Richard. 2012. *Democracy at Work: A Cure for Capitalism*. Chicago: Haymarket Books.

Wright, Erik Olin. 2010. *Envisioning Real Utopias*. London: Verso.（中譯本：艾瑞克・萊特，黃克先譯。二〇一五。《真實烏托邦》。台北：群學。）

「自由」的百科全書：從維基百科看網路社群自治及網路言論審查

陳舜伶｜中央研究院法律學研究所

維基百科始於二〇〇一年，起初受到傳統媒體與百科出版社的質疑與批評，但如今已成為訪問率前五大的網站。維基百科的名稱結合支援線上多人即時共筆編輯應用程式「wiki」以及百科全書「encyclopedia」而來，透過wiki介面，一般人皆可以創建條目、參與編輯，但也正因如此，維基百科強調大眾對其內容不應盡信，且對維基百科以外的資訊也應抱持健康的懷疑。同時，維基百科社群對於收錄內容與參與者的行為發展出許多原則與規範，反映了參與者對於百科編撰工作的想像及共享的價值。本文簡介維基百科編輯的基本原則、社群如何發展與執行相關規範、這個非營利組織在制度上如何協助社群維持其自治空間，以及維基百科社群如何處理隱私與言論自由的衝突。

何謂「自由的」百科全書？

「百科全書」是系統化彙整知識的工具書，傳統上代表一種權威性的知識來源，由專業的團隊編輯、邀請學者專家撰寫各該領域的相關條目，一整套百科全書動輒十幾二十幾本，價格不菲。例如《大英百科全書》在二〇一〇年印行的最後版本共有三十二冊，總重六十二公斤，可以占掉一公尺寬的書架，售價一千一百九十五英鎊（Flood 2007）。傳統百科全書須考量編印成本與市場可接受的價格，但即使冊數再多，所能收錄的條目與各條的篇幅也還是十分有限，更新改版更是工程浩大、無法即時反映重大發現或發展；同時受限於紙本媒介的特性，往往僅能收錄可以用文字、圖像、符號表達的資訊。為了查找一個條目，家中無法負擔一套、也無法取得更新版本的人必須先到圖書館，查看某百科是否有一致或接近的條目，找到正確的分冊，再從厚重的分冊中翻出所需要的一、兩頁文字。有鑒於傳統紙本百科各種使用上的困難，一九九〇年代個人電腦與網際網路普及以來，資訊業者紛紛推出數位、線上的多媒體百科全書，如 Encyclopedia.com、Encarta 等，加入與傳統百科出版社競爭的行列。但當時大家可能很難想像，今天最成功、普及的線上百科全書，會是一部由線上社群共同編寫、以非營利方式經營的維基百科。

維基百科的名稱結合支援線上多人即時共筆編輯應用程式「wiki」以及百科全書「encyclopedia」而來。透過wiki介面，一般人皆可創建條目、參與編輯，但也正因如此，維基百科強調大眾對其內容不應盡信，且對維基百科以外的資訊也應抱持健康的懷疑，參與編輯者在撰寫內容時應附上可信賴的來源以供讀者自行檢證，這與傳統百科全書出版社強調專家撰寫、專家編輯，宣稱提供讀者可以信賴的權威知識模式迥異。維基百科始於二〇〇一年，起初受到傳統媒體與百科出版社的質疑與批評，但如今維基百科已成為訪問率前五大的網站（Alexa 2019）。截至二〇一九年，維基百科共有超過三百個語種，其中最大的英文維基百科有近六百萬條條目，中文維基百科條目也超過一百萬條。曾有藝術家把二〇一五年之前、各語種加起來共一千一百萬條（當時英文版共約五百萬條）的內容排版成一般紙本百科的形式，以每冊七百頁計算，全部印出會有七千四百七十三冊；曾參與編輯者高達七百五十萬人，光是條列作者名字就會占掉其中的三十六冊（Mandiberg）。

要讓人人可編輯，除了在資訊技術上採用協作軟體之外，另一個要點是法律技術，因為文字或照片、影像等組成維基百科的元素，都是著作權法所涵蓋的著作類型，著作權法賦予作者各種專屬權利，包括：作品的重製（如影印、儲存新檔）、改作（如改寫、翻譯、裁剪）、散布（如販售實體複製本、透過網路傳送電子檔或提供檔案下載）等，若未取得作者授權，原則上都會被視為是侵權。此種規範結構對維基百科這種去中心化的多人協作模式相當不利。為解決法律上的困難，維基百科仿效自由軟體社群透過自由授權的方式，讓所有參與者在提出貢獻時皆選擇同樣的開放授權條款，授予大眾廣泛使用著作的權限，技術上解決了著作權法對開放協作的限制，也允許大眾將維基百科的內容在其他地方做不同方式的利用。此即「自由」的百科全書。

網路空間不像紙本百科受載體侷限，可以收錄更多條目、條目篇幅也可更長，但這並不表示維基百科什麼內容都收，參與編輯者也不是在上面寫什麼都可以。恰恰相反，維基百科社群對於收錄內容與參與者的行為發展出許多原則與規範，反映出參與者對於百科編撰工作的想像及共享的價值。可以說，社群自治正是維基百科的核心。本文接下來將簡介維基百科編輯的基本原則、社群如何發展與執行相關規範，負責營運的維基媒體基金會與社群的關係，以及這個非營利組織在制度上如何協助社群維持其自治空間。接著，針對隱私與言論自由這兩個在維基百科編撰工作中皆屬重要但又不時相互矛盾的價值，以實際的例子說明維基百科社群如何處理這些衝突。

共筆、協作平台

透過線上應用程式，讓多人可以在不同時、不同地，透過網路合作生產文件。維基百科所使用的wiki是線上共筆程式的一種，使用者在自己的瀏覽器所建立的文件或在文件中所做的更動會即時反映在伺服器端，其他人能隨時存取伺服器端的最新版本，並繼續透過各自的電腦連線編輯。

自由授權，開放授權

共筆或協作涉及各種對他人著作的利用，如重製、改作、散布，而這些利用都是著作權法賦予作者的專屬權利。一九八〇年代，一些軟體工程師為能在著作權法的規範下分享程式碼與共同開發軟體，發展出自由軟體授權模式，程式開發者依法主張著作權，但授權大眾可自由分享、修改，並與他人分享修改版本。隨著網路發展，資訊傳遞便利、協作盛行，軟體以外的作品也逐漸採用類似的自由授權模式，Creative Commons（台灣譯為創用CC）系列授權條款便為一種開放授權。各種授權條款細節不一，有些不允許商業利用、有些允許散布但不允許改作，如要稱為「自由授權」，必須允許各種形式與目的的利用，並且允許複製、散布與改作。有些授權方式要求改作也需要使用同樣方式授權（我讓你用我的作品，你也要讓其他人對你改作之後的成果有同樣的使用權限），這種條款有人稱為「copyleft」，用著作權之矛攻著作權之盾——法律給著作權人這麼多權限，而這個條款反過來讓著作權人給大眾廣泛的授權並要求作品後續利用者也比照辦理，希望讓可供公眾使用的著作越來越多。維基百科採用的創用CC授權方式是「姓名標示-相同方式分享」，不限制利用方式也不限制改作，是一種有copyleft的自由授權。

維基百科與社群自治

人人可編輯≠什麼內容都可以

大多數人可能不知道維基百科最初其實是由其共同創辦人威爾斯（Jimmy Wales）所經營的商業公司Bomis所營運，該公司最初的線上百科Nupedia雖然是自由授權，但採取傳統百科全書的專家編修模式。由於進展緩慢，二〇〇一年以當時剛開始發展的wiki應用程式建立維基百科，嘗試以公眾之力先生產內容，再逐步將條目移至Nupedia。未料wiki的概念大獲成功，不論是編輯社群和內容都在短時間內迅速成長，Bomis不久後便專注於維基百科發展，放棄Nupedia。

參與維基百科編輯的門檻很低，在同意採用自由授權的前提下，從條目上方進入「編輯」分頁，任何人都可以從讀者進階為參與編輯者，逕行修改、補充條目內容並發布變更。對條目內容有所質疑時，除了直接修改文章，也可以先到討論分頁看是否有人已提出同樣的疑問、有過哪些不同意見，並加入自己的想法。編輯條目或參與討論都毋須註冊，註冊也不須填寫個資、不要求實名，只要設定帳號跟密碼，甚至連電子郵件都是選填。未註冊者或未登入帳號時所做的編輯在條目或討論歷史中會顯示電腦連線的ＩＰ位置，有心人士可進一步查到編輯者的實體位置與身分。對個別編輯者而言，註冊並使用固定帳號除了可以累積自己在社群的人際關係與聲譽，個別帳號的編輯歷史也有助於其他社群成員了解該使用者是否能遵循社群的編輯方針與行為規範。個別帳號的編輯歷史可能反映該用戶的專長、成長背景、政治與社會議題傾向，甚至作息，但由於註冊時不要求使用者提供任何個資，因此參與編輯者若使用帳號編輯，隱私風險反而較低。

習慣傳統百科編輯模式的人經常質疑維基百科。曾任《大英百科》總編輯的麥克亨利（Robert McHenry）就以公共廁所來形容維基百科：「使用者如果看到環境髒亂則會提高警覺，如果看起來還算乾淨則可能掉以輕心，但使用者無法得知誰使用過這個設施。」（McHenry 2004）與麥克亨利的認知恰恰相反，維基百科每個條目都有編輯歷史，除了可以知道所有參與過編輯的使用者，也可以透過版本比較看到每一筆編輯的具體內容。雖然不一定知道使用者的真實身分，但任何人都可以從既有文獻裡整理出有用的資訊，因此重要的不是誰來編輯，也不是編輯者本身的教育背景或學術地位，而是這些資訊內容是否可供查證（Verifiability），以及資訊的來源是否可靠（Reliable source）（維基百科 a）。此外，維基百科並不收錄原創性的研究（No Original Research），不論是個人經驗、觀點或研究，只要是未經發表在有查核機制且有聲譽的第三方出版物，原則上都不予收錄。這點也跟可供查證性有關，對個人而言再真實的資訊，只要其他人無法查證，便無從討論其正確性（維基百科 b）。因為維基百科強調的是所有讀者自行檢證的能力與機會，也期待讀者自行檢證內容，並對欠缺來源的資訊加以存疑，甚至直接刪除這些內容，或標註「來源請求」以提醒其他讀者應審慎對待這些資訊。雖然要求提供「可靠來源」可能只是代換掉百科出版社及其團隊作為知識守門人的地位，並沒有直接挑戰知識生產的階序（hierarchy），但以這一小步作為開端，維基百科將過去僅屬於專家學者的百科編輯場域向大眾開放，也有數百萬人把握了這個機會，參與了對於百科知識內容界定的討論，在這過程中進一步對何謂「可靠來源」提出質疑（Wikipedia a）。[1]

人人可編輯的另一個問題是，參與編輯者可能因立場不同而有僵持不下的情形。維基百科編輯方針要求條目內容保持觀點中立（Neutral Point of View），但這不表示社群認為有一個、單數的中立觀點，而是條目內容應能持平地呈現不同觀點及其重要性（維基百科 c）。每位參與者都可以協助編輯方針的執行，但也有受到信賴的社群成員取得較高的權限，當有些條目

1 例如英語維基百科在二〇一七年經過社群討論，將英國發行量第二大的報紙《每日郵報》（*Daily Mail*）列入不可靠的類別，二〇一九年《太陽報》（*The Sun*）也被加入此一類別。

爭議性高、參與編輯者爭執不下時，有各種工具能讓參與者冷靜下來，權限較高的使用者可以將爭議條目設定不同層級的保護，讓未註冊的使用者或新註冊的用戶暫時無法編輯（維基百科 d）。由於平台的開放性，不免會有人添加奇怪的內容（例如在陽明山條目裡寫自己曾經去放過風箏），編輯者若關心特定條目，可以設定自動通知，得以在條目更動時前去查看內容，也有程式可自動偵測有問題的編輯。維基百科本著自由軟體的精神，認為只要參與者夠多，要發現錯誤不難（given enough eyeballs, all errors are shallow），但前提是關注者也得夠多。即便維基百科的內容擴充不像實體百科受到物理性的限制，參與者人數、時間、精力、貢獻意願仍是有限的，因此，維基百科另一個重要的原則是條目的關注度（Notability），要求條目主題有一定的重要性，除了維持百科的文體，也是為了避免錯誤不實的資訊因條目較不受關注而無法及時移除。

支持社群的非營利法人：維基媒體基金會

Bomis 一開始對於 Nupedia 或維基百科都沒有確切的商業模式，也沒有廣告，但隨著維基百科日益發展、網站流量增大，營運成本也逐漸增加，二〇〇二年威爾斯試著提出在 wikipedia.com 刊登廣告，但 wikipedia.org 維持沒有廣告的構想，引起社群反彈，認為社群付出不是為了讓 Bomis 拿來賺錢。[2] 由於維基百科的內容都是自由授權，西班牙文社群便將西文維基百科的內容「打包帶走」（fork），另外建立一個自由的線上百科全書（Enciclopedia Libre Universal en Español）。不過，網站營運確實需要成本，Bomis 無法長久無償支持維基百科，而西文社群的另起爐灶成為促成維基媒體基金會（Wikimedia Foundation, WMF）、確立以非營利模式營運維基百科的契機。二〇〇三年，維基百科由Bomis移交給在美國立案的WMF，開始透過接受民間捐款來支持營運與維護。換言之，WMF的成立以及維基百科作為一個非營利性質的網站，並不是自然而然發生的，是社群本身意識到其所貢獻的內容才是網站真正的價值，透過集體行動才促成，這也是維基百科後續發展與其他仰賴使用者生產內容（user-generated content）的商業網站（如臉書、YouTube）的根本差異之一。WMF的理事會有半數成員代表社群（由在期間內完成一定數量以上的編輯次數的成員投票選出。或由地域性、主題性分會及用戶組〔user group〕[3] 共同選派），也是維基百科社群確保WMF的運作能認真考量其需求與意見的方式之一。

2 維基百科除了是全球第五大的網站，也是前五十名中唯一非營利性質的網站，目前負責營運維護的維基媒體基金會員工不到四百人，排名更高的谷歌、YouTube、臉書、Baidu.com 等都是員工動輒數萬人的大型上市企業所經營的商業網站。

3 維基社群可依地域或主題自行成立不同的團體，另外成立民間社團（依所在國法立案）或用戶組（未經立案），進行維基社群活動的組織與推動，這些團體與WMF並非上下隸屬關係，僅為可合作之對象與夥伴。

WMF成立之後，除了提供行政支援與網站維護之外，也負有若干法律責任與義務，WMF也因應社群自治需要，逐漸發展出相關政策。例如各國對於哪些言論可能違法的規範不一，在網站內容違法時對營運者的問責與處罰方式也有所不同，當某企業認為條目內容對它有負面描述，即便編輯者並非無中生有，也提供了適當的資訊來源，該企業仍可能以控告誹謗為策略來要脅維基百科移除這些內容，倘若WMF必須為編輯者所提供的內容負責，為避免可能會對網站的穩定營運造成影響，WMF將被迫積極審查內容以預先排除可能爭議，但如此一來，WMF便會介入社群在編輯政策上的判斷，也可能會對參與編輯者的言論造成限制。美國法律規定，網站營運者在不參與內容的生產與編輯時，不須為網站上的內容負責，WMF設立之初雖然不是有意地選擇在美國立案，但在此低度管制的規範環境下，營運者介入使用者活動的外在壓力較低，恰好給予維基社群很大的自治空間，讓社群發展其內部規範與程序，並依此決定內容的去留。不了解維基百科運作的讀者常因為不知道「社群」是什麼、發現錯誤應該向誰反應，習慣性地認為 WMF 這種登記立案的組織應該為內容負責，而草創期的 WMF 也曾為回應這類意見而修改維基百科內容，但在組織制度化之後便將這類對內容的干預程度降到最低，所有的編輯方針制訂與執行皆交由社群成員為之，以維持其在法律上的免責地位。

另一方面，其他國家不像美國，在網站內容觸犯法律時，營運者可以免責，因此如果

WMF在其他國家活動，可能會因為受到該國法律管轄而必須採取主動審查、排除特定內容。為避免此種情況，在維基百科社群逐步發展、擴張之時，WMF決定不在美國境外設置分支機構或網站主要硬體，盡可能維持只受美國法律管轄的地位。雖然一般商業公司也可能透過選擇網路服務營運者最低度管制的法律環境，以減少法律上的責任與義務，但WMF此舉是為了避免WMF在外部壓力下必須介入社群運作，意在讓社群自治的空間極大化，在這個意義上，WMF這個組織宛如國家外部規範與社群內部自治規範的緩衝區，是讓維基百科社群規範能夠運作的重要環節（Chen 2011）。

從隱私與言論自由看維基社群自治

允許匿名但避免開放平台被濫用

編輯條目時可能暴露自己關心的政治議題、社會議題、性傾向等，但如前所述，維基社群強調編輯內容的可靠來源，而非編輯者的教育程度或地位，因此向來允許以匿名或假名進行編輯，減低使用者因真實身分曝光而可能在日常生活受到歧視或傷害的疑慮。但另一方面，也難免有人隱藏身分來妨礙平台正常運作、影響條目品質。例如在編輯爭議條目時，註冊多個傀儡帳號（sock puppets），企圖讓某些觀點的聲量比實際上更大，進而影響條目內容。

雖然維基百科為保護使用者隱私、避免有心人士特定編輯者的真實身分，將已登入帳號的ＩＰ位置視為敏感資料而加以隱藏，但仍有極少數受社群信任的成員，在編輯完成的一定期間內擁有查核用戶（Check User）的權限，可藉由調查問題帳號的ＩＰ位置、編輯行為與模式等，判斷是否有傀儡帳號等故意誤用平台的情形，並可對特定帳號或甚至ＩＰ位置加以封鎖，以避免平台的開放政策受到濫用。查核行為都有紀錄，基於這些紀錄中包含使用者的敏感資訊，只有擁有查核用戶權限者才能查看，但為約制擁有權限者，各語言的維基百科社群至少必須有兩名以上用戶查核員，彼此制衡。透過這樣綿密的思考與設計，維基百科社群企圖達成既保護使用者隱私與言論表達自由，又能避免濫用平台之開放政策兩者之間的平衡。

想要告使用假名的編輯者，可以去跟ＷＭＦ要ＩＰ？

但即便編輯者所提供的內容引用了一般認為可受信賴的資料，仍可能被該條目所指涉的對象指控為誹謗，以訴訟為威脅手段來限制資訊傳播與公共討論。依美國法律，負責營運網站的ＷＭＦ不須對編輯者所提供的內容負責，這類訴訟必須從條目歷史中找出編輯者，並對其提告，但編輯歷史並不會顯示編輯者的ＩＰ，這時作為網站營運者的ＷＭＦ可能會收到索取使用者ＩＰ的傳票，而ＷＭＦ如何處理此類傳票，對編輯者是否能放心地依據社群規範撰寫條目有直接的影響。過去曾有某公司嘗試對維基編輯者提告，由於取得ＩＰ後還需要向網路服務業者（ISP）請求資訊，方能進一步特定使用者，而ＷＭＦ判斷ＩＳＰ應該不會配合，因此便依據當時的隱私權政策提供了編輯者的ＩＰ。但該名編輯者對ＷＭＦ的處理方式表示不滿，認為依法他作為當事人可以挑戰該傳票的適法性，但ＷＭＦ沒有通知他，就給了對方ＩＰ，剝奪了他挑戰傳票內容的機會，對編輯者的隱私保護不足。這個案例中，許多其他社群成員對這位編輯者表達支持，促使ＷＭＦ在同年檢討隱私權政策並依據社群意見修改了相關規定，雖然維基百科不要求編輯者提供電子郵件，但若編輯者選擇提供，當ＷＭＦ收到法院傳票時，會通知編輯者，讓其有機會依法提出異議（Chen 2011）。

當公眾知的權利、編輯言論自由，與條目內容當事人隱私相衝突

維基百科社群自早期便試圖在言論自由與對條目相關人物的隱私權之間找到平衡，這種努力尤其表現在與生者傳記（Biographies of Living Persons）相關的編輯方針中，目的在減少對仍在世的傳記人物或其家人造成不當影響。此類條目除了在資料的可靠性上採取比一般條目更嚴格的標準，對於一些雖屬事實但可能會對當事人帶來困擾的敏感性資料（例如生日、住所、未成年子女等），也採取保守或不予記載的做法。

另一方面，涉及重要或可受公評事件的個人，有時會以隱私權為由要求維基百科刪除

與其相關的描述，此時維基百科社群可能會以資訊流通與言論自由的理由而加以拒絕。二〇〇九年德國便有過此類爭議：曾殺害知名演員並因此入獄服刑的費勒（Wolfgang Werle）主張：依照該國過去憲法法院判決，為能有助於他回歸社會，維基百科應將他的名字移除。德文維基百科一度接受其要求，但費勒進一步控告ＷＭＦ，要求英文維基百科也比照辦理，ＷＭＦ表示基金會並不涉入內容編輯，不論是德文社群決定刪除當事人名稱或英文社群決定保留，ＷＭＦ都予支持，並主張ＷＭＦ並未在德國有資產或進行活動，因此不受德國法管轄（Schwarz 2009）。ＷＭＦ在本案的回應，表現出基金會可作為法律等外部規範與社群自治之間的緩衝，且透過限縮基金會活動地域，選擇適用允許更多社群自治空間的外部規範。費勒除了向ＷＭＦ主張刪除與之相關的內容，還要求德國媒體刪除其檔案中與之相關的紀錄，但德國聯邦法院判決費勒敗訴，二〇一八年歐盟法院也以保障新聞自由為由，認同德國法院的判決（Independent 2018）。

二〇一四年，歐盟法院在「谷歌控岡薩雷斯」(Google Spain v. AEPD and Mario Costeja Gonzalez）一案建立了有限度的「被遺忘權」，允許個人向搜尋引擎服務請求移除與自己相關的搜尋結果，而搜尋引擎在接獲這類請求時，必須考慮搜尋結果是否已因相當時間經過而不再適宜或相關。本案判決雖只對搜尋引擎有直接影響，並不及於包含維基百科在內的其他類型網站，但若維基百科條目上有此類內容，有可能因此種主張，而使該條目連結無法出現在搜尋網站的檢索結果中。此外，被遺忘權也可能增加編輯者在撰寫條目時搜尋資料的困難。岡薩雷斯案中，當事人的資訊移除並未涉及公共利益，因此法官與輿論較容易同情其處境，對於被遺忘權的主張極為有利，但也有人擔心此一權利會被濫用。當事人所主張應被遺忘的內容也可能涉及他人、或為可受公評之事，搜尋引擎業者若由於擔心法律責任，在當事人提出此類刪除請求時採取過於寬鬆的態度，忽略資訊刪除對於他人或公眾的影響，則可能損及言論與新聞自由（Tiberi 2017）。WMF在本案判決後曾發表聲明表示對被遺忘權的質疑，認為移除正確且可被引證的連結，有害資訊的自由流通（Tretikov 2014）。在費勒案中，由於受害人與案件本身都廣受輿論關注，社群內部鮮有支持費勒主張者，但社群對歐盟法院判決的意見並不一致，雖然也有社群成員對被遺忘權抱持支持的態度，但WMF對此案採取堅定之反對立場。在言論對象的隱私與發言者言論自由之間取得平衡，實非易事。

被遺忘權（right to be forgotten）

二〇一四年，歐盟法院在岡薩雷斯案建立了有限度的「被遺忘權」，允許個人向搜尋引擎服務請求移除與自己相關的搜尋結果，而搜尋引擎在接獲這類請求時，必須考慮搜尋結果是否已因經過相當時間而不再適宜或相關。本案判決只對搜尋引擎有直接影響，不及於包含維基百科在內的其他網站。歐盟的被遺忘權亦只能用以移除歐盟境內搜尋引擎的搜尋結果，不能用以限制美國或台灣的搜尋結果。

讀者隱私權與國家監控

二〇一三年夏天，史諾登（Edward Snowdon）揭發美國國安單位大規模監控國內外民眾的網路通訊與行為，舉世嘩然。此外，網路服務業者與網站營運者也經常收到執法單位對於使用者資料的請求。相較於臉書、谷歌等大型商業網站，ＷＭＦ所收到的使用者資料請求數量非常少（Wikimedia Foundation b）。由於不刊登廣告，ＷＭＦ不像其他網站業者因為行銷需要而記錄使用者各種行為，ＷＭＦ對於登入之使用者的紀錄有限，且除極少數例外情況，網站的編輯紀錄皆可公開查詢，因此ＷＭＦ所收到的資料請求數量少，並不令人意外。

維基社群及ＷＭＦ向來重視編輯者的隱私權，史諾登事件後更意識到讀者可能因為擔心國家監控而避免在網路上搜尋敏感主題，也進一步思考如何提高讀者隱私權的保障。一個立即且相對有效的做法是將網站連線預設加密。ＷＭＦ所轄網域的協作網頁自二〇一一年起便支援https（Lane 2011），史諾登事件後不久，在保障編輯者隱私的一貫做法下，ＷＭＦ宣布使用者在登入時都會被轉到使用https的加密網頁，使第三人難以得知使用者端與ＷＭＦ伺服器之間傳送的資訊，藉以確保其帳號和密碼的安全性，並避免他人監看其編輯或瀏覽的內容。二〇一五年，為能進一步保障讀者隱私，不分地域、不論使用者登入與否，維基百科網域全面採用https。

此一全面加密的決定有各種成本，包括技術上採用https可能影響瀏覽速度，在基礎建設未臻完善的國家或地區會造成使用者額外的負擔（Welinder et at 2015），但爭議性更高的則是此舉在不允許https的國家（如中國及伊朗）所可能帶來的影響，因為當地政府在網站未採取https加密的情況之下，可以看到使用者所在的網域及其子網域，因此可以針對特定內容加以審查、選擇性地封鎖在該國較為敏感的頁面。如中國雖曾不時在敏感時刻封鎖維基百科，原則上仍允許中國網民造訪，但選擇性地針對特定條目進行審查，如台灣、六四、圖博等。一般中國使用者只要不查詢此類條目，並不會感覺到中國政府對維基百科的言論審查。當網站一律採用https之後，意圖監控的政府雖能知道使用者造訪維基百科，但無法確知使用者瀏覽哪些子頁，便也無法像之前那樣只針對敏感性條目採取選擇性的封鎖，因此全面性採用https反而可能造成維基百科被全面封鎖的後果，而這些地區的使用者可能寧願網站沒有加密，以受監控的風險來換取較多資訊的取得。

另一方面，相較於只針對敏感議題的封鎖，全面封鎖將使政府言論審查的行為浮上檯面，也有可能讓政府在政治、輿論壓力下採取全面解禁的做法。因此，維基百科全面採取加密措施的決定，不啻為維基百科社群與WMF在面對不同國家與政情的一場賭局。其結果，伊朗和中國全面封鎖了維基百科，但相反地，俄羅斯發現無法像過去一樣選擇性的封鎖特定條目，或許是擔心全面封鎖該網站可能造成的批評，反而解除了過去在維基百科上的言論審查（Toor 2015）。

國家監控、翻牆、平台治理成本

對中國的使用者而言，在二〇一五年維基百科全面被封鎖後，要瀏覽或編輯只能透過如VPN或Tor等途徑「翻牆」，前者是經由虛擬私人網路連結外國網路，後者則是透過為數眾多的節點組成的覆蓋網路，以達到隱藏個別使用者IP位置的效果。有學者指出，中國式的言論審查很少採用全面禁止特定言論的做法，反而是用一種多孔的（porous）言論審查，以增加使用者成本的方式來阻礙資訊流通，使用者只要有心並肯花力氣，仍可取得這些資訊，而非高壓全面禁止，以避免導致對政府的批評，或激起對特定資訊的好奇與興趣（Streisand effects），產生欲蓋彌彰的效果（Roberts 2018）。不過，搭配此種多孔言論審查的，可能是更全面的網路監控，一方面排除與政府配合度低的外商而扶持國內競爭者，除了可以相當程度地滿足國內使用者需求，也可以順利要求業者配合審查或從業者處取得使用者資訊；另一方面加強對孔道的管制，尤其是二〇一七年中國《新網路安全法》規定VPN服務必須獲得政府批准，要求 iPhone、安卓等手機應用程式商店將未經核准的VPN下架。一旦

VPN業者與政府之間的配合度高，其安全性的疑慮也隨之增加（Bloomberg 2018）。

弔詭的是，雖然過去一、兩年來中國全面封禁維基百科，同時加強網際網路管制，中國使用者對維基百科的參與度理應會降低，但實際發展似乎並非如此。過去中國維基使用者有成立用戶組，但二〇一七年起有中國使用者認為該用戶組參與者多在海外活動，欠缺代表性，另外組織中國大陸用戶組，並且開始進行固定編輯聚會。由於聚會目的在於使用者交流並一起編輯維基百科，勢必涉及使用者一起翻牆編輯的活動，若非使用政府核准的VPN，則活動本身可能違法，而使用政府核准的VPN若有隱私與安全疑慮的話，是否表示此類聚會某種程度是在當局的默許甚至授意下進行，反而加強中國對於境內編輯者的監控？尤有甚者，二〇一八年七月的一次聚會公告中，提到參與者必須事先報名並提供帳號及身分證號碼，且不得為參與此一活動另外註冊新帳號，現場並將查核身分（維基百科e）。為參加實體聚會而需犧牲匿名性，對編輯者的隱私影響不可謂不大。活動還要求參與者將主題限制為地理與科技，不得編輯政治類條目，一來地理或科技未必沒有政治性，再者這種限制也與維基百科社群強調言論自由的精神有所違背。此外，二〇一七年九月有中國用戶查核員違反規則，公開張貼了用戶查核結果，造成使用者隱私外洩，數個月後，WMF除了永久封禁違規的用戶查核員，更以安全顧慮為由解除了所有中文維基百科用戶查核員的權限，當中文維基百科有需要確認傀儡帳號時，由全球社群的用戶查核員代為調查。雖然WMF並未公開說明具體情況，但此一決定代表中文維基社群使用者隱私受侵害的嚴重性之高，可能已非前述用戶查核員互相牽制的一般機制足以處理，也無法交由中文維基社群內部解決。簡而言之，過去中國有百度百科作為國內的替代資訊，對於中文維基百科的介入並不明顯，而今不論是由上層默許、授意，或由部分編輯者主動配合，有可能讓更多中國維基編輯者處於多孔言論審查同時全面監控升級的情境之下，WMF及全球維基社群可能需要重新檢討使用者隱私的相關政策。

* * *

維基百科創辦宗旨是讓世人可以自由地分享所有人類知識的集合（the sum of all human knowledge），參與者也承繼啟蒙時代哲學家對於百科這類工具書可以將人類知識廣傳於公眾與後世的理念，而在編輯的過程中，逐漸形成一個自治社群。作為一個強調開放平台的知識協作社群，維基百科挑戰了過去自詡為知識守門員的專家與出版社，雖然在最初受到很多質疑與批評，但其社群自治模式的成功，反映在世人如今對其協作成果的倚賴，維基百科不但是許多人日常取得資訊的去處，也是Echo、Siri等智慧助理在回答使用者提問時重要的資訊來源。維基百科社群不但破除了百科全書僅能由專家編寫的傳統壁壘，更刺激大眾思考誰可以編輯百科、何謂值得百科收錄的資訊、如何評價資訊品質等問題。維基社群也是極少數成功地讓平台最初的營利事業承認平台價值的核心在於社群、讓社群在面對問題的過程中自主發展治理模式與規範，甚至將平台轉交由非營利組織營運的例子。ＷＭＦ一方面作為社群與制度性規範之間的緩衝，另一方面也因應特定地區與子社群的情況加以調整或採取必要手段。

ＷＭＦ負擔各種營運者的法律義務與責任，社群內部意見多樣，但ＷＭＦ是社群的一部分而非凌駕於社群的政府。各種規範的形成與執行過程，也反映了這個社群如何思考各種密切相關，時而相互支持、時而相互衝突的價值，這些矛盾在維基社群內如何化解，當無法化解時如何做成決定，都在反映這個知識社群的治理模式與價值選擇。

維基百科社群或許出於現實與成本的考量，針對何謂有效知識、誰能參與有效知識生產等更根本的問題上，並未太過挑戰既有知識生產體系的階序。但隨著社群成長，來自少數族裔、女性、口傳文化等，傳統上在社會中位處邊緣族群的編輯者也在增加。維基百科社群除了鼓勵擴大參與及相關條目編撰之外，在過去被邊緣化社群的相關條目編輯標準上也可能放寬。如何拿捏才能兼顧開放性與資訊品質，有賴社群繼續在實踐中摸索。但社群自治的自由百科，仍是人類重要的集體貢獻，也反映出我們時代的共筆、協作特色。

Alexa. 2019. Top Sites (archived), https://web.archive.org/web/20190716210740/https://www.alexa.com/topsites

Bloomberg. 2018. *China's Internet Underground Fights for Its Life*, Mar 1, 2018, https://www.bloomberg.com/news/articles/2018-03-01/china-s-internet-underground-fights-for-its-life.

Brigham, Geoff and Michelle Paulsen. 2014. *Wikipedia Pages Censored in European Search Results*, Wikimedia Blog, Aug 6, 2014. https://blog.wikimedia.org/2014/08/06/wikipedia-pages-censored-in-european-search-results/

——. 2015. *Wikimedia v. NSA: Wikimedia Foundation Files Suit Against NSA to Challenge Upstream Mass Surveillance*, Wikimedia Blog, Mar 10, 2015, https://blog.wikimedia.org/2015/03/10/wikimedia-v-nsa/.

Chen, Shun-Ling. 2011. "The Wikimedia Foundation and the Self-governing Wikipedia Community – A Dynamic Relationship under Constant Negotiation", editor(s): Geert Lovink, Nathaniel Tkacz, *Critical Point of View: A Reader*, Institute of Network Culture, pp. 351-369, Netherlands: Institute of Network Cultures.

Forte, Andrea, Nazanin Andalibi, Rachel Greenstadt. 2017. *Privacy, Anonymity and Perceived Risk in Open Collaboration: A Study of Tor Users and Wikipedians*, Proceedings of Computer-Supported Collaborative Work and Social Computing, Portland, OR, CSCW '17.

Flood, Allison. 2007. Encyclopedia Britannica's Final Print Edition on Verge of Selling Out, The Guardian, https://www.theguardian.com/books/2012/apr/05/encyclopedia-britannica-final-print-edition

Fuchs, Christian and Marisol Sandoval. 2015. The Political Economy of Capitalist and Alternative Social Media, in *The Routledge Companion to Alternative and Community Media*, Chris Atton ed. 165-175. London: Routledge.

Google Spain v. AEPD and Mario Costeja Gonzalez. 2014. http://eur-lex.europa.eu/legal-content/EN/ALL/?uri=CELEX:62012CJ0131.

Greg Grossmeier. 2013. *HTTPS Enabled by Default for Logged-in Users on Wikimedia Sites*, Wikimedia Blog, Aug 28, 2013. https://blog.wikimedia.org/2013/08/28/https-default-logged-in-users-wikimedia-sites/.

Independent. 2018. *European Court Rejects Online Anonymity Lawsuit By German Murder Convicts*, Jun 29, 2018. https://

independent.ng/europe-court-rejects-online-anonymity-suit-by-german-murder-convicts/
Lane, Ryan. 2011. *Native HTTPS Support Enabled for All Wikimedia Foundation Wikis*, Oct 3, 2011. Wikimedia Blog, https://blog.wikimedia.org/2011/10/03/native-https-support-enabled-for-all-wikimedia-foundation-wikis/

Mandiberg, Michael. *Print Wikipedia* https://www.mandiberg.com/print-wikipedia/

McHenry, Robert. 2004. *The Faith-Based Encyclopedia*, TCSDaily, (archived) https://web.archive.org/web/20060719003313/http://www.tcsdaily.com/article.aspx?id=111504A

Roberts, Margaret E. 2018. *Censored: Distraction and Diversion Inside China's Great Firewall.*

Sarabadani, Amir. 2013. HTTPS/Persian Wikipedia Stance, Posting on Meta-Wiki, Sep 10, 2013. https://meta.wikimedia.org/wiki/HTTPS/Persian_Wikipedia_stance

Schwartz, John. 2009. Two German Killers Demanding Anonymity Sue Wikipedia's Parent, *New York Times*, Nov 12, 2009, https://www.nytimes.com/2009/11/13/us/13wiki.html

Solon, Olivia. 2011. You Are Facebook's Product, Not Customer, *WIRED*, https://www.wired.co.uk/article/doug-rushkoff-hello-etsy

Tiberi, Giulia. 2017. The "Right to Be Forgotten" as the Right to Remove Inconvenient Journalism? An Italian Perspective on the Balancing Between the Right to Be Forgotten and the Freedom of Expression. Blog Droit Europeen. https://blogdroiteuropeen.files.wordpress.com/2017/05/article-giulia-26-mai-final.pdf

Tretikov, Lila. 2014. European Court Decision Punches Holes in Free Knowledge, Wikimedia Blog, Aug 6th 2014. https://blog.wikimedia.org/2014/08/06/european-court-decision-punches-holes-in-free-knowledge/

Toor, Amar. 2015. Russia Banned Wikipedia Because It Couldn't Censor Pages, *The Verge*, Aug 27, 2015, https://www.theverge.com/2015/8/27/9210475/russia-wikipedia-ban-censorship.

維基百科 a　維基百科：可供查證，https://zh.wikipedia.org/w/index.php?title=Wikipedia:可供查證&oldid=55005306

維基百科 b　維基百科：非原創研究，https://zh.wikipedia.org/w/index.php?title=Wikipedia:非原創研究&oldid=52682430

維基百科 c　維基百科：中立的觀點，https://zh.wikipedia.org/w/index.php?title=Wikipedia:中立的觀點&oldid=52730246

維基百科 d　維基百科：使用者權限級別，https://zh.wikipedia.org/w/index.php?title=Wikipedia:使用者權限級別&oldid=54755724

維基百科 e　維基百科：聚會／中國大陸社群活動／當前活動，https://zh.wikipedia.org/w/index.php?title=Wikipedia:聚會／中國大陸社群活動／當前活動&oldid=50629021

Wikimedia Foundation a　Notices Received from Search Engines, https://foundation.wikimedia.org/wiki/Notices_received_from_search_engines

Wikimedia Foundation b　Wikimedia Foundation Transparency Report, https://transparency.wikimedia.org/.

Wikipedia a　Wikpedia: Reliable sources/Perennial sources, https://en.wikipedia.org/w/index.php?title=Wikipedia:Reliable_sources/Perennial_sources&oldid=906180521

Wikipedia b　Wikipedia: Open proxies, https://en.wikipedia.org/wiki/Wikipedia:Open_proxies.

Wikipedia c　Wikipedia: Advice to Users Using Tor, https://en.wikipedia.org/wiki/Wikipedia:Advice_to_users_using_Tor.

注定破產的未來？台灣老年年金制度的美麗與哀愁

楊靜利｜國立中山大學社會學系

年金（pension, annuity）是指一種定期性、持續性的現金給付，用以保障老年（退休）、身心障礙（失能）與死亡（遺屬）的經濟安全，年金制度若由政府直接辦理或公辦民營，則稱為公共年金。公共年金制度已實施超過百年，隨著社會、經濟與人口結構的變遷，各國的年金制度不斷地修改，八〇年代開始，人口變遷帶來的財務問題更成為主要的改革動力。台灣的人口轉型雖然起動較慢，卻是世界上人口老化速度最快的國家之一，而台灣的年金制度在建制過程中，即便有識之士不斷提出需有長遠規畫，可惜卻經常不敵短期的政治壓力，不但制度本身就是個入不敷出的設計，未來一、二十年內必須面臨破產的威脅，各職業群體間的公平性問題也紛擾不斷。二〇一六年，蔡英文政府上台後積極推動年金改革，於二〇一七年六月底陸續通過軍公教人員退撫相關制度之修正，並於二〇一八年七月一日開始實施新制。勞工的退休保障雖然遠不及軍公教人員，但破產的壓力並沒有因此而比較小，勞工保險無可避免地將成為下一波的改革重點。本文介紹百年來各國年金制度的變遷趨勢，並說明台灣的年金制度架構、財務問題，以及年金改革的可能方向。

各國年金制度的變革

年金制度是「社會安全」制度的一環。國際勞工組織（International Labour Organization, ILO）強調社會安全是基本人權；社會安全制度藉由對抗意外與生老病死的生命風險與社會風險（失業、職業災害、履行家庭責任、退休）所帶來的威脅，並確保起碼的（decent）生活水準，以回應人們普遍的安全渴望、促進社會包容（social inclusion）並維護人性尊嚴（dignity）（ILO 2004）。社會安全體系依不同的給付機制可分為三個次體系，分別為：（一）繳費式給付、（二）資產調查式給付、（三）非繳費且無資產調查的特定事件給付（行政院國家年金改革辦公室，二〇一八）。第一項繳費式給付，也就是社會保險，是最普遍的措施，也是現代社會安全制度的起源與基礎。

社會安全體系中的給付制度

（一）繳費式給付（contributory benefits）：一般稱為社會保險。由被保險人與雇主或政府先繳交保險費，一定期限後，一旦保險事故發生，如老年、疾病、失能、死亡、生育、職災、失業等，即可請領相關給付。繳費與給付不全然對等，繳費的主要目的之一是為了不必經過資產調查即可取得給付資格。

（二）資產調查式給付（means-tested benefits）：也就是社會救助或公共救助。請領給付者必須先經過資產調查或所得調查，其資產或所得低於規定水準以下才有領取資格。

（三）非繳費且無資產調查的特定事件給付（non-contributory, non-means-tested universal/contingent benefits）：也就是社會津貼（social allowance）。國民因某種法定社會事故，如生育、身心障礙、失能、老年等，由國家發給津貼，補償其損失。因生育造成家庭照顧兒童的負擔，而有兒童津貼或家庭津貼。社會津貼通常是社會保險未涵蓋的項目才以津貼形式發給，比如有老年年金保險的國家，就不再有老年津貼；有失業保險的國家，也不再有失業津貼，而只保留失業救助。我國的老農津貼因為沒有繳費也不必資產調查，故屬於社會津貼。

十九世紀末期，社會保險烽火燎原式地在歐美展開，並逐漸轉化成後來各國社會安全制度的主要內容（Perrin 1984）。剛開始，社會保險多沿用私人保險的做法，以收取的保費作為未來給付的準備金。但戰前的通貨膨脹使得準備金被侵蝕一空，只好轉為代間移轉的隨收隨付方式，將收取的保費立刻拿來給付。除了通貨膨脹的影響之外，二次大戰後的嬰兒潮使得歐洲與北美各國人口年齡組成年輕化。隨收隨付的制度並同時促使了給付條件放鬆與給付額度的升高。七〇年代末期與八〇年代初期之間，保障對象擴大與給付條件放鬆趨勢未止，加上生育率持續下跌與平均餘命不斷延長，財務壓力逐漸浮現，各國只好調高（薪資）稅率，以避免社會安全基金赤字的產生。到了八〇年代中期，有些國家對於給付的擴張開始躊躇不前，以各種名目降低給付水準。

完全儲備制與隨收隨付制

年金制度的財務處理方式以「個人完全儲備制」（Fully funded individual account）與完全「隨收隨付制」（Pay as you go, PAYG）為兩端，因其偏向而有修正儲備與修正隨收隨付之分（見下圖）。在個人帳戶制下，個人退休金的多寡視其帳戶內分期存入以及本金投資獲利額度而定，帳戶所有人死亡時，該筆資金成為遺產，他人無法動用，所以只有個人一生的所得重分配，而沒有個體之間的風險分攤。如果欲有風險分攤的效果，必須以老年生存為保險標的，事故未發生則無法取得給付；換句話說，基金不是以個人名義

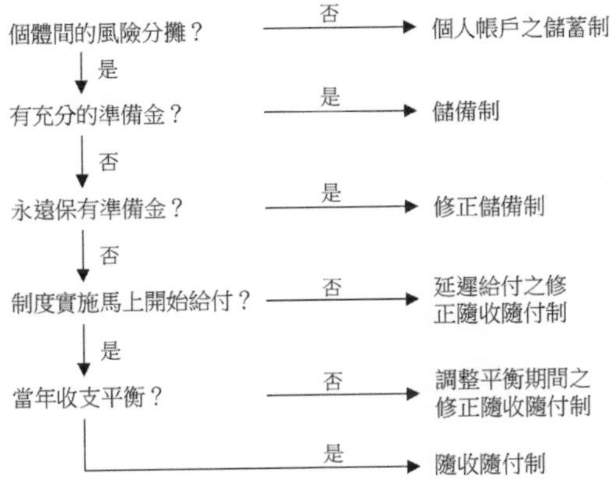

儲存，而是在所有被保險人之間統籌統支，由於有些人壽命較短，沒有發生「老年生存」的事故，因此得以使平均成本降低。

完全儲備制事先逐年提存老年退休後所需全部金額，就年齡組報酬而言，所有年齡組的支出等於收入，沒有代間所得重分配，但社會保險機制下仍產生代內的所得重分配，一般認為較符合公平原則；缺點則是制度開辦初期對已退休或馬上面臨退休的人不適用，因為這些人沒有足夠的時間累積基金，政治吸引力較差，此外，基金保值與孳息也不易控制。除了投資運用問題外，政治競爭也是儲備制運作的另一個重要威脅。儲備制的基金是一種長期的負債，但民主政治定期改選的設計要求的卻是短期表現，民意代表往往因選舉壓力而行便宜措施，如降低保費、提高給付水準與縮短年資限制等，各國皆然（Shibata 1983），使得儲備制的財務處理方式潛藏許多隱憂。

完全儲備制是歐美社會安全制度初期的財務處理方式。各國開辦不久後，有些因為老年貧窮問題迫切，不得不馬上進行給付，如美國；有些則因為通貨膨脹的關係，儲備的基金大幅貶值，不足以支應所需的給付，因此逐漸轉變為當期收入即用來支付當年給付的情況，如法國與德國。當期收入即用來支付當年給付的財務處理方式稱為隨收隨付制（或譯為「賦課制」，取其賦稅課徵之意）。年金保險得以採行隨收隨付制乃因政府主辦且強制參加，不慮後繼無人之故。PAYG對開辦時已退休或將退休的人有利，其中又以剛退休者獲利最多，因其未曾繳交任何費用，卻領取給付到死亡為止，而這也是一般反對隨收隨付制的理由之一。但隨收隨付制無準備金投資運用的問題，相對簡單易行，民眾容易了解，政府容易行政，缺點容易顯現，檢討與改革也容易進行。不過，隨收隨付制卻容易受人口結構老化的影響（領取給付者越來越多、繳保費者越來越少），人口結構老化的速度愈快，費率上漲或降低給付的壓力就愈大。

上個世紀中，各國盛行的公共年金體系多為「確定給付」的隨收隨付制，即明訂未來的給付條件與水準後，不論過去的繳費與政府預算是否充足，給付額度不會任意變動的隨收隨付制度。有些國家再輔以強制性的私人年金系統，如丹麥、法國、荷蘭與英國等。這種年金制度本質上易受人口老化影響，在戰後嬰兒潮人口即將逐步邁入退休年齡之際，不得不開始檢討年金制度的未來。八〇年代中期以後的年金改革內容主要有三方面：首先是給付條件的門檻提高，如退休年齡的延後（如德國、希臘、義大利、葡萄牙、日本、英國、美國與瑞典），以及延長最低合格年資（如德國、希臘與英國）；其次是指數調整（benefit indexation）趨於嚴格（如奧地利、芬蘭、法國、德國、希臘、義大利與荷蘭），或以較長的服務年期來平均一生的薪資，以降低所得替代率（如奧地利、芬蘭、法國、義大利、荷蘭、葡萄牙與英國）；

第三種則是取消部分公務人員的特殊年金給付（如芬蘭、希臘、義大利與葡萄牙）（Kopits 1997）。

八〇年代最受矚目的年金改革無疑是智利年金的私有化以及「確定提撥」的基金制財務處理方式，即不保證退休金給付額度，被保險人所能領取之退休金決定於之前的繳費及基金孳息。九〇年代期間，北歐與東歐國家（瑞典、拉脫維亞與波蘭分別於一九九五年、一九九六年與一九九九年實施）提出一種新的隨收隨付確定提撥制（Notional Defined Contribution, NDC），也就是財務處理方式仍然維持隨收隨付的模式，但給付標準採行「確定提撥」制，每個人擁有一個「名義上的」年金帳戶，退休時的給付水準視此一名義帳戶所累積的金額而定（Chloń-Domińczak, Franco & Palmer 2012）。如此設計是為了避免人口老化的威脅，但原來年金的所得重分配效果就大打折扣，因此爭議頗大。

確定給付制與確定提撥制

商業保險的基本原則是「量出為入」，也就是以投保金額（給付水準）的多寡來決定保險費的高低，保險契約如果明訂給付額度，當保單到期時，不論這張保單對保險公司來說是獲利或虧損，都必須依照契約規定進行保險給付。公共年金制度雖然不是純粹的商業保險，經常以稅收進行補貼，但許多國家的財務運作類似商業保險，明訂未來的給付條件與水準後（退休金數額經常與薪資水準及服務年資有關），不論過去的繳費與政府預算是否充足，給付額度不會任意變動，此種債務責任運作方式稱為確定給付制（Defined Benefit, DB）。

確定提撥制（Defined Contribution, DC），係指被保險人依退休辦法定期提撥一定數額之退休基金，交付信託人保管運用，於被保險人退休時將所有提撥之資金和運用孳息給付給被保險人。此種辦法下，被保險人所能領取之退休金決定於提撥總數及基金孳息，無法保證退休金給付額度。

對雇主（或政府）而言，確定給付制屬於長期給付承諾，且退休金之精算成本為估計值，較不確定，因此雇主（或政府）易遭實質的財務風險；確定提撥制無須複雜之精算技術，可節省管理費用，但員工卻須承擔通貨膨脹致使實質退休所得下降之風險。

新世紀之後生育率的下跌趨勢減緩，但高齡人口平均餘命的持續增長仍舊是年金財務的重要壓力源，不論對DC制或DB制而言皆是如此。對DC制來說，平均餘命延長使得個人帳戶內餘額將不足以支應老年生活所需；對DB制來說，退休後壽命的延長使得累積的退休基金短缺的風險提高。如何因應高齡者平均餘命延長所帶來的財務壓力，成為晚近歐洲各國年金改革的討論重點，近十餘年來，許多國家的年金改革紛紛推出與平均餘命自動連結的方案，大部分國家的連結機制都是隨著平均餘命的延長而降低年金給付額度。惟低收入者的給付額度被刪減，在退休時必轉向社會救助；個人帳戶的DC制也因此需要公共支出予以補貼。配套措施或可在特定條件下豁免連結或是另外提供補充性給付（如提供資產調查式的退休所得保障方案）。但連結的機制其實可以有另一種設計——不降低給付水準，但延後給付開始的年齡。延後退休對於制度有三項助益：（一）額外的繳費、（二）額外的投資報酬、（三）較短的領取時間。OECD鼓吹「以延後給付開始年齡來取代降低給付水準」，主要是為保障低收入者的經濟安全，若因平均餘命增加而刪減低收入者原來就較低的給付水準，將可能造成老年貧窮。智利、芬蘭、墨西哥、挪威、葡萄牙以及瑞典，會藉由最低安全網設計（safety-net benefits）來保護低收入者；但德國、匈牙利、義大利、波蘭以及斯洛伐克共和國，退休金與平均餘命間的關聯並不會因為所得水準不同而有不同（OECD 2011）。

台灣的老年年金制度架構

世界銀行組織於一九九四年提出多層制年金的理念（World Bank 1994），作為各國（特別是開發中國家）老年經濟保障制度的規畫準則。第一層為強制性基礎年金，屬於最基本、廣泛性的保障制度，旨在避免老年族群陷入絕對貧窮。第二層為強制性的職業年金，保障對象為就業人口，財源可由雇主全額提供或雇員相對提撥，主要在於確保就業者退休後能維持就業時的經濟水平，避免陷入相對貧窮。第三層年金制度屬於自願參與性質，目的在於提高老年退休後之生活水準，主要財源為公共年金與職業年金給付之外的其他退休收入，如股票投資與商業活動等，各國政府多以提供稅務減免作為鼓勵。國際勞工組織於二〇〇三年提出四層制年金，[1] 世界銀行更在二〇〇五年發表五層制年金概念，加入第零層「社會救助」（社會津貼）與第四層「家庭養老」（Holzmann and Hinz 2005），不過三層制仍是最常見的參考架構。我國政府也依此原則來呈現台灣的老年經濟安全制度架構，如下頁表1上半部（國家發展委員會，二〇一七）。而除了三層制年金外，台灣還有不需繳保費的社會津貼，性質偏向第零層「社會救助」，如表1下半部。農民健康保險並無老年給付，老農津貼乃是根據「老年農民福利津貼暫行條例」[2] 發給，因此列在第零層，唯參加農保又是領取老農津貼的必要條件，因此把農民健康保險放在第一層。

表1第一層法定公共年金各類保險的債務責任都是確定給付制（DB），財務管理風險非

1 四層制內容可參考 The ILO Multi-Pillar pension model: Building equitable and sustainable pension systems, https://www.ilo.org/wcmsp5/groups/public/---ed_protect/---soc_sec/documents/publication/wcms_645751.pdf

2 二〇〇八年推出國民年金時，原希望將軍、公、教、勞保之外的所有人口都納入國民年金的保障範圍，但因國民年金基本保障只有三千元，而當時的老農津貼已達六千元，引起農民反彈，因此整合未成。

表1——台灣老年經濟安全制度之層級架構

	軍職人員	公教人員	勞工	一般未就業國民	農民	其他
第三層 個人保障	私人商業保險、個人儲蓄、家庭互助					
第二層 法定職業退休金	軍公教退撫制度（DB）	國營事業退撫制度（DB） 私校教職員退撫儲金新制（DC）	勞工退休金新制（DC） 勞工退休金舊制（DB）			
第一層 法定公共年金	軍人保險（DB）	公教人員保險（DB）	勞工保險（DB）	國民年金（DB）	農民健康保險（DB）	
第零層 社會津貼					老年農民福利津貼	榮民就養給付 中低收入老人生活津貼 老年基本保證年金 原住民給付

說明：DC指Defined Contribution，為確定提撥制；DB指Defined Benefit，為確定給付制。

（資料來源：本表資料取自國家發展委員會人力發展統計分析圖表彙編略加修改，網址：https://www.ndc.gov.tw/Content_List.aspx?n=81DB8FFA63C8F95A，取用日期：2019年4月29日。）

表2——台灣各種老年給付制度簡介（2019年1月）

身分	保險（津貼）制度	制度設立年期	年金給付實施年期	保險費率／提撥率		投保薪資／保險基數[1]		保險費負擔比			老年給付					
											一次給付			年金給付		
				法定費率	目前費率	最低	最高	受雇者	雇主	政府	最低年資	一年年資所得替代率	可領取的基數上限	最低年資	年金率（＝年資所得替代率）	所得替代率上限
第一層	勞工保險	1950	2009	7.5~13%	10%	23,100	45,800	20%	70%	10%	1年	1或2個基數	50	15年	1.55%	無硬性規定
	軍人保險（退伍給付）	1953	無年金	8~12%	9.94%	10,810	56,930[4]	35%	65%		5年	1到3個基數	45	無年金給付		
	公教人員保險（公部門）	1958	無年金	7~15%	8.28%	10,810	56,930[4]	35%	65%		15年	1.2個基數	42	無年金給付		
	公教人員保險（私校）	1980/1999[2]	2014[2]	7~15%	12.53%	15,575	56,930	35%	32.5%	32.5%	15年	1.2個基數	42	15%	0.75~1.30%	45%
	國民年金[3]	2008	2008	6.5~12%	9%	18,282	18,282	60%	40%		不適用			0	1.33%	53.2%
	老年農民福利津貼[5]	1995	1995	社會津貼							不適用			0.5/15年	3,628元／7,256元	
第二層	勞工退休金（新）	2005	2005	最低6%	最低6%	23,100	182,000	0	100%	0	確定提撥制			15年[10]	確定提撥制	
	勞工退休金（舊）	1986	無年金	2~15%	2~15%	23,100	無硬性規定	0	100%	0	15年	1或2個基數	45	無年金給付		
	軍公教退撫制度（新制）[6]															
	公務人員[7]	1943/1995/2018	1943	12~18%	12%	23,970	113,860	35%	65%		5年	1.5或1個基數	60	15年	2%或1%	75%
	教育人員[8]	1944/1996/2018	1944	12~18%	12%	23,970	113,860	35%	65%		5年	1.5或1個基數	60	15年	2%或1%	75%
	軍職人員[9]	1959/1997	1959	12~18%	12%	19,480	113,860	35%	65%		3年	1.5個基數	60	20年	2.75%或2%	90%或95%
	私校教職員退撫儲金新制	2010	2010	12%	12%	31,150	113,860	35%	32.5%	32.5%	確定提撥制			15年[10]	確定提撥制	

說明：
1. 基數指保費與給付的計算基礎，例如軍人保險與公教保險的基數為月支本俸額，勞工保險的基數為月投保薪資，退撫新制之基數為本俸額加一倍。
2. 1980年通過《私立學校教職員保險條例》，1999年私立學校教職員適用《公教人員保險法》，原條例廢止。2014年《公教人員保險法》增訂養老年金及遺屬年金給付規範，但僅無月退俸與優惠存款之私立學校被保險人適用。
3. 國民年金雖然沒有明文規定所得替代率上限，但因為最長投保年資為25歲到65歲共四十年，所以上限為53.2%。
4. 軍人保險與公部門之公教人員保險的最高投保薪資為98,160元，職級分別為上將與部長級以上，非一般狀況，因此以次一級的56,930為上限。
5. 農民健康保險並無老年給付，老農津貼根據《老年農民福利津貼暫行條例》發給，所以無提撥金或保險費。原本的領取年資條件為「申領時參加農民健康保險之農民且加保年資合計十五年以上者，或已領取勞工保險老年給付之漁會甲類會員且會員年資合計十五年以上者。」但2014年時新訂：申領時加保年資合計六個月以上未滿十五年者，金額減半發給。
6. 退撫新制是指1995年起陸續實施之公務人員、教育人員與軍職人員之退休撫卹制度；該制度係由政府與軍公教員工共同提撥費用建立軍公教退休撫卹基金（簡稱退撫基金）之「共同儲金制」。
7. 1943年實施的《公務人員退休法》已於2018年11月21日廢止，此為軍公教年金改革後的《公務人員退休資遣撫卹法》之退撫新制、且僅適用目前仍未退休人員，已退休人員之所得替代率另有規範。
8. 1944年實施的《學校教職員退休條例》已於2018年7月1日廢止，此為軍公教年金改革後的《公立學校教職員退休資遣撫卹條例》之退撫新制、且僅適用目前仍未退休人員，已退休人員之所得替代率另有規範。
9. 1959年實施的《陸海空軍軍官服役條例》已於1999年5月5日廢止，1997年1月1日《陸海空軍軍官士官服役條例》實施，軍公教年金改革在既有法制下修訂條款、未訂立新法。
10. 由被保險人以一次給付應領取總額，若投保年資十五年以上，可投保符合保險法規定之年金保險或由儲金管理會提供分期請領之設計，作為定期發給之退休金。

（資料來源：勞工保險條例、勞動基準法、軍人保險條例、公教人員保險法、公務人員退休資遣撫卹法、公立學校教職員退休資遣撫卹條例、陸海空軍軍官士官服役條例、學校法人及其所屬私立學校教職員退休撫卹離職資遣條例、國民年金法、老年農民福利津貼暫行條例、勞工保險局、台灣銀行、銓敘部、國防部）

由被保險人承擔，符合基本保障的精神；第二層的職業年金中，軍公教退撫是確定給付制，財務管理風險由政府承擔，勞工與私校教職員則是確定提撥制（DC），財務管理風險由被保險人承擔。舊制勞工退休金雖然為DB制，但舊制適用人數越來越少，將逐步退場。換句話說，軍公教以外的各身分人口，其職業退休的年金制度目標——「維持退休前生活水準」，不易達成；軍公教退撫制度則使政府面臨高張的財務壓力，引發一系列改革措施。

表2是台灣各種老年經濟保障制度的基本資訊。在第一層的基礎年金中，國民年金於二〇〇八年實施，隔年勞工保險開始實施年金給付（之前只有一次性老年給付），軍公教保險則只有私校部分於二〇一四年開始年金給付，軍人與公立學校教職員目前仍只有一次性給付，顯示年金化其實是相當晚近的事。將一次給付改成年金給付除了符合世界潮流提供老年人更完善的經濟安全保障，也是為了延後破產的時程。表1將「老年農民福利津貼」列在第零層是因為其不用繳費，也無專屬的提撥金或保險費，完全由政府一般稅收支出，屬社會津貼，但若論實質的老年經濟安全保障，其應屬於第一層的基本保障。

基本上，不論職業別，就業者的基礎年金之保險費率、投保薪資與保費負擔比例，差異不大。保險費率目前約在百分之十上下，法定最高費率在百分之十二到十五之間，投保薪資最高不超過五萬六千九百三十元，保費負擔則受雇者負擔比例最低；但年金給付的水準則有較大差異，勞保的年金率（一年年資的所得替代率）為百分之一點五五，高出私校教職員保險的百分之零點七五到一點三。國民年金是非就業者專屬的制度，採均一投保薪資，略低於基本工資，而其年金率為百分之一點三三，較勞保年金率低了約一成五，致使許多未就業者透過職業工會或地方政府加入勞保。

在所得替代率方面，勞保年金並無上限規定，所以做愈久領愈多，如年資六十年（從十五歲工作到七十五歲），則其所得替代率將為60 x 1.55%=93%，但實際上很少有這樣的情況發生，四十年是比較合理的狀況，則其所得替代率為百分之六十二。雖然相較於軍保與公教保，勞工保險的投保薪資上限較低，但因為年金率高，所以平均而言，給付水準是基礎年金中最佳的。第二層保障的涵蓋範圍只有部分勞工與軍公教人員，保險費率差異不大，但新制勞工退休金是確定提撥制（DC）且強制提撥率只有百分之六，而軍公教退撫制度是確定給付制（DB）且提撥率百分之十二，加上軍公教人員退休前的平均薪資約為勞工退休前平均投保薪資的兩倍，致使二者的給付水準差距非常大。

頁三一三圖1是二〇一六年台灣各類身分人口的老年經濟安全制度之涵蓋範圍與保障水準，每一個色塊的橫軸寬度代表制度涵蓋人數，縱軸代表平均每月給付額度。第一層的基礎保障包括勞工保險、公教保險與軍人保險之老年給付以及國民年金，其中勞保的涵蓋人數最多，超過一千萬人，國保次之，三百多萬人，再來是農保，逾一百萬人，最後是軍公教人員，合計約八十萬人。第二層保障的涵蓋範圍只有適用《勞基法》的勞工與編制軍公教人員，其中勞工約七百五十萬人，軍公教合計約七十萬人。理論上，基礎年金的精神是保障老年基本生活所需，各類人口的保障理應水準相近；職業年金的精神則是維持退休前的生活水準，會有較大的個別差異。但台灣的現況卻不然。以人數最多的勞工體系來看，被歸為第一層的勞工保險老年給付才是主要的退休保障（平均每月給付額一萬六千五百三十二元），第二層的勞工退休金則是杯水車薪（平均每月給付額六千六百九十六元）；公教人員其第一、二層的保障水準比較符合世界銀行的理念型（平均每月給付額分別為一萬一千五百零八元與六萬一千九百五十三元）。國民年金二〇一六年的平均給付額度為三千七百九十五元，主要是年資過短，若投保年資四十年，則給付額度為九千九百零七元。農民健康保險並無老年給付，老農津貼的頒發只是行政命令並無法源，但因為給付條件為參加農保者，因此我們以農保投保人數為涵蓋人數，二〇一六年的平均給付額度為七千兩百五十六元。

當勞工保險面臨破產威脅，必須提高保費或降低給付來因應時，勞工認為跟軍公教退撫制度比起來已經是二等公民了，應該先改革軍公教退撫制度；而軍公教人員則認為公保老年給付保障水準比勞工保險老年年金差很多，勞工不應只看片面來批評軍公教人員的保障。而當二層保障合併起來看時，雖然給付金額差很多，但若就所得替代率來看差異並不大，這是因為所得替代率的計算基礎不同所致，軍公教人員退休前的平均薪資約為勞保退休前平均投保薪資的兩倍，且改革前之給付計算基礎還「隨在職同等級之現職薪資而調整」（新制已取

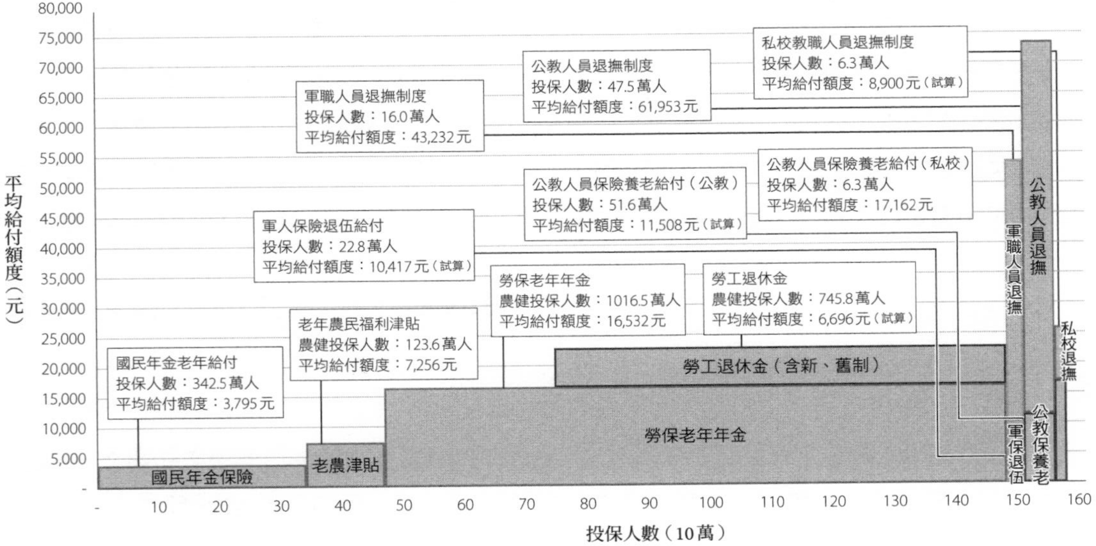

圖1——台灣各種老年經濟安全制度涵蓋人數與平均給付水準（2016年12月*）

說明：2018年7月軍公教退撫新制上路，其中公教退休人員的給付水準將逐年下降，十年後最終降幅約二到四成（因職級及年資之不同而不同），但因為還沒有新制的統計資料，因此仍以2016年為例進行討論，但在圖中標示改革後的估計值。此處暫假設目前的給付水準為改革前的80%，則公教人員第二層的退休金平均值為49,562元。

消）。這些機巧引起許多社會紛擾，所以雖然台灣的老年經濟安全制度在形式上具備了世界銀行的三層制年金架構，但各層的具體內涵與定位其實仍有許多爭論。

長遠來看，「社會公平」原則的落實需要拉近各類人口的基礎年金之保障水準，而第二層的職業年金雖然允許比較大的個別差異，但如果其亦為「強制性」的社會保險，則差異應該來自於「功績差異」（繳費的多寡，不論繳費是來自於雇主或受雇者）而不是「制度差異」（如勞工為確定提撥制，軍公教為確定給付制）。其實確定提撥制相較於確定給付制，更能適切地反映功績差異。

財務危機與「繳多領少」的改革之路

目前除了「勞工退休金」與「私立學校教職員退休撫恤新制」為確定提撥制，以及公教人員保險的財務五十年內無破產之虞外，其他年金制度將在不久的將來破產，因為制度本身就是「入不敷出」的設計。表3每一個制度的法定與現行提撥率都遠低於根據精算能夠收支相抵的最適提撥率。隨著領取老年年金的人越來越多，這些不足額儲備的基金將很快用罄而破產，財務處理機制只好轉為「隨收隨付制」（PAYG）。PAYG易受人口結構老化的影響（領取給付者越來越多、繳保費者越來越少），台灣的人口老化速度在全世界名列前茅，讓財務問題更是雪上加霜。

不論哪個政黨執政，都必須面對年金破產在即，改革勢在必行，但推出的改革方案多功敗垂成。扁政府任內朝小野大，僅微調百分之十八優惠存款，其他改革動彈不得。馬政府上台後雖於二〇〇九年成立「年金改革專案小組」，但不敢輕舉妄動，即便於二〇一三年一月推出軍公教與勞工的年金改革草案，但在軍公教與勞工均強烈反彈下裹足不前。蔡政府上台後設立「總統府國家年金改革委員會」，並成立「行政院年金改革辦公室」，於二〇一六年六月開始積極推動軍公教年金改革，在衝突不斷的聽

表3——台灣各種年金制度之提撥率與破產時間（軍公教年金改革上路前）

類別	法定提撥率	現行提撥率	最適提撥率		破產時間（年期）
			不攤提過去潛藏負債	攤提過去潛藏負債	
國民年金[1]	6.5-12%	8.5%	20.3%	26.6%	2052
勞工保險[2]	6.5-12%	9.5%	20.4%	27.8%	2026
公教人員保險（公部門）[3]	7.0-15%	8.28%*	7.81%	8.28%	50年不破產
公教人員保險（私校）[3]	7.0-15%	12.53%*	10.54%	12.53%	50年不破產
公立學校教育人員退撫[4]	8.0-12%	12%	21.3%	41.2%	2030
公務人員退撫[4]	12-15%	12%	19.8%	37.0%	2031
軍職人員退撫[4]	8.0-12%	12%	20.6%	38.1%	2020

說明：最近一期（2017年）公教保基金的精算估計條件為：非適用年金人員費率8.83%，適用年金人員2017年度為 12.25% 及2018年度起為 13.4%。但實際上，2019年非適用年金人員的費率為8.28%，適用年金人員為12.53%。所有的財務估計均假設年投資報酬率為4%。（資料來源：1.張智凱（2018），2.魏吉漳（2018），3.周淑媛（2017），4.魏吉漳（2016））

證、辯論與抗議中，於二〇一七年六月後陸續通過軍公教人員的各種退休撫卹相關辦法，並於二〇一八年七月一日開始實施。破產壓力更大的勞工保險老年年金則改革草案於二〇一七年三月函送立法院後再無下文。

改革基本上就是提高收入、降低支出，在策略上包括：降低所得替代率、提高保險費率、延後退休、較嚴格的給付計算基準，以及提高基金運用效率。軍公教退撫制度的改革要項如表4，表中同時陳列勞工保險改革草案的內容。雖然勞保年金與軍公教退撫制度分屬年金架構的第一層與第二層，但由於二者分別是勞工與軍公教老年經濟安全保障的最重要支柱，也是國家年金改革的主要項目，因此放在一起陳列比較。

蔡政府的勞保年金改革草案與馬政府的不同點有四：

（一）目前的年金率是百分之一點五五，馬政府規畫較高所得部分年金率降低（平均月投保薪資三萬元以下部分百分之一點五五、三萬到四萬三千九百元部分以百分之一點三計），或是領取的年金總額超過一次給付總額後以七折給付；蔡政府則維持不變。

（二）目前計算年金給付額度時，以最高六十個月的平均投保薪資為計算基礎，馬政府延長為一百四十四個月，蔡政府則為一百八十個月。時間越長、平均效果越大，給付基準越低。

表4 ——軍公教退撫新制與勞保年金改革草案重點摘錄

項目	公教人員退撫制度[2]	軍人退撫制度[2]	勞工保險改革草案（馬政府）[1]	勞工保險改革草案（蔡政府）[2]
最低保障金額	委任1職等最高俸額加專業加給（目前為33,140元）	少尉1職額加專業加給（目前為38,990元）	3,000元	
最高所得替代率	60%	85%	無明定上限，但降低高所得部分之年金率	無明定上限，且未調整年金率
用於計算給付的投保薪資之採計期間	最後15年均俸	最後1/5年資均俸	改革第一年為最高72個月的平均投保薪資，其後每年增加12個月至上限144個月止。	改革第一年為最高72個月的平均投保薪資，其後每年增加12個月至上限180個月止。
退休金起支年齡	逐年調升至2031年達65歲後穩定	服役滿20年	逐年調升至2026年開始65歲後穩定（目前制度即如此）	
提撥費率	2018年調至13%，之後逐年增1%，直到18%	2018年調至13%，之後逐年增1%，直到18%	每年增0.5個百分點直到12%，之後若保險基金餘額不足以支應未來20年保險給付時，其後每年繼續調高0.5個百分點，但不逾18.5%。	每年增0.5個百分點直到12%，之後若保險基金餘額不足以支應未來20年保險給付時，再檢討費率調整。
政府撥補	無	10年挹注1000億元	中央政府負最後支付責任（改革第一年撥補200億元，爾後按經濟狀況調整撥補金額）	中央政府負最後支付責任（規畫每年撥補200億元）。
再任禁領雙薪標準	基本工資	委任1職等最高俸額加專業加給（目前為33,140元）	無，但現行辦法規定領取勞保老年給付者不得再加入勞保普通事故保險。	
離婚配偶請求權	新增	新增	無	

（資料來源：

1. 行政院年金制度改革網（2013）http://www.cepd.gov.tw/pension/m1.aspx?sNo=0017940，取用日期：2013年5月10日，
2. 總統府國家年金改革委員會（2019）https://pension.president.gov.tw/Content_List.aspx?n=3E52255E5F7FBFFC，取用日期：2019年4月10日。）

（三）目前的法定提撥率上限為百分之十二，馬政府設定新的上限為百分之十八點五，蔡政府則未明訂。

（四）政府承擔最後責任的具體化，馬政府時期僅規畫第一年補貼勞保基金兩百億，爾後按經濟狀況調整撥補金額，蔡政府則規畫每一年均補貼兩百億，至勞保年金財務穩定為止。

馬蔡政府的改革內容實質差異不大，但蘊含的意義不太一樣。馬政府將所有影響財務平衡的因素全面性調整，包括降低所得替代率、提高保險費率、較嚴格的給付計算基準，以及提高基金運用效率。蔡政府則避開易引起反彈的降低所得替代率之選項，而以拉長用於計算給付的投保薪資之採計期間來代替，後者同樣有調降給付水準的效果，但因為比照公教退撫制度的計算方式，應該比較容易被接受。另，蔡政府對調高費率一事模糊以對，表示若保險基金餘額不足以支應未來二十年保險給付時，再檢討費率調整。

不論是軍公教退撫新制或馬、蔡政府的勞保年金改革草案，對於破產壓力的紓解效果其實都相當有限。主要的原因是緩慢的費率提升讓短期內的改變幅度非常小，而投保薪資計算基準改變對於降低給付的貢獻不大，加上人口老化與制度成熟使得領取年金給付的人數與人均年金額度快速上漲，所以單一年度入不敷出的時間很快就到來。入不敷出時就會開始使用過去儲存的基金，由於一直不足額儲存，基金將很快消耗殆盡，即便基金投資績效有所改善，本金不多，投資報酬率可作用的空間不大；若冀望利用基金投資來緩和費率上漲的速度，須維持一定的基金額度，因此當入不敷出時必須立即撥補，甚至撥補的額度須超越單年的入不敷出差額，才能讓基金持續成長。

下頁表5是軍公教退撫新制與勞保年金改革草案之財務均衡問題。軍公教退撫制度逐年調升提撥率並降低給付後，仍將於二〇五〇年左右破產（魏吉漳，二〇一九），相較於改革前，破產時間延後約二十年，財務赤字規模也小很多，有效降低未來滾動式調整的困難度。勞工保險部分，馬政府的改革草案將費率逐年調升到百分之十八點五後固定不變，並設定年均投資報酬率為百分之四，若僅第一年撥補兩百億元後不再撥補，將於二〇三二年破產；若每年撥補兩百億元，則至二〇五〇年時基金才用罄，之後的赤字額度也相當小，制度調整壓力不大（楊靜利，二〇一四）。蔡政府的改革草案，若費率逐年調升到百分之十二後固定不變，同樣假設年均投資報酬率為百分之四，即便每年撥補兩百億元，因為實際提撥率與最適提撥率差距太大，年度收支仍將產生赤字，基金破產時間僅能從二〇二七年延後三年到二〇三〇年。事實上，近期的勞保精算報告顯示基金將於二〇二七年之前破產，[3] 早已確定不足以支應未

3 邵靄如（二〇一二）估計勞保基金破產的時間為二〇二七年，魏吉漳（二〇一八）估計為二〇二六年。

來二十年的保險給付，蔡政府顯然想迴避此一問題，至少是暫時迴避；不過勞動部（二〇一七）仍另行估算，若費率達百分之十二後仍持續上漲到百分之十八再維持穩定，則破產時間可延至二〇三六年。[4]

馬政府的每年撥補兩百億版本與蔡政府的勞動部版本內容差異不大，但前者的破產時間卻晚了二十年，主要是前者假設於二〇一二年、而後者假設於二〇一八年開始實施新制。雖僅有六年的差距，但越是晚近，可挹注基金的當年度收支餘額越小（二〇一八年已是入不敷出），加上少了一千兩百億元的挹注（每年兩百億元），透過長期的複利計算後，二者的基金規模差距逐年擴大。顯示勞保年金改革是一個與時間賽跑的工作，越晚啟動，改革的成本

表5——軍公教退撫新制與勞保年金改革草案之財務均衡問題

類別	法定提撥率	現行提撥率	最適提撥率		破產時間*（年期）	現行提撥率50年不破產所需之投資報酬率
			不攤提過去潛藏負債	攤提過去潛藏負債		
公立學校教育人員退撫[1]	12-18%	12%	16.35%	30.24%	2040 / 2047	8.9%
公務人員退撫[1]	12-18%	12%	16.28%	26.27%	2041 / 2052	8.1%
軍職人員退撫[1]	12-18%	12%	6.79%	12.34%	50年不破產	2.2%
勞工保險（2013改革草案）[2]	10~18.5%	9.5%	20.4%	未估計	2032 / 2050	10%以上
勞工保險（2017改革草案）[3]	10~12%	9.5%	未估計	24.62%	2027 / 2030	未估計
勞工保險（2017勞動部版）[4]	10~18%	9.5%	未估計	24.62%	2027 / 2036	未估計

說明：* 若維持現行提撥率不變，破產時間為第一個數值；若每年逐漸調升至上限止，破產時間為第二個數值。

（資料來源：1.魏吉漳（2019），2.楊靜利（2013），3.魏吉漳（2017），4.勞動部（2017））

越高。

期望「一個大國民年金」與「兩代共體時艱」的未來

台灣年金制度的美麗與哀愁，美麗在於繳少少的保費即可享有大大的給付，哀愁在於此一設計注定破產，若不改革將債留子孫。改革不可能畢其功於一役，先設定三十年或五十年的財務穩定目標並無不妥。但台灣制度設計不良，人口老化速度急快，改革的挑戰更大，必須拉長戰線、以時間換取空間，才能穩健地進行滾動式修正。可惜的是，二〇〇〇年以來的歷任政府雖有改革之心，卻都無法順利推動，致使問題越滾越大，二〇一七年軍公教退撫新制雖然飽受批評，至少是一個開始，可以維持未來三十年無破產之虞。不過此願景立基於基金投資報酬率達百分之四，而過去的精算報告多設定在更符合實況的百分之三投資報酬率，[5]換句話說，精算報告中的財務改善並非全部來自提高保費與降低給付，部分是因為假設條件改變之故，若投資沒有更積極的配套措施與實戰績效，這些估算都只是玩數字遊戲，

4 由於總統府國家年金改革委員會官方網站所列之精算報告為魏吉漳（二〇一七）版本，而不是勞動部版，因此表5未使用勞動部的精算報告數據。

勞工保險改革草案的情況也是一樣。

新世紀高齡人口平均餘命的增長對年金財務的影響越來越大，延後退休成為當前年金改革的重點。但許多國家在改革過程中不斷有反對聲浪，甚至有劇烈衝突（Olofsson 2001; Sarfati & Ghellab 2012; Schmähl 1992）；即使像瑞典這種具積極性勞動政策的國家，一開始也不歡迎延後退休，德國也曾因為失業率高使得提高退休年齡遭到工會和社會民主黨的反對（Schmähl 1992）。雖然有所爭議，為了社會安全制度的長治久安，各國仍積極推動延後退休政策，包括提高展延年金的誘因、增加兼職工作機會、改善部分年金制度設計。簡單來說，就是漸進式彈性退休路徑的方案明顯增加（European Commission 2008）。台灣目前的年金改革設定的最終退休年齡為六十五歲，若參考OECD建議，讓退休年齡隨著平均餘命的延長而自動提高，保持「工作期間與退休期間的相對比值」固定，則於二〇三〇、二〇四〇、二〇五〇與二〇六〇年的退休年齡必須分別延長至六十六歲、六十六點五歲、六十七歲與六十七點五歲（楊靜利，二〇一七）。台灣目前中高齡從事部分工時工作的比例甚低，雇主和社會大眾對於漸進式退休的認識並不多。欲推動漸進式退休，需要有足夠的適合老人從事的兼職工作，因此政府與產業應共同合作，依中高齡的年齡、健康與工作技能，開發可以發揮中高齡者的才能且符合市場需求的工作機會。

財務均衡牽涉到制度的永續，當然至關重要，但年金制度設立的初衷更不可或忘。社會保險是為了確保老年經濟安全制度的「財務獨立」性，不是要如私人保險一樣強調繳費與給付，由風險大小來決定保費高低。所以，雖然沿用使用者付費的保險原則，但捨棄保費（premium）這個含有風險精算意義的名詞，而以志願性互助會社的習慣用語「提撥」（contribution）來反映自助他助的概念；換句話說，讓風險小者或支付能力強的人來分攤風險大或支付能力小的人所產生的費用。

另一方面，三層制年金架構下的第一層基礎年金的宗旨是提供基礎生活保障，使每位國民於老年退休後無論性別、出身、是否曾有工作經驗或累積家產，均能獨立而有尊嚴地取得老年生活的依據，不必淪為救助與同情的對象。在這樣的理念下，台灣第一層的國民年金、老農津貼（雖財務處理上屬第零層，但實際上扮演第一層的角色）、公教人員保險、軍人保險與勞工保險，其實可以整合成為一個「大國民年金」；由於全民一致，財務設計可以賦稅移轉為之，也就是隨收隨付制。

過去因為第一層各種基礎保障制度的繳費與給付條件差異頗大，因此整合困難，但年金

5 二〇一〇至二〇一八年間，軍公教退撫基金的平均年投資報酬率為百分之二點九九，同一期間，五大社會保險基金（國民年金、勞保基金、勞工退休金新制、勞工退休金新制、軍公教退撫基金）的年平均投資報酬率為百分之二點八八。

給付上路後，勞工與軍公教保險的費率、投保薪資、保費負擔比例等都逐漸拉近，比較大的差異在於勞保的給付水準高出其他保險甚多，其實可以將勞保年金切分為兩部分，一部分留在大國民年金裡，另一部分併入第二層勞工退休金中即可解決。現公教保險的私校被保險人之老年年金給付與勞保的情況類似，亦可比照辦理。國民年金二〇〇八年開辦至今已十年，因為投保年資與投保薪資的限制，所以目前的平均給付額度不到四千元，但再過十年，完全未曾就業無法併計其他保險年資者，也可以領到每月約六千元的國民年金，與老農津貼差距不大，屆時合併的阻力可望大幅降低。換句話說，軍、公、教、勞保先整併，老農津貼與國民年金再整併，最後再全部合併為「大國民年金」。

第二層強制性的職業年金主要保障對象為就業人口，乃是就業期間為退休後事先預備的退休金方案，具有「遞延工資」概念，蘊含「協助儲蓄」的意義，其給付條件與所得和繳費年資息息相關，財務來源除了由受雇者薪資提撥，尚有雇主支付與政府補貼兩部分。職業年金的設立目的在於確保就業者退休後能維持就業時的生活水準，避免陷入相對貧窮，目前軍公教退撫制度具有這樣的功能，勞工退休金則杯水車薪，所得替代率約僅一成五左右，必須提高提撥率才得以致之。另一方面，軍公教退撫制度為DB制，改革之後破產風險仍高，似可考慮改為與勞工退休金相同的DC制，讓繳費與給付緊密掛鉤，不僅避免日後改革再遭「違反誠信原則」的攻擊，也讓軍公教人員與勞工的第二層年金的差異均來自功績差異（因為退休前薪資與提撥率不同）而非制度設計差異（DB與DC制的不同），以免「獨厚軍公教」之譏。

年金制度將受人口結構老化影響，工作人口的負擔必逐年加重，但這並不必然導致兩代之間的衝突。兩代人口並非毫不相干的兩組人口，大部分的工作人口有父母在領取社會安全給付，大部分領取社會安全給付者有子女在繳交費用，代間移轉的社會安全制度與家庭中父母與子女之間的相互照顧是同樣的機制，只是前者多加了同代成員之間的風險分攤，使得父母較早死亡或所得能力較高者，能夠協助父母存活較久或所得能力較差者；政府沒有這些措施，撫養老年父母的責任留在家庭，壓力仍然存在，兩代合作共體時艱應該是較兩代衝突更能說明社會安全制度的遠景。

* * *

本文從社會安全制度的理念出發，透過各國年金制度變革的介紹，引入財務處理與債務責任基本概念，介紹台灣老年年金制度財務問題的根源，了解職業群體的差異，並思考未來的改革方向與挑戰。台灣因為人口老化快速以及制度本身入不敷出，改革勢在必行。不論是過去或未來的改革，都不可能畢其功於一役，必須滾動式修正，在不同的社會、經濟環境與政治理念下，選擇的主策略就會不同。

除了破產的壓力，台灣不同職業類別間所屬的年金制度都有其設立背景與發展脈絡，或可整合成單一制度，或可殊途同歸，將保費負擔與給付標準拉近。所謂拉近不是每人的年金給付額度相同，而是使差異來自功績差異而非制度設計差異。

台灣的全民年金與全民健保讓每一位國人彼此相連形成共同體，維繫制度的永續發展需要社會團結，世代合作共體時艱而非世代衝突相互指責，才是我們追求的社會安全制度願景。

參考書目

行政院年金改革辦公室。二〇一八。年金制度小辭典。網址：https://pension.president.gov.tw/cp.aspx?n=A4420C3398EB9597&s=88DCC6B5E75FAB2A

邵靄如。二〇一二。《勞工保險普通事故保險費率精算及財務評估》。勞工保險局一〇一年度委託研究。

周淑媛。二〇一七。《公教人員保險第七次保險費率精算》。台灣銀行一〇七年度委託研究計畫。

張智凱。二〇一八。《國民年金保險費率精算及財務評估研究報告》。勞動部勞工保險局。

國家發展委員會。二〇一七。《人力資源發展統計分析圖表彙編》。網址：https://www.ndc.gov.tw/Content_List.aspx?n=81DB8FFA63C8F95A，取用日期：二〇一九年四月二十九日。

勞動部。二〇一七。《年改會勞保年金改革建議方案財務評估報告》。勞動部。

楊靜利。二〇一三。《人口結構轉型對年金制度之影響研究》。經建會委託研究計畫。

——。二〇一七。《年金制度改革策略——平均餘命自動連結機制與部分年金制度》。科技部委託計畫期末報告。

魏吉漳。二〇一六。《退撫基金第六次精算報告》。公務人員退休撫卹基金管理委員會。

——。二〇一七。《勞工保險年金改革方案財務精算評估》。勞動部勞工保險局。

——。二〇一八。《勞工保險普通事故保險費率精算及財務評估》。勞動部勞工保險局。

——。二〇一九。《退撫基金第七次精算報告》。公務人員退休撫卹基金管理委員會。

Chłoń-Domińczak, A., D. Franco, and E. Palmer. 2012. “The First Wave of NDC Reforms: The Experiences of Italy, Latvia, Poland, and Sweden.” In *Progress, Lessons, and Implementation*, chap.2, vol.1 of Nonfinancial Defined Contribution Pension Schemes in a Changing Pension World, ed. Robert Holzmann, Edward Palmer, and David A. Robalino, p31-84. Washington, DC: World Bank.

European Commission. 2008. Longer working lives through pension reforms. Retrieved from http://ec.europa.eu/social/main.jsp?catId=752&langId=en&moreDocuments=yes.

Holzmann, Robert, and Richard Hinz, eds. 2005. *Old Age Income Support in the 21st Century: An International Perspective on Pension Systems and Reform*. Washington, DC: World Bank.

ILO. 2004. *Economic security for a better world*. Geneva, International Labour Office.

Kopits, George. 1997 “Are Europe’s Social Security Finances Compatible with EMU?”, Paper on Policy Analysis and Assessment of the International Monetary Fund. (February).

Kantarci, T., & A. Van Soest. 2008. “Gradual Retirement- Preferences and Limitations.” *Economist* (Leiden) 156(2): 113–144.

Latulippe, D. & J. Turner. 2000. “Partial Retirement and Pension Policy in Industrialized Countries.” *Partial Retirement and Pension Policy* 139(2).

Norman, G. & Michell, D. J. 2000. *Pension Reform in Sweden-Lessons for American Policymakers*. The United State: The Heritage Foundation.

OECD. 2011. "Pensions at a Glance 2011: Retirement-income Systems in OECD and G20 Countries." OECD Publishing. Retrieved Feb. 16, 2013, from http://dx.doi.org/10.1787/pension_glance-2011-en.

Olofsson, G. 2001. Age, Work and Retirement in Sweden – Views, Policies and Strategies of key Actors –An overview of Work, Pensions and Early Exit as well as State policies and Employer strategies Towards the Older Workforce. Japan: Japan Institute of Labour. Background Paper on the Swedish case for the 'Millennium Project' Conference November 29-30, Tokyo. http://www.werkgoesting.uhasselt.be/Documenten/sweden.pdf

Perrin, Guy. 1984. "A hundred years of social insurance" (Part 1), *Labour and Society* 9(2): 179-191. / (Part 2) 9(3): 297-308. / (Part 3) 9(4): 399-410.

Sarfati, H. & Ghellab, Y. 2012. "The political economy of pension reforms in times of global crisis: State unilateralism or social dialogue?" *ILOWorking Paper* No. 37.

Schmähl, W. 1992. "Changing the Retirement Age in Germany." *Geneva Papers on Risk and Insurance* 17(62): 81-104.

Shibata, H. 1983. Financing and the politics of financing public pension plans: an analysis and proposals for reform. Osaka University, Working Paper.

World Bank. 1994. *Averting the Old Age Crisis: policies to protect the old and promote growth* (English). Washington DC: World Bank.

附錄1——台灣老年經濟安全制度之涵蓋範圍與保障水準（2016年12月資料）

就業身分	涵蓋人數		年金給付額		
	第一層	第二層	第一層	第二層	合計
未就業國民（國民年金）	3,425,214	-	3,795	-	3,795
農民（農民健康保險）	1,235,745	-	7,256	-	7,256
勞工（勞工保險、勞工退休金）	10,165,434	7,457,674	16,532	6,696	23,228
軍人（軍人保險、軍公教退撫制度）	228,000	159,599	10,417	43,232	53,649
公教人員（公教人員保險、軍公教退撫制度）	515,750	475,067	11,508	61,953	73,461
私校教職員（公教人員保險、私校教職員退撫制度）	62,974	62,974	17,162	8,900	26,062

說明：

1. 農民健康保險並無老年給付，老農津貼乃是根據「老年農民福利津貼暫行條例」發給，由於領取條件之一為「申領時參加農民健康保險之農民且加保年資合計十五年以上者，或已領取勞工保險老年給付之漁會甲類會員且會員年資合計十五年以上者」。因此以農民健康保險之投保人數作為涵蓋人數。
2. 勞工退休金涵蓋人數包含新制與舊制，此處的給付額度以新制來估算。新制仍未有領取年金給付者，我們利用勞保局提供之「勞工個人退休金試算表（勞退新制）」試算。假設條件為：起薪30,000元，投資報酬率2%，薪資成長率2%，年資35年，平均餘命24年。舊制勞工退休金的平均給付額度為1,940,000元，假設退休餘命24年，利率與通貨膨脹率相互抵消，則折合每月收入6,736元，與新制的估算結果非常接近，因此沒有獨立陳列。
3. 軍人保險均採一次給付，統計報告書無退伍給付之平均額度，因此參考101年10月19日聯合報報導，年資20年少校主官退休後一次請領退休金約120~130萬（資料來源：blog.xuite.net/weiline9/ twblog/127024464-勞工軍公教退休條件與國民年金比較），以125萬來估算對應的每月收入（假設退休餘命25年，利率與通貨膨脹率相互抵消，且1/3可存18%優惠存款）。
4. 公教人員保險之養老給付有一次給付與年金給付兩種方式。根據《公教人員保險法》第48條規定，養老年金及遺屬年金給付規定之適用，限私立學校被保險人及未領月退俸且無優惠存款之軍公教人員。2016年一次給付與年金給付的人數分別為17,886與2,470人，假設前者為公務人員及公立學校教職人員，後者為私校教職員。養老一次給付之平均給付額度為1,380,927元，我們以此來估算對應的每月收入為11,508元（假設退休餘命25年，利率與通貨膨脹率相互抵消，且1/3可存18%優惠存款）。私校教職員依統計平均月退休金17,162元。
5. 2016年私校教職員退撫儲金制度之一次退休金平均數為267萬元，估算對應的每月收入為8,900元（假設退休餘命25年，利率與通貨膨脹率相互抵消）

資料來源：

1. 行政院年金改革辦公室（2017），我國年金制度概況彙整，網址：http://pension.president.gov.tw/。
2. 利用勞工保險統計（2017）、公教人員保險統計（2017）資料自行計算。

環境正義．南方觀點

邱花妹｜國立中山大學社會學系

一入秋，霧霾壓境、高雄八五大樓朦朧，環保人士疾呼「乾淨空氣．基本人權」，要求「呼吸平權」、落實「環境正義」，呼吸如何能平權？後勁中油高雄煉油總廠在居民堅定而持續的行動下，依承諾在五輕運作二十五年後關廠，北高雄空氣況味改變，是返回居民「環境正義」？長年在八百多根煙囪下生活，大林蒲居民奮力發聲，反對新開發、爭取留下一口乾淨的西南風，行政院長破天荒來到工業孤島鞠躬道歉，肯認居民長年為台灣工業發展犧牲，是正視居民長年承受的「環境不正義」嗎？什麼是「環境正義」？本文以挑戰工業污染、空污與健康風險的高雄在地運動為例，分析工業區鄰近社區與城市市民追求「環境正義」的行動。透過與「環境正義」概念演變的對話，指出環境損益分配不均常與社會不平等交織，如同全球各地的抵抗運動，高雄的環境行動顯示，人們並不僅止反對其安身立命的社區與城市過度地承載了經濟發展的環境與健康惡果，在追求分配正義的同時，也訴求落實程序正義，要求在地文化受肯認，地方歸屬感更常成為環境行動的重要動力。

當環境遇上正義

二〇一六年十一月，媒體大幅報導，行政院長林全與高雄市長陳菊親赴高雄小港區沿海六里的大林蒲聚落，向居民鞠躬致歉：「大林蒲是被重工業包圍的『居住孤島』，居民長期飽受污染之苦、生活品質低落，是國家追求經濟成長的犧牲者。」長期生活在臨海工業區近五百家工廠、八百多根煙囪下，兩萬居民的犧牲終於被肯認。但伴隨鞠躬道歉而浮上檯面的是「遷村」的決定：「（遷村）是不得已的選擇，目的是對長期虧欠大林蒲環境正義的彌補……」[1]環境正義是什麼？出讓世居土地予工業發展，避走八百根煙囪，能返還「工業孤島」居民的「環境正義」嗎？

往前推一年，二〇一五年，高雄後勁居民終於迎來中油煉油總廠關廠，媒體以「還後勁環境正義」為題大幅報導。[2]從一九八七至一九九〇年長達三年的反五輕設廠，到二〇〇〇年前後開展的新一波運動，近三十年的「堅持」，終於讓中油熄燈。工業巨獸留下幾十年的

1 引自《自由時報》二〇一六年十月六日報導〈陳菊請命　林全將南下大林蒲〉，網址：http://news.ltn.com.tw/news/local/paper/1039164。

2 引自《蘋果日報》二〇一五年十一月一日報導〈運作47年　高雄煉油廠今熄燈「還後勁環境正義」〉，網址：https://tw.appledaily.com/headline/20151101/MDZR2ZWUHAZFR42CNGCANY5XFA/。

污染印記、健康影響，還有分別高達一百七十六點七五及一五三點四八公頃的地下水與土壤污染場址待整治，而後勁居民與環團倡議的工業遺址轉型生態公園則持續被漠視。政府實現二十五年前對反五輕運動的政治承諾而關掉五輕，是否就是返還後勁居民「環境正義」？

一到秋冬高雄就灰濛濛，直到二〇一〇年代，高雄市民才逐漸理解每天大口吸的是霾不是霧。PM2.5、空污與健康風險的認知，跟著口罩、空氣品質應用程式進入民眾的生活日常，環保人士疾呼「乾淨空氣．基本人權」，要求「呼吸平權」以落實「環境正義」，呼吸如何平權？[3]

當「環境正義」被更為廣泛地引用，環境運動者、社區居民如何援用這個概念以形構其運動論述？

一九八〇年代的美國，有毒廢棄物、高污染石化工業聚集帶、焚化爐、核廢料儲存場等環境惡物，遭批評循著既有階級、種族等社會不平等，循著最小抵抗路徑落腳邊緣社區，形同「環境種族主義」（environmental racism）（Bullard 1990）。環境惡物分配不平等激起抵抗，從黑人居多的華倫郡居民反對興建多氯聯苯廢料儲存場到各地草根社區追求環境正義，這些運動多由主流環保運動長期忽略的原住民、有色人種、工人階級與女性挺身對抗污染。在市民權運動的基礎上，有色人種環境運動挑戰環境污染與種族歧視；白人工人階級社區的抗爭通常定位為市民／工人的反毒運動；而原住民的環境正義運動則同時也是對抗殖民、族群與文化滅絕的運動（Pellow & Brulle 2005）。此外，承擔最多家人與下一代照顧責任的母親，則常在各類草根運動中站上最前線（Krauss 2003）。

在全球尺度下，環境損益也沿著不平等發展，惡化南方國家（Global South）的生態環境與社會問題，像是南方國家常成為有害廢棄物的棄置天堂（Pellow 2007）。「窮人的環境主義」（Environmentalism of Poor）不僅是發生在美國都市與原住民傳統領域的環境正義運動，也在全球的南方引發生態衝突，因著採礦、汲油、伐木、農地單一化與生物剽竊、圈地、水資源掠奪等開發爭議，窮人陷入污染與環境風險，失去對自然資源與環境服務的近用權，馬丁尼茲－艾莉爾（Joan Martinez-Alier）指出，在這些生態分配的衝突中，儘管窮人未必宣稱自己為環境人士，但常站上資源保育、捍衛環境的一方（Martinez-Alier 2002）。

從美國有色人種、原住民，到全球南方的邊緣社區與弱勢族群，何以「環境正義」的價值關懷與論述，形塑各地的反污染、反掠奪運動？面對毒物與污染威脅、賴以維生的自然資源遭掠奪榨取，草根團體在面對環境威脅時，其所發動的運動常陷入充滿結構性障礙的政治過程。由於居民能動用的政治經濟、司法與科學資源，常遠低於他們對抗的對象，無法在既

3 引自地球公民基金會環境教育講座「爭取環境正義——從呼吸平權說起」，網址：https://www.anthroposophyilan.org.tw/learn/index.php?object=71。

有政治法規下求得公平，也無以尋求公私部門專家協助認定污染，草根團體於是轉向以環境正義為運動進行意義構框（framing）、形塑運動的論述與訴求，特別用在強調市民權、民主過程與草根知識（Capek 1993）。

環境損益分配不均與社會不平等交織、互相強化，學者發現，各地抵抗運動對環境正義的追求常涵蓋分配正義、程序正義與文化肯認等三重面向（Schlosberg 2004）。既有對環境正義概念的理解多聚焦「平等」（equity）問題，從關注環境惡物（污染與風險）延伸至環境善物（如綠地、公共交通、新鮮食物）的分配是否公平；但在追求分配正義的同時，相關運動也常致力於爭取知情權與民主決策，乃至要求自身的文化與經驗被肯認。以一九九一年美國第一屆「全國有色人種環境領袖會議」提出的環境正義基本信條來看，其內容不僅主張應去除人與自然、人與人間的政治經濟與社會不平等，也認為居民應享有充分資訊、公開聽證、民主參與、社區團結及賠償的權利；在文化肯認方面，原住民的環境正義運動即常與對抗族群滅絕連結，居民捍衛社區環境免於毒害，也同時捍衛族群的文化與存續。此外，部分學者指出，感受到環境惡化對地方帶來的威脅、對地方的歸屬感，也是激發環境正義行動的重要驅力；環境不正義的經驗、認知與行動驅力，高度與文化認同及地方歸屬感連結，意味著環境正義還有關係的面向（Schlosberg, Rickards & Byrne 2018）。

環境正義的多重面向

全球各地的環境正義運動，常不僅止於對環境損益不平等分配的抵抗，居民也爭取充分資訊、公開聽證、民主參與等攸關程序正義的權益；此外，居民捍衛社區環境的同時，也在為社區或族群文化的存續而努力，對地方的認同與歸屬感也因此成為環境正義行動的重要驅力。

晚近，從在地到全球，面對氣候危機、食物與農業等問題，運動者與研究者發展出更多環境正義的姊妹概念，以氣候正義（climate justice）、食物正義（food justice）、食物主權（food sovereignty）、土地掠奪（land grabbing）等概念為運動進行意義的構框，環境正義的規範性關懷受到更廣泛的運用（Holifield, Chakraborty & Walker 2018）。

總的來看，不同身分的社群，在草根社區、城市、國家到全球不同尺度的發展脈絡下追求環境正義，也面臨不同的挑戰。在台灣，環境不正義的多重面向，被應用於形構原住民處境與核廢料、國家公園劃設、採礦、風災重建等爭議；也常見於反污染運動中對環境惡物分配、知情權與決策等程序正義、反污染行動的文化基礎與邏輯的討論。以高雄近年反空污運動為例，環境正義如何形構這波運動？

環境正義與高雄反空污運動

在發展型國家政策主導扶植下，位居地理區位南方的高雄，自一九六〇年代以來逐漸發展為石化、鋼鐵、電力等重工業的故鄉。然而，急速工業化帶來的並非只有產值與就業機會，不同形式的污染物進入城市的土壤、地下水，流入河川與海洋，也轉換為空氣污染物；污染事件、工安意外、工業擴張，激起工業區鄰近社區與市民在不同歷史階段的抵抗。一九八〇年代至一九九〇年代前期以居民為主的抗議，如一九八七至一九九〇年的後勁反五輕運動、一九八八年林園事件、一九九二年大林蒲五二六事件、一九九三年大社事件等；一九九〇年代反污染運動相對沉寂，都市中產階級主導的保育運動興起；二〇〇〇年代中後期以降，以都市中產階級為主的專業環保組織、學者、律師、志工加入工業區鄰近社區居民，活躍於反對台電大林廠與中油林園三輕擴張、挑戰台塑仁武廠污染、反對南星計畫土地開發為自由貿易港區與遊艇專區、批判日月光污染後勁溪、抗議二〇一四年高雄氣爆、要求後勁中油五輕二〇一五年如期關廠、大社工業區二〇一八年降乙編、興達火力發電廠燃煤機組提前除役，以及一連串的反空污、反有害廢棄物、反水污與救灌溉水的運動。晚近的運動除了要求移除、改善污染，也倡議工業高雄降低甚至擺脫對石化等重工業的依賴，邁向低碳永續的城市發展。不同於一九八〇年代至一九九〇年代初期以社區居民為行動主力的反污染、自力救濟運動，近年運動有專業環境組織與都市中產階級市民參與，行動者不時以「環境正義」為運動進行意義構框，行動則展現了對環境正義多重面向的追求，除持續關注個別受害社區處境，也強調跨越社區疆界的污染與風險問題，指出城市間的不平等使高雄人承載過多污染與風險。

以反空污為例，高雄在地環境組織與居民如何援用環境正義概念形塑其運動論述與行動？空污是早年社區反公害、自力救濟運動的爭議重點，近年高雄反空污運動能量，在一連串爭議個案中累積，開展出以城市為尺度的

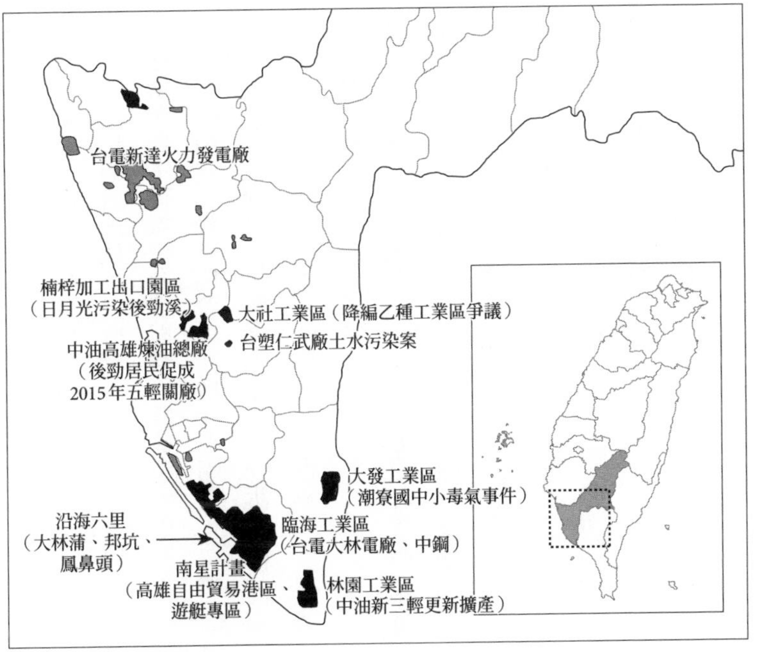

圖1——高雄主要工業區與環境爭議分布圖
（資料來源：本研究繪製。製圖：張仁瑋。）

論述與治理訴求。回溯起來，二〇〇七至二〇〇九年間有三起涉及空氣品質的重大事件，包括台電大林火力發電廠與林園中油三輕的更新擴產、潮寮毒氣外洩事件。

二〇〇七年，關注工業污染與山林保育的在地組織地球公民協會（二〇一〇年轉型為全國性基金會）於高雄成立，地球公民串連在地居民，從城市發展與環境負荷過大角度，反對台電與中油透過更新擴張產能。地球公民偕同柴山會、綠色協會等在地保育團體，舉辦一連串記者會與公聽會，在高雄市區辦「污染減半、綠地加倍」抗暖化大遊行，控訴高雄長期揹負重工業所帶來的嚴重污染，提出「污染減半，二氧化碳不增量」的訴求。過程中，環團遊說市府、跨黨派市議員三方合作，削減了大林電廠的產能與污染量。

大約與台電大林廠同時期，地球公民與林園反三輕居民開始一連串出席環評會議、組織環評場外抗議與政治遊說的行動。環評爭議環繞地下水污染、空污與健康風險，環團與居民控訴「空氣很糟受不了、常常咳嗽好不了」，要求政府「先做好周延、完整、符合程序正義的石化業政策環評，再來談石化業是否擴產」（王敏玲，二〇〇九）。工會支持開發，居民立場分歧，新三輕環評最後在二〇〇八年十二月有條件通過，乙烯產能從二十三萬噸增加為六十到八十萬噸。環評但書要求執行健康風險評估，降低污染排放、溫室氣體減量、增設監測井進行長期監測、釐清石化三路污染，並成立「中油三輕更新擴產計畫環境影響評估監督委員會」。

此外，二〇〇八年十二月，大發工業區在四天內連續發生六次毒氣外洩，造成潮寮國中小上百名學生送醫。這起潮寮毒氣事件引爆居民數波抗議，包括動員一千七百多位居民到總統府前抗議。環團訪查工業區、參與抗議，以「憤怒的高雄人」身分，撰文為「工業難民」發聲（李根政，二〇〇九）。

儘管在上述幾起重大事件中，環境組織運動者以城市發展的角度提出運動論述，但這些大污染源的環境問題仍常被視為個別社區的問題。為此，二〇一一年地球公民邀請在地藝術家走訪工業區進行創作，隨後於二〇一二年三月招募志工在駁二撐起為期五十天的「家・環境藝術展」，透過影像與裝置藝術等媒介，邀請市民認識高雄在國家半世紀發展政策下的環境負荷，呈現當時高雄「工廠密度全台第一，空氣污染全台第一，土壤與地下水污染面積全台第一，二氧化碳人均排放也是全台第一」的窘境；透過展示後勁、仁武、大社、大林蒲、林園等工業區的污染史，提醒市民這些社區「其實距離繁華的都會區很接近，兩百多萬人口長年分享著同樣髒污的空氣」，不僅後勁人、林園人、大林蒲人，「高雄人」就是台灣為拚經濟而製造出的「環境難民」。[4]

4 引自〈家・環境藝術展　策展緣起〉，地球公民基金會，二〇一二年三月一日，網址：http://www.cet-taiwan.org/node/2607。

站在前述個別爭議案的累積下，超越個別受害社區、立基城市的反空污運動，於二〇一〇年代逐漸開展，環境運動者開始以爭取「環境正義」、「呼吸平權」作為核心訴求。追溯起來，二〇一〇年反國光石化運動期間，中興大學環工系莊秉潔教授即曾模擬國光石化的健康衝擊，提出新增空污將使國人平均壽命短少二十三天，高雄縣市更將分別短少三十七與三十三天，這項研究促使包括高雄在內的中南部環境運動者，關心細懸浮微粒PM2.5的健康風險，積極投入反空污運動。地球公民在二〇一二年二月一日展開為期一百天的庶民拍攝計畫，每天從高雄辦公室向柴山方向拍照，並透過臉書粉專並陳空污影像與環保署監測數值，結果，一百天下來，只有二十三天算得上有好空氣，環境運動者「揭露高屏空污的真相」，質問：「難道我們是三等公民嗎？非得要呼吸這樣的空氣？」[5]

為了改善城市空氣品質，地球公民在二〇一二年十一月開始推動連署，要求長期處於三級空品區的高屏地區實施空污總量管制。一九九九年《空污法》第八條增修總量管制條文，但該條文規定總量管制須會同經濟部同意始得實施，在經濟部發展思維的主導下，造成該條文長期形同虛設。為此，一群中小學教師、律師、家庭主婦、退休人士與學生加入地球公民的空污小組，研究空污問題、上街連署，並在地方與中央進行政治遊說。

空污的環境不正義常涉及世代不正義。在過去潮寮師生的受害經驗上，地球公民在二〇一三年統計指出，距離大社、仁武、中油高廠、楠梓、臨海、林園、大發等工業區周界不到三公里的國小超過五十所、學童總數高達四萬五千人，但附近工業區測站測得的毒化物都曾超過周界標準，成長中的國小學童「不僅沒有乾淨的空氣，連『免於毒空氣』的自由都沒有！」[6]

為突顯空污與兒童健康風險問題，地球公民在二〇一四年發起「校園空污旗」活動，由空污小組志工任教的左營區文府國小與小港區港和國小率先響應。參與師生觀察天空顏色、記錄異味、撰寫空污日誌，更要在每天一早查詢環保署空氣品質監測網資料，在空氣污染指標（PSI）大於一百或者PM2.5呈現第四級時，就在校內升起空污旗。

緊鄰東南水泥、鄰近大社工業區的文府國小師生，不僅在校園升起空污旗，更透過一連串行動成功揪出污染源。長期為空污所苦，不時聞到「瓦斯味」、「像燒塑膠的味道」、「燒橡皮筋」、「吸入後嘴裡有點苦苦的感覺」、「類似油味、燒油的味道」，[7] 發動這波運動的老師回想：

5 引自〈地球公民百日拍攝計畫，揭露高屏空污的真相！〉，地球公民基金會，二〇一二年五月十七日，網址：https://www.cet-taiwan.org/node/1504。

6 引自〈保護學童健康，讓大高雄四萬五千名學童免於毒空氣威脅〉，地球公民基金會，二〇一三年一月二日，網址：https://www.cet-taiwan.org/node/1628。

7 引自文府國小抗空污團隊的集氣紀錄表。

剛開始，我們聞到異味就是請小孩子關門窗，看了很痛心，會覺得說，怎麼好像很狼狽，老是帶著小孩在那邊關窗戶、躲臭味，因為你不會想說學校是一個會聞到臭味的地方，至少我不會。（詹慧娟，訪談日期：二〇一七年三月十八日）

二〇一四年五月，大社工業區中國人造纖維的一場氣爆，促使文府師生展開了一連串「抗空污、爭好氣」的行動。從學校與社區連署開始，接著從學用集氣鋼瓶，到發展出「三角蒐證」模式，文府師生透過臭味紀錄、煙道排放目測與攝影、查詢比對煙道即時檢測資訊，揪出污染源東南水泥；過程中，師生推動各式空污教育，甚至在二〇一六年十二月十日世界人權日發動了一場社區反空污遊行。這一波波行動不僅迫使惡鄰居東南水泥停工，也成功說服市府在二〇一七年訂定更加嚴格的「高雄市水泥業空氣污染物排放標準」（邱花妹，二〇一八）。

反空污意識的成長，在工業區鄰近社區蔚為在地的抵抗。在北高雄，不只文府國小，大社工業區附近居民也曾組織社區巡守隊，二〇一八年則有一群透過網路串連的年輕父母跳出來組成「大社環境守護聯盟」，加入高雄反空污行動，要求政府「儘速將大社工業區降編減排，還給高雄藍天」。[8] 大社降乙編一案，可追溯至一九九三年的大社事件，當時已發生過多次毒氣外洩、爆炸與污染事件的大社工業區，因不明氣體洩漏致使上百位居民嘔吐昏倒，憤怒的居民圍廠抗爭，促使經濟部承諾大社工業區日後將配合中油高雄煉油廠遷移。[9] 一九九八年，高雄縣府的都市計畫通盤檢討決議，大社工業區將在二〇一八年由「特種工業區」降編為「乙種工業區」。但二〇一五年底中油高雄煉油總廠關廠，大社工業區卻前景不明。

在地的行動者研究大社的空污與環境問題，二〇一八年八月發起「還我乾淨空氣」、「許孩子零污染的未來」連署，短短十天就超過兩千人。隨著這些父母對運動的投入日深，他們對過往習以為常的空氣污染也變得更為覺察。

> 我們大部分有過敏症狀，我自己、女兒都有氣喘，我因為工作接觸許多年輕爸媽，家裡孩子有氣喘的很多。我太太是北部人，搬來這邊後常說有味道，就酸酸的、工業區的塑膠味。我開始去辨識它，發現林園有這個味道、大林蒲也有這個味道。……家裡二阿

8 引自大社環境守護聯盟新聞稿〈大社降編減排　高雄需要藍天〉，二〇一九年一月十七日，網址：https://reurl.cc/XXdNQ7。

9 一九九三年五月五日「經（82）工084448號公文」明文：「大社石化工業區應於民國一〇四年與中油高雄總廠五輕廠一併遷廠。」

> 姨生病兩年，骨髓無法再生，血癌，二阿姨家裡離工業區只有五百公尺，小時候去她家，客廳有工業區的味道，沒去外面比較過，真的會覺得很正常……（LA-CHW，訪談日期：二○一九年十一月三十日）

統計環保單位的裁罰紀錄可以發現，二○一四年八月至二○一九年六月間，大社工業區十一家廠商吃了一百一十八張空氣污染的罰單，老舊的石化廠設備使管道排放與製程氣體逸散的問題日趨嚴重，燃燒塔排放廢氣、製程排放有害空氣污染物（HAPs）、揮發性有機氣體（VOCs），都令居民擔憂，但監測資訊卻不足，唯一一套監測VOCs排放的傅立葉轉換紅外光儀（OP-FTIR）架設在楠陽國小，僅能監測工業區西側的排放情形。大社環境守護聯盟組織的網路社交群組，鼓勵居民將日常聞到的臭味、異味記錄下來，遇有異味就通報群組、打電話向環保局舉報，但常無法確認污染源。

至於要想界定空污、工業污染與健康的因果關係，就更不容易了，這就是為什麼高雄近年的運動會一再透過遊說政府、參與環評等管道，促使中央與地方政府委託學者進行工業區附近社區居民的健康風險評估。比如二○一五年完成的《仁大工業區鄰近區域居民健康風險評估計畫》發現，仁武、大社、楠梓區的致癌風險均超過環保署健康風險評估技術規範可接受的「十的負六次方」（即每一百萬人中有一人致癌的風險）。其中，敏感族群兒童的致癌風險均超標，最嚴重的仁武、大社甚至分別高達$3.18x10^{-4}$（每萬人中有三點一八人致癌的風險）及$1.89x10^{-4}$，使大社居民極度關切。[10]

居民從空污與健康風險、工業區裁罰紀錄不良、石化管線風險、工業區緊鄰住宅與學區等問題要求降乙編、改善空污。高雄氣爆的丙烯儲槽離人口稠密區不到兩百公尺，最近的學校楠陽國小同樣也僅離工業區兩百公尺，教室看出去就是中纖公司的氣電共生燃煤煙囪，環保署裝設的儀器測出包含環氧乙烷等致癌物等二十幾種VOCs，居民批評「工業區賺錢卻排毒氣給孩童呼吸是一件不道德的事情」，他們主張降乙編啟動高雄的工業轉型，「讓石化業慢慢離開北高雄，給孩童健康呼吸的環境」。[11]

在南高雄，行政區屬小港區沿海六里的傳統聚落大林蒲、邦坑與鳳鼻頭居民，長年生活在臨海工業區超過五百家工廠、八百根煙囪下，受到中鋼、中油大林煉油廠、台電大林火力發電廠、焚化爐、石化與金屬工廠等大型污染源從北東南三面包夾。二〇一一年，一群大林蒲居民組成「金煙囪文化協進會」，鳳鼻頭居民後續也成立「台灣要健康婆婆媽媽團」高雄團，

10 引自經濟部工業局委託成功大學環境微量毒物研究中心執行的《仁大工業區鄰近區域居民健康風險評估計畫》。成果說明會簡報：https://goo.gl/LwaHi6，完整報告書：https://reurl.cc/qDy3Nn。

11 引自大社環境守護聯盟的書面資料〈大社工業區降乙編〉。

反對在爐渣等事業廢棄物及建築廢棄物填出的「南星計畫」土地上開發自由貿易港區與遊艇產業園區，質疑遊艇製造排放苯乙烯、甲苯等致癌物，空氣品質將更為惡化，居民生活空間將遭工業區四面夾擊，形將「進無路、退沒步，要跳海也沒法度」，「第四面的西南風、海邊也蓋工廠，對當地區民是很不人道的做法」（洪富賢，訪談日期：二〇一六年四月十八日）。

在社區居民、外來藝術家與環團，奔波於環評、抗議、揭露地方污染等努力下，遊艇產業園區一期、自由貿易港區二期分別在二〇一三年九月與二〇一四年二月的環評大會中被要求進入二階環評。大林蒲、鳳鼻頭居民後續也反對曄揚、台耀石化設廠，並抗議中鋼露天堆置原物料鐵礦砂，甚至在二〇一五、二〇一六年於占地一千五百六十公頃的臨海工業區內舉辦反空污大遊行。

對工業孤島的居民而言，空污與健康威脅、開發與遷村等問題糾結。二〇一四年高雄石化氣爆後，經濟部有意在大林蒲鳳鼻頭沿岸填海造陸、打造「石化專區」。居民與環團召開記者會，批評石化專區是「把已經被重工業區環抱的大林蒲、鳳鼻頭六里逼到絕路」，質問「大林蒲、鳳鼻頭居民居住正義何在？」[12] 從城市整體思考工業擴張的環境衝擊，金煙囪文化協進會理事長洪富賢擔憂，出讓家鄉土地給更大規模的工業開發，整個城市的空污問題將更形惡化：

這不只是大林蒲人的問題，是整個小港、前鎮、林園，甚至延伸到我們整個大高雄的問題。你知道全國的統計高雄空氣品質最差，那高雄空氣品質最差的是小港，小港空氣品質最差的就是大林蒲。也就是說，大林蒲如果還走，浩劫會更大，會影響小港也不能住，是這種想法我才開始說那人沒出來走（意指出來抗議發聲）不行。……如果大林蒲遷村、紅毛港遷村、鳳鼻頭遷村，是不是有一些石化業會進來，如果又在沿海做這個石化業，台灣的工業，尤其高雄的工業沒有去轉型，環境污染的東西吹進來……，我說這個東西不是我們大林蒲人的問題，是全高雄市民的問題噢。……你說你要跑去哪？其實這整個大環境整個大高雄，再繼續搞重工業的話，你跑到哪裡都一樣啦！（訪談日期：二〇一六年四月十八日）

二〇一六年二次政黨輪替，取代石化專區的新構想是「新材料循環產業園區」，傳統聚落居民持續面對出讓土地予工業開發的遷村壓力，環境正義與居住正義課題糾結，而「循環

12 中央政府在高雄氣爆後，拋出石化專區的構想，二〇一四年八月十九日，小港區沿海六里居民與地球公民基金會、台灣水資源保育聯盟於大林蒲活動中心召開「我要活下去！反對石化業進駐家園」記者會。引言取自當日記者會新聞稿與會議中懸掛的布條。當日行動訴求見：http://www.cet-taiwan.org/node/2003。

經濟」究竟是修辭或真能讓高雄工業發展脫胎換骨、改善能資源及不同形式棄廢物的循環利用，從而實質改善居民的環境與空氣品質，仍充滿未知。

公民科學與環境正義

左鄰右舍都聞到異味，但環保單位檢測後卻說沒超標、一切合法；親友鄰居過敏氣喘人數多、甚至懷疑罹癌比率偏高，但沒流病調查、無科學證據，環境污染跟健康的因果關係難認定，機器繼續轉、煙囪照樣排。地球公民基金會的一百天庶民拍攝計畫、文府國小的三角蒐證，是公民參與生產環境污染資訊的方法。肯認常民環境知識及污染感受，由社區居民、科學社群、環境組織合作，透過參與式研究（participatory research）、公眾流行病學（popular epidemiology）、公民科學（citizen science）、街頭科學（street science）等方法，產製污染、環境或居民健康資料，協助居民釐清其環境與健康處境，有助於踐行環境正義。

環境正義涉及多重面向。首先，針對環境損益分配不公連結區域發展不平等的問題，既有討論多聚焦都市邊緣社區、第三世界農村及各地原住民部落在國內或全球發展下面對的環境與社會的雙重不平等。在全球高比例人口集中在都市地區的情況下，都市發展對多數人生活環境影響至鉅，都市化與工業化使城市代謝循環斷裂（metabolism rift），環境毒害與風險不平等地分配在城市內的邊緣社區或不同城市之間，引發環境與社會衝突。史茱莉（Julie Sze）聚焦紐約下水道處理、電廠、垃圾等環境衝突的研究即指出，超越社區格局的「都市環境正義行動主義」(urban environmental justice activism）的形成與重要性（Sze 2007）。

近年，高雄的反空污行動分別在工業區鄰近社區、城市，與國家空污治理的層面開展。行動者抵抗污染與風險分配的不正義，在控訴國家超過半世紀的工業發展使高雄及工業區鄰近社區承受過多污染時要求改善環境設施，監督、揪出既有污染源（如文府國小），反對開發（如反遊艇專區）或更新擴廠新增污染（如反林園三輕、台電大林擴產），要求履行政治承諾關廠（如後勁中油高雄煉油總廠）、降編以削減污染量（如要求大社降乙編）。就政策面而言，地方對空污總量管制的倡議，也受益於近年中南部反空污行動與國際對空污問題的重視（如世界衛生組織WHO在二〇一三年公告戶外空氣污染物為致癌物、中國紀錄片《穹頂之下》的效應等），最終促使政府在二〇一五年六月三十日公告實施高屏空污總量管制。儘管運動有進展，但空污總量管制的減量幅度與成效可議，電廠、煉油、石化、鋼鐵等大型固定污染源，以及汽機車等移動污染源，仍須進一步削減；此外，如何在高雄空污總量的管制過程中，避免惡化城市內不同區域在污染惡物分配上的不平等，也是重要課題。

就城市整體的工業發展而言，小港沿海六里是否遷村以釋出土地予工業開發、大社工業區能否降乙編、興達與南部火力發電廠可否加速徹底脫煤，也深刻影響城市居民的空氣與環境品質。這波運動在質疑空污分配不正義時，也嘗試從拿回發展權力的角度，訴求合於環境正義的永續轉型。

其次，對行動者而言，爭取分配正義常與程序正義密不可分。為對抗污染與風險分配的不正義，環境運動者與居民奔波於環評會、立法院、公聽會、審查會、環境監督委員會與地方說明會，過程中不時因資訊不夠透明、公共參與不足、缺乏科學證據、被排除於決策過程等經驗，而發出程序不正義的批判。在反空污運動中，許多爭議過程涉及要求政府公開資訊、建立利害關係人參與機制、強化環境民主。

以資訊公開問題為例，居民與環境運動者不僅常苦惱於缺乏足資引用的科學證據，也不時面對難以獲取資訊的問題。比如，中油三輕更新擴產的環評通過後，中油依環評結論補助工業局委託學者於二〇一〇至二〇一二年間進行健康風險評估，但工業局以報告未完成驗收等理由，遲遲不公布結果，在環團與居民鍥而不捨地發聲要求下才終於公開。在其他案例中，環保團體甚至得提起行政訴訟才得以迫使政府揭露資訊，如高雄市環保局委託學者在二〇一四至二〇一五年間執行的「臨海工業區鄰近區域居民健康風險評估」，市府以該報告「結果屬預測推估，非屬科學實證數據，也無法證明污染物是由哪些廠商所排放及人體危害程度，僅能作為環保局後續污染管制決策工具」、「提供此未經證實或錯誤資訊，易使外界誤認而以偏概全，引起附近民眾不必要的恐慌，甚至抗爭，而造成公益損害」為由，不予公開，地球公民只好援引《政府資訊公開法》提起訴願，直至二〇一八年二月，才等到高雄市法制局訴願審議會做出報告應公開的決議（王敏玲，二〇一八）。

而經濟部工業局委託成大執行的《仁大工業區鄰近區域居民健康風險評估計畫》，因有在地環團與學者透過計畫執行過程的諮詢會議持續要求，促使經濟部同意將研究團隊帶至仁武、大社、左營、楠梓舉辦社區居民說明會，並將研究結果發文給調查區域內的學校，且上網公開定稿版本。儘管就我所參與的兩場說明會來看，公眾溝通的內容轉譯仍待加強，但政府部門總算回應了運動者對資訊公開與主動進行公眾溝通的要求。

再者，在反毒、反污染的運動中，常涉及環境污染認定缺乏科學證據、污染與健康因果關係不明等問題；缺乏資源的反污染居民或團體因此常陷入污染指控正當性不足的困境。空污問題存在許多「該做卻未做的科學」（undone science），使得管制政策充滿科學不確定性，台灣中南部社區空污監測行動在空污資料的生產、詮釋與運用上，挑戰政府在空污治理上的不足，是科技民主與環境正義的實踐（杜文苓、施佳良，二〇一九）。在空污資訊的產製、公開與揭露上，高雄地球公民的百日監測、文府國小的三角蒐證模式，或者學者與開源社群合作，邀請全國各地公眾設置「空氣盒子」，加入參與感測系統以生產監測資料，都是公民科學的實踐。包括高雄在內的反空污倡議，近年促成環保署空氣品質監測網與即時資訊的改善與普及，視覺化的空污地圖使人人都能透過即時資訊，對高雄、中南部秋冬季節陷入紅害紫爆的處境一目了然，具象化了空氣污染的分配不正義。

最後，就運動主體而言，在城市的環境正義運動中，環境損益分配不公緊扣著行動者的城市與社區身分，從身為高雄人、後勁人、大社人、大林蒲人的處遇發出不滿。在高雄的反空污運動中，行動者不再只是工業區鄰近的受害居民，都市中產階級認清自己同受空污之害，挺身挑戰空污。住美術館附近的中產階級媽媽第一次上街尋求市民連署；左營的教師與女兒穿梭臨海工業區煙囪下，頂著烈日跟著大林蒲居民走完反空污大遊行。文府國小老師形容自己是孩童們白天的父母，負有照顧孩童健康的重責大任，在爭環境與世代正義時強調：「空污是全高雄的問題」，還有身為高雄人因承受污染而生出的相對剝奪感：「當你持續關注一段時間後，你會憤慨，為什麼只有我們要吸收這樣的空氣污染。……那我們注定南部人高雄人就要比人家短命，就因為空氣不好嗎？」[13]

在追求環境正義的路上，深受污染所苦的社區居民，不僅要求乾淨空氣與生活環境，也力圖捍衛家鄉的文化與環境，從而凝聚著居民對地方的認同。比如，保護家鄉、社區與地方認同，構成後勁反五輕運動的驅力（何明修，二〇〇六；呂欣怡，二〇〇九）；呂欣怡（二〇一六）並且指出，後勁居民有其地方環境知識，居民捍衛的環境、社會生態秩序，其實連結到植根於農村社區的土地知識、社群倫理及宇宙觀。

在大林蒲，在地行動者於二〇一〇年從「大林蒲影像館」開始，透過老照片與公害影像紀錄凝聚在地認同；在外來文化工作者協助下，於二〇一二年舉辦第七屆金甘蔗影展、大林蒲國際公害攝影比賽；同年正式成立「金煙囪文化協進會」，出版《西南風》社區報，並在透過參與環評會抵擋開發案的過程中，陳述曾經富饒的農漁村文化與美麗海岸的價值，控訴居民早已承受過多的空污與各種污染威脅。

在環評會場內外、空污遊行抗議活動中，受害居民將煙囪污染意象轉化為抗爭活動時的展演，像是頭頂自製煙囪帽，在環評會場外控訴現實生活中的環境不正義。遇有重大污染事件，在地行動者也以諷刺手法，突顯生活環境遭污染的苦痛，比如二〇一三年十月，南星計畫以廢輪胎回填出的六百公尺長護岸起火悶燒，導致空氣惡臭無比，金煙囪文化協進會拍攝地底不斷冒出的黑煙，推出「大林蒲溫泉鄉」Kuso短片，以「台灣新好湯！大林蒲南星污泉觀光促進會陪你吐氣！」反諷「牛嘴籠仔（口罩）產業，應該是大林蒲的亮點」（邱花妹，二〇一三）。

不甘心家鄉只剩下開發案、遷村的公聽會與說明會，金煙囪文化協進會自二〇一六年起，在昔日沙灘、今日硬邦邦的柏油路上，逆勢操作，在被工業區包圍的土地上舉辦「西南

13 引自二〇一五年十二月三十日文府國小反空污活動第二次協調會，會議紀錄。

瘋音樂祭」，希望透過音樂吸引更多人看見大林蒲的處境。對在美麗富饒的海邊與田野成長的大林蒲人而言，「這個童年對我們來說會比較捨不得走，沒有故鄉了，你有可能再一個大林蒲給我們嗎？這種沒有辦法copy給人的，這東西還可以複製嗎？」（受訪者洪富賢，訪談日期：二〇一六年四月十八日）憂心失鄉、在故鄉思鄉，地方認同與歸屬感，構成居民反空污、訴求環境與居住正義的重要驅動力。

*　*　*

如同發生在世界不同角落的抵抗，高雄的反污染、反空污行動也以「環境正義」為運動進行意義構框。居民與市民控訴過度承載污染與健康風險，要求落實程序正義、完善資訊公開及納入公眾參與；對地方的認同與歸屬感，也驅動著行動者對環境正義的追求。這一波波環境行動，無疑為工業高雄的環境帶來改變，但在傳統發展主義仍強勢、環境衝突不斷的現實世界中，實現環境正義並非易事。比如，儘管中油高雄煉油廠在二〇一五年關廠，要求後勁高廠轉型生態公園的呼聲卻持續受忽視；而隨著五輕關廠，二〇一八年將大社工業區降編為乙種工業區的政治承諾，卻至今未能兌現；至於站出來反空污、挑戰開發案壓境的大林蒲與鳳鼻頭居民，則在政府用地需求下，陷入離鄉離土的遷村難題；空污則雖有改善，但減幅不足，秋冬的高雄難以宜居。面對資本擴張、工安與氣爆風險、空氣與水土污染、有害廢棄物棄置、健康風險超標，南方的環境運動從控訴環境不正義中，長出要求工業城市完善環境治理、加速永續轉型的倡議與行動。唯有這股來自公民社會的動能持續與壯大，才能加速工業城市的轉型與新生。南方的環境正義運動，還在漫漫長征中。

參考書目

王敏玲。二〇〇九。〈三輕案五審定讞　原地污染三十年〉。地球公民協會，三月一日。網址：https://www.cet-taiwan.org/node/2685。

——。二〇一八。〈公開，就是要降低健康風險！臨海工業區鄰近區域居民健康風險評估資訊公開訴願案〉。地球公民基金會，七月十六日。網址：https://www.cet-taiwan.org/publication/issue/content/3287。

李根政。二〇〇九。〈透視潮寮毒災事件〉。地球公民協會，一月十六日。網址：http://www.cet-taiwan.org/node/439

杜文苓、施佳良。二〇一九。〈挑戰空污：初探社區行動科學的在地實踐〉。《傳播研究與實踐》九（一）：一～三二。

呂欣怡。二〇〇九。〈Place and Environmental Movement in Houjin, Kaohsiung（地方意識與環境運動：高雄後勁的個案研究）〉。《考古人類學刊》七〇：四七～七七。

——。二〇一六。〈土地、社群、信仰：解析俗民環境論述〉。《科技醫療與社會》二二：六三～一〇八。
何明修。二〇〇六。《綠色民主》。台北：群學。
邱花妹。二〇一三。〈二十萬個廢輪胎、溫泉鄉與牛嘴籠仔——正視大林蒲居民的環境控訴〉。獨立評論@天下，十一月八日。
——。二〇一八。〈煙囪下的教室：環境的行動主義〉。收錄於楊谷洋、林文源、林宗德主編，《科技・社會・人三：跨領域新驛路》，頁一九四～二〇五。新竹：交通大學出版社。
Bullard, R. D. 1990. *Dumping in Dixie: Race, Class, and Environmental Quality*. Boulder: Westview.
Capek, S. M. 1993. "The 'Environmental Justice' Frame: A Conceptual Discussion and an Application". *Social Problems* (40) 1: 5-24.
Holifield, R., J. Chakraborty and G. Walker. (eds.) 2018. *The Routledge Handbook of Environmental Justice*. London: Routledge.
Krauss, C. 2003. "Women of Color on the Front Line", reprinted in J. Dryzek and D. Schlosberg (eds.) *Debating the Earth: The Environmental Politics Reader*. pp. 493-503. Oxford University Press.
Martinez-Alier, J. 2002. *The Environmentalism of the Poor: A Study of Ecological Conflicts and Valuation*. Massachusetts: Edward Elgar Publishing.
Martinez-Alier, J., L. Temper, D. D. Bene & A. Scheidel. 2016. "Is there a global environmental justice movement?". *The Journal of Peasant Studies* 43(3): 731-755.
Pellow, D. N. 2007. *Resisting Global Toxics: Transnational Movements for Environmental Justice*, Cambridge, MA: MIT Press.
Pellow, D. N. and Brulle, R. J. (eds.) 2005. *Power, Justice, and the Environment: A Critical Appraisal of the Environmental Justice Movement*, Cambridge, MA: MIT.
Schlosberg, D. 2004. "Reconceiving Environmental Justice: Global Movements and Political Theories". *Environmental Politics* 13(3): 517-540.
Schlosberg, D., L. Rickards and J. Byrne. 2018. "Environmental justice and attachment to place: Australian cases". in R.

Holifield, J. Chakraborty and G. Walker (eds.) *The Routledge Handbook of Environmental Justice*. pp.591-602. London: Routledge.
Sze, J. 2007. *Noxious New York: The Racial Politics of Urban Health and Environmental Justice*. Cambridge MA: MIT.

左岸｜社會議題314

南方的社會，學（下）

行動作為倫理

主　　編　趙恩潔
作　　者　王梅香、張錦忠、熊婷惠、張雯勤、潘美玲、蔡宏政、吳品賢、Paul Jobin彭保羅、殷志偉、萬毓澤、陳舜伶、楊靜利、邱花妹（依文章出現順序）

總 編 輯　黃秀如
責任編輯　孫德齡
企劃行銷　蔡竣宇
校　　對　文雅
封面插畫　川貝母
封面設計　maybe chang
電腦排版　宸遠彩藝

社　　長　郭重興
發行人暨出版總監　曾大福
出　　版　左岸文化／遠足文化事業股份有限公司
發　　行　遠足文化事業股份有限公司
　　　　　23141新北市新店區民權路108-2號9樓
電　　話　02-2218-1417
傳　　真　02-2218-8057
客服專線　0800-221-029
E-Mail　rivegauche2002@gmail.com
左岸臉書　https://www.facebook.com/RiveGauchePublishingHouse/

法律顧問　華洋法律事務所　蘇文生律師
印　　刷　成陽印刷股份有限公司
初　　版　2020年10月
定　　價　400元
ISBN　978-986-99444-1-0

國家圖書館出版品預行編目資料

南方的社會，學．下：行動作為倫理
張雯勤等作；趙恩潔主編.
-- 初版. -- 新北市：左岸文化出版：遠足文化發行, 2020.09
面；14.8 x 21公分.
-- (左岸｜社會議題；314)

ISBN 978-986-99444-1-0（平裝）

1. 社會學　2.臺灣社會　3.文集

540.7　　109012429